Un país de culpas

Ricardo Escalante

ISBN: 0615617239
ISBN-13: 978-0615617237

http://www.ricardoescalante.com

DEDICATORIA

Con gran cariño, a mi madre, a mi esposa, a mis hijos, a mi nieta.
A la memoria de mi padre.

ÍNDICE

AGRADECIMIENTOS

En el desarrollo del presente trabajo encontré estímulo y apoyo de muchas personas a quienes expreso gratitud. Mi ex compañero de estudios y amigo de muchos años Omar Ocaríz regularmente me suministró libros y artículos, además de hacer expedito el camino para ciertas consultas. Aun en medio de quebrantos de salud, el periodista Alberto Jordán Hernández me recordó algunos hechos y situaciones de nuestra época reporteril. Humberto Celli, Armando Durán, Nerio Rauseo, Omar Luis Colmenares, Carlos Subero y mi hermana Amenaira Marcano, leyeron parcialmente y criticaron el texto. Miguel Henrique Otero facilitó alguna investigación en los archivos de El Nacional. La aguda percepción de Rafael Osío Cabrices, ex compañero en ese diario, fue de especial valor a la hora de las revisiones finales y de precisar un par de aspectos que requerían algo más de atención. La Fundación Andrés Mata, y muy especialmente Luis Bisbal y Dayana Vásquez, siempre estuvieron disponibles cuando requerí ayuda en los archivos de El Universal. Walter Márquez, mi yerno Oyvind Vik y Tom Beckwith contribuyeron desinteresadamente. También encontré la ayuda de fuentes anónimas de alto valor.

PREFACIO

Durante mucho tiempo había escuchado, casi como axioma, que en la medida en que se extendía y profundizaba el acceso de los ciudadanos a la educación y a la información, la democracia se convertía en una necesidad impostergable y pasaba a ser una forma de cultura permanente. Ahora pienso que aquello era apenas una ilusión, y que el problema de fondo no tiene nada que ver ni con formación ni con el desarrollo de los medios de comunicación, sino con la idiosincrasia del venezolano.

En términos generales, a los latinoamericanos nunca han dejado de atraernos los gobernantes fuertes. Y en el caso venezolano esa identidad ha sido tan pronunciada, que incluso figuras de comprobadas convicciones democráticas y de proyección continental, se han sentido orgullosas de aparecer como hombres duros. Rómulo Betancourt combatió a sangre y fuego a los subversivos de derecha e izquierda que trataban de desestabilizar su gobierno, lo que le dio la imagen de fuerte. En su primera campaña electoral (1973) Carlos Andrés Pérez obtuvo una resonante victoria con el lema "democracia con energía", frente a Lorenzo Fernández, un rival socialcristiano cuyo carácter proyectaba debilidad. Pérez venía precedido por la fama de político con mano de hierro en el gobierno de Betancourt, cuando desde el Ministerio del Interior enfrentaba a las guerrillas. Los adversarios creían desprestigiarlo al llamarlo ministro-policía, cosa que a él no le molestaba.

Esa tendencia histórica de líderes paternalistas, carismáticos, se ha reafirmado en el panorama latinoamericano a pesar de la interminable lista de fracasos y de enormes costos en términos sociales, políticos y económicos. Es algo que recuerda a Benito Mussolini, a quien alguna vez un periodista le preguntó si como dictador podía ser amado por los italianos, a lo cual respondió de manera afirmativa, asegurando que a las masas y a las mujeres les gustaban los hombres recios y él era precisamente eso.

Y fueron las reflexiones sobre ese tema las que me impulsaron a desarrollar la investigación para este trabajo sobre Hugo Chávez y el daño que le ha causado a Venezuela y a América Latina. Porque con su intervención directa, ha trastocado de manera profunda no solo el funcionamiento institucional venezolano, sino también el de varias naciones de la región.

Este libro es también una visión de la Venezuela de los cuarenta años anteriores, con personajes y hechos que abonaron el terreno para un gobierno de corte autoritario que implantó la reelección presidencial indefinida. Hay opiniones basadas en las experiencias del reportero que conoció los vericuetos de la política venezolana por muchos años, escritas sin pretensiones de rigor académico o histórico pero sí con el interés del ciudadano apasionado por los asuntos nacionales.

Es una obra orientada a demostrar que las culpas de los males nacionales son de muchos y no corresponden a una sola persona o partido político. Que Venezuela es, por tanto, *Un país de culpas*. La situación actual es consecuencia de vicios y errores de gobiernos, partidos, dirigentes políticos, empresarios y sindicalistas, así como de periodistas y medios de comunicación que se sentían dueños de la verdad y de todo, que al actuar con intereses parciales dieron al traste con aquella democracia que a pesar de sus cuarenta años de inmadurez, había tenido avances importantes.

Las manifestaciones de autoritarismo a veces han salido a flote en las circunstancias menos esperadas. Y en algunos casos eso ha sido tan absurdo como en abril de 2002, cuando Pedro Carmona Estanga, en sus pocas horas en el poder, se hizo célebre al abolir de un solo plumazo todas las instituciones, con la pretensión de erigirse en hombre-Estado. Tal vez creía que la arbitrariedad de Chávez sólo podía ser reemplazada por formas todavía más extremas, pero inmediatamente descubrió el amargo rechazo hasta de los mismos que lo habían impuesto.

El relato se basa también en cifras oficiales, en declaraciones presidenciales y de otros funcionarios, en documentos y conversaciones con testigos de primera mano. Se describen circunstancias a veces pequeñas que retratan las entrañas del líder, así como hechos en los cuales otros personajes del régimen se han visto involucrados. Casi todas esas situaciones han sido conocidas por la opinión pública, pero a través de ellas se puede explicar la tragedia venezolana de finales del siglo XX y comienzos del siglo XXI, con un caudillo que derrumbó las instituciones para cultivar el imperio del desorden, del delito y de la impunidad.

El invento chavista del Socialismo del siglo XXI -cuando los regímenes comunistas se habían derrumbado hacía mucho tiempo- se fundamenta en contradicciones, medias verdades y tergiversaciones. Es un modelo sin explicación ni contenido ideológico, en el cual se refleja la ambición de un caudillo dominado por conflictos internos y debilidades en su formación, pero que, sin embargo, no podría ser calificado de ignorante porque ha tenido inteligencia y astucia para conservar apoyos y justificarse en el panorama internacional.

Las medias verdades han sido utilizadas por el teniente coronel hasta en lo referente a su salud, a pesar del acentuado deterioro físico que por momentos ha delatado la gravedad del mal que le fue diagnosticado. Desde el primer momento se negó a revelar los detalles de la enfermedad y prohibió a los médicos hacer pública la información del caso, porque siempre ha pretendido estar poseído por facultades sobrenaturales.

Muchos documentos e informaciones no han estado disponibles porque el acceso a las fuentes oficiales es limitado y porque, además, las estadísticas nacionales están maquilladas. Los organismos a los cuales corresponde velar por el cumplimiento de la ley y por la pulcritud administrativa, están en manos de un solo hombre. Así se ha administrado la inmensa fortuna petrolera venezolana, pero siempre se filtran datos sobre la realidad actual.

El autor
Enero de 2012

ABREVIATURAS

Acción Democrática: AD
Agencia Bolivariana de Noticias: ABN
Asociación Latinoamericana de Integración, Alternativa
Bolivariana para las Américas: ALBA
Asamblea Nacional: AN
Asociación Venezolana de Exportadores: AVEX
Banco Industrial de Venezuela: BIV
Carlos Andrés Pérez: CAP
Colegio Nacional de Periodistas: CNP
Comisión Interamericana de Derechos Humanos: CIDH
Comisión Nacional de Telecomunicaciones: CONATEL
Compañía Anónima Nacional Teléfonos de Venezuela: CANTV
Confederación de Trabajadores de Venezuela: CTV
Conferencia Episcopal Venezolana: CEV
Consejo Nacional Electoral: CNE
Corporación Venezolana de Guayana: CVG
Corte Suprema de Justicia: CSJ
Cuerpo de Investigaciones Científicas, Penales y Criminalísticas
(policía científica): CICPC
Dirección de Identificación y Extranjería: DIEX
Dirección de Inteligencia Militar: DIM
Dirección de los Servicios de Inteligencia y Protección (policía
política), sustituido por Servicio Bolivariano de Inteligencia
Nacional: DISIP o SEBIN
Dirección Ejecutiva de la Magistratura: DEM
Ejército de Liberación Nacional (de Colombia): ELN
Electricidad de Caracas: EDC
Frente Popular para la Liberación de Palestina: FPLP
Fuerza Armada Nacional: FAN
Fuerza Armada Nacional Bolivariana: FANB
Fuerzas Bolivarianas de Liberación: FBL
Fundación Iberoamericana para el Transporte Sostenible: FITS
Fundación Pilares del Futuro: FPF
Human Rights Watch: HRW

Instituto Nacional de Tierras: INTI
José Vicente Rangel: JVR
Movimiento Al Socialismo: MAS
Movimiento Quinta República: MVR
Néstor Kirchner: NK
Oficina Nacional de Estadística de Cuba: ONEC
Partido Comunista de Venezuela: PCV
Partido Socialista Unido de Venezuela: PSUV
Patria para Todos: PPT
PDVSA Alimentos: PDVAL
Petróleos de Venezuela S.A: PDVSA
Radio Caracas Televisión: RCTV
Radio Nacional de Venezuela: RNV
Servicio Nacional Integrado de Administración Aduanera y
Tributaria: SENIAT
Siderúrgica del Orinoco: SIDOR
Tribunal Supremo de Justicia: TSJ
Unión Republicana Democrática: URD
Universidad Central de Venezuela: UCV
Universidad de Los Andes: ULA
Un Nuevo Tiempo: UNT
Venezolana de Televisión: VTV, Canal 8
Yacimientos Petrolíferos Fiscales de Bolivia: YPFB

I
AMBICIONES, RESENTIMIENTOS, CAOS

Lo eligieron a sabiendas...

La enorme mochila de promesas que Hugo Chávez llevaba a cuestas cuando ascendió al poder en febrero de 1999, estaba manchada por la sangre de los más de cuarenta muertos y cientos de heridos ocasionados por el alzamiento militar del martes 4 de febrero de 1992, pero aun así, aquella pesada carga que presagiaba una vorágine de vicios y contrasentidos echó a andar grandes ilusiones en esa parte significativa de los venezolanos que no podía esconder sus ancestrales e inexplicables preferencias por gobernantes arbitrarios. Los ilusos jugaban a una suerte de ruleta rusa sin preguntarse nada sobre las posibles consecuencias...

Muchos de esos que en diciembre de 1998 habían votado por el oficial tosco de intenciones nada ocultas, luego siguieron apoyándolo en interminables procesos electorales porque, aunque no conocieran o no recordaran detalles de la historia nacional, les gustaban las figuras al estilo de las que existían cuando el país era rural, con hombres a caballo y machete al cinto, sin universidades, con escasas carreteras y aun menos hospitales, minado por tuberculosis, malaria y otras plagas. Caudillos al estilo de José Tadeo Monagas, que a mediados del siglo XIX atropellaba la Constitución, manejaba el Congreso a su antojo y hacía ley su voluntad.

En los viejos tiempos, cuando ir de San Cristóbal a Caracas tomaba más de una semana a través de tortuosos caminos, páramos y ríos, los venezolanos tampoco estaban libres de los desmanes de algunos sin formación de ningún género, aventureros criminales acostumbrados a asaltar a la vera del camino, que se creían revolucionarios e intervenían en conspiraciones, como Pedro Pérez Delgado, a quien llamaban Maisanta (1881-1924). Siendo apenas un adolescente, Pérez Delgado había matado por la espalda a un hombre por haber preñado a una de sus hermanas. Huyó y luego se dedicó de manera intermitente a revueltas y fechorías que mucho después uno de sus bisnietos, Hugo Chávez Frías, se empeñaría en calificar de heroicas, hasta el punto de que un día hasta insinuó la idea de llevar sus restos al Panteón Nacional.

Yo había sido un espectador de primera fila en la política venezolana en la era previa al chavismo, al trabajar más de 25 años como reportero para *El Universal*, *El Nacional* y otros medios impresos. De esa manera, pude conocer y tratar a buena parte de la clase dirigente y ver muchos de sus defectos, pero siempre tuve la creencia de que por encima de las flaquezas, los venezolanos vivíamos con posibilidades de seguir adelante en un clima de libertades.

Por eso me resultaba difícil pensar que después del fallido golpe de Estado, Chávez pudiera convertirse en Presidente por la vía electoral. Recuerdo la metralla, los muertos y heridos, el sobresalto causado a medianoche por el sobrevuelo de aviones y helicópteros a baja altura sobre Caracas, hechos aquellos que siguen tan vivos en mi mente como si hubiesen ocurrido esta misma mañana, y siempre los lamentaré tanto como si hubiese estado entre los culpables. No olvido que entre las víctimas mortales del segundo golpe militar de ese mismo año de 1992, el 27 de noviembre, estuvo mi amigo Virgilio Fernández, quien en sus tareas como reportero de *El Universal* se desplazaba por las inmediaciones de la Base Militar de La Carlota, cuando uno de los sublevados lo atravesó con un balazo de fusil e hirió en el pecho a la también periodista Carmen Carrillo, quien estuvo a un paso de la muerte.

Para no votar por Chávez ni en 1998 ni después, yo tenía, además, viejos sentimientos de rechazo al significado de la bota militar. Eran convicciones que comenzaron a alimentarse a temprana edad con la imagen de un amigo de mi padre que se suicidó pocos meses después de salir de los calabozos de la Seguridad Nacional en Caracas, donde le aplicaban descargas eléctricas en los testículos hasta dejarlo inconsciente, le quemaban el rostro y los brazos con cigarrillos, le arrancaban las uñas y hasta le rompieron a golpes los huesos de la cadera y las piernas. Caminaba con graves dificultades porque la crueldad había llegado al extremo de impedirle la atención médica.

Ese señor había recuperado la libertad el 23 de enero de 1958, cuando el brutal Marcos Pérez Jiménez fue defenestrado. Lleno de felicidad celebró la caída de la dictadura que había hecho y deshecho en el país desde diciembre de 1952, y se fue a vivir a San Cristóbal, donde visitaba regularmente el taller de carpintería que mi padre tenía en la carrera 8, a corta distancia de la Plaza Bolívar. Participaba en tertulias vespertinas en las cuales narraba sus luchas políticas y la implacable persecución policial, pero nadie podía siquiera imaginar que a esa vida le habían despedazado todo aliciente. Todo había dejado de tener sentido. Con mis once años, en aquella apacible ciudad andina de aires pueblerinos y calles inclinadas, me mantenía en vilo con los relatos sobre la clandestinidad y la vida en prisión, en los cuales ese señor citaba hasta los nombres de sus verdugos. Me sentaba a escuchar sin hacer comentarios o preguntar nada, porque en aquella sociedad conservadora un muchacho no tenía derecho a interrumpir las conversaciones de los mayores, hasta el día en que mi padre recibió la noticia fatal y visiblemente conmovido nos informó.

Mucho tiempo más tarde he visto cómo han debido suceder tantas cosas contrarias a la razón y a la ley, para que el universalmente conocido presidente Chávez comenzara a ser criticado fuera del país. No obstante, dirigentes de muchas naciones y de movimientos políticos lo han seguido considerando un líder democrático, simpático, que ha proporcionado bienestar a su pueblo, distinto e irreverente, aunque no dañino. Otros sencillamente han estirado la mano para recibir porque saben que regala lo que no es suyo. Hay, además, quienes sólo han sentido el deseo de verlo de cerca, como si se tratara de un personaje de circo con uniforme militar, vestido a ratos con trajes de 7 mil dólares y usando esos relojes de su lujosa colección.

En la campaña electoral de 1998, a favor de Chávez prevalecieron las posturas de los medios contra el sistema, el descrédito de los partidos y de los jefes políticos tradicionales, las dificultades causadas por la depresión que reinaba en los precios del petróleo, el alto costo de vida, las deficiencias de los servicios públicos, las denuncias de corrupción y las pocas frases televisadas que pronunció en medio de su carnicería. De esa manera alcanzó mayoría en las elecciones y todos lo reconocieron como triunfador, pero nunca abandonó las revueltas que soñaba desde los primeros días en la Academia Militar.

Quienes se dejaron cautivar no se detenían a pensar en la posibilidad de un gobierno militarista, autocrático, que en trece años de liderazgo carismático ha sembrado anarquía y sentimientos ultranacionalistas que no podrán ser revertidos de la noche a la mañana. Un gobierno que institucionalizó un sistema de triquiñuelas para tratar de presentarse ante los desposeídos como un Robin Hood vengador, con la calculada intención de granjearse apoyos en interminables procesos electorales organizados a su antojo, en los cuales no le ha escaseado el respaldo popular.

En Venezuela no había existido alguien como ese teniente coronel, con un grado de eficiencia tan elevado en la promoción de su imagen mediante el uso de todas las formas modernas y tradicionales de comunicación. Ha concentrado muchas emisoras de radio y televisión en manos del Estado e impuesto un sistema de dádivas y mecanismos de presión, que explican por qué ha seguido ganando elecciones a pesar del deterioro general del país.

A su favor también ha estado la ausencia de liderazgo y de estrategias coherentes de la oposición.

Para la defensa del régimen, ha utilizado a los militares y organizado grupos paramilitares. Ha incorporado cubanos a los cuerpos de inteligencia y puesto en marcha una red de bandas delictivas -algunas incluso enfrentadas entre sí-, con el propósito de imponer el terror en zonas urbanas y rurales. La base de su administración ha sido el control total de la economía, de la sociedad y la política, dilapidando dineros nacionales en beneficio de un supuesto proceso revolucionario, de un populismo exacerbado que cosecha odio y divisiones. Al caer en sus manos, el otrora país de gentes amables, pacíficas, educadas y con un especial sentido del humor, se hundió en la ruina moral, económica y social.

En sus intenciones, Chávez se ha valido de personajes como Alí Rodríguez Araque -de buen vestir, hablar pausado y formas tan amables como perversas- que en su largo recorrido por posiciones fundamentales del régimen, ha volteado la cara para no ver las irregularidades sin precedentes de la administración chavista. Mientras era parlamentario denunciaba con frecuencia vicios en la industria petrolera, pero luego ha preferido callar frente a los innumerables y peores casos en los cuales se ha envuelto su amigo Rafael Ramírez, ministro-presidente de PDVSA. Ramírez es uno de los funcionarios que ha concentrado más poder y riqueza.

Al igual que el ahora Presidente, Rodríguez venía con una carga propia de conspiraciones y uso de armas contra gobiernos y personajes surgidos del voto popular. En los viejos tiempos, cuando en las guerrillas se hacía llamar "comandante Fausto", tenía responsabilidades directas e indirectas en actividades *non sanctas*, como asaltos, bombas y hasta crueles secuestros. En 1983 abandonó el fusil para intervenir en política desde partidos extremistas y desde el Congreso de la República, aunque sin renunciar a la idea de demoler lo que existía para capturar el poder por otras vías.

En mi desempeño reporteril había entrevistado y tratado a líderes con influencias que marcaban la vida del país, como

Rómulo Betancourt, Rafael Caldera, Carlos Andrés Pérez, Luis Herrera Campins, Jaime Lusinchi, Jóvito Villalba, Gonzalo Barrios, Pompeyo Márquez, Teodoro Petkoff y tantos otros. Los cinco primeros fueron presidentes de Venezuela en los cuarenta años de democracia que siguieron a la represión de aquel militar de derecha que fue Marcos Pérez Jiménez (dictador entre 1952 y 1958). Betancourt, Caldera y Villalba habían sido los artífices del Pacto de Punto Fijo, firmado el 31 de octubre de 1958, mediante el cual se comprometían a acatar los resultados de las elecciones nacionales de diciembre de ese año y a respaldar el gobierno que de ellas surgiera, como una manera de asegurar el fortalecimiento de la entonces naciente democracia. La duración de ese Pacto no fue tan larga como se esperaba, pero tuvo un amplio significado pedagógico y político en varias generaciones de venezolanos que lo consideraban emblema de gobernabilidad.

La sola presencia de Betancourt, fundador de Acción Democrática (AD), el partido más importante de la historia venezolana, infundía temor reverencial. Lo entrevisté en unas pocas ocasiones en los años 70, ya en su edad provecta, sobre todo cuando se proponía viajar al exterior y a veces bajaba al aeropuerto de Maiquetía con sus compañeros de partido Luis Piñerúa Ordaz y Alejandro Izaguirre, con quienes entablé una buena y larga amistad. Además de apasionado por la política y empedernido fumador de pipa, era un fanático del béisbol de Grandes Ligas y también del teatro.

Su residencia y a la vez oficina, la quinta *Pacairigüa*, situada en la parte alta de la agradable urbanización Altamira, en Caracas, era centro de frecuentes reuniones políticas. En las mañanas y con su pipa encendida, pasaba revista a los hechos del país a través de los periódicos nacionales. Después de leer los artículos que le interesaban, se ponía de pie en el centro de la sala para comparar los enfoques de las primeras páginas, que esparcidas por el suelo daban la sensación de desorden, pero esa era su mejor manera de sacar conclusiones.

Era un político de grandes virtudes, con sabiduría para anteponer los intereses nacionales a los particulares, cuyo mejor aporte fue sentar la democracia y, sin lugar a dudas, fue el venezolano más importante del siglo XX. Demostró su pasión por la pulcritud en la administración de los presupuestos nacionales y por su uso eficiente. Estimuló la democracia interna en AD y todo lo que condujera a la formación ideológica, sin imponer criterios únicos. Aceptaba las discrepancias que surgían de manera natural y que condujeron a fracturas tan importantes como aquella de abril de 1960, de la cual surgió el Movimiento de Izquierda Revolucionaria (MIR) con una generación de jóvenes promesas que, teniendo entre sus jefes a los ya experimentados Domingo Alberto Rangel y Simón Sáez Mérida, adoptaron el rumbo equivocado de las guerrillas.

Pero, por supuesto, Betancourt no estaba libre de defectos. Durante muchos años alimentó grandes expectativas sobre sus memorias, que, según decía, le servirían para desnudar ante la opinión pública a sus más enconados adversarios, entre quienes estaba uno de los más grandes educadores del país, Luis Beltrán Prieto Figueroa, otrora compañero de décadas de luchas y protagonista de la traumática división de AD que en 1967 dio lugar a la creación del Movimiento Electoral del Pueblo (MEP), partido que poco a poco se iría desdibujando hasta quedar convertido en apenas una sombra.

Asimismo, Betancourt desarrolló un odio visceral contra Carlos Andrés Pérez (CAP), el entrañable amigo de casi toda la vida que en sus años mozos le había servido de secretario y después como ministro de Relaciones Interiores. Los signos iniciales de ese sentimiento empezaron a notarse cuando CAP en su primera Presidencia (1974-1979) puso en práctica una política de acercamiento a Cuba, con el deseo de empujar el régimen dictatorial de Fidel Castro hacia una apertura democrática que nunca se produjo; y se profundizaron al estallar en 1979 el caso de corrupción que rodeó la compra de un barco refrigerado (*Sierra Nevada*), por parte de la Corporación Venezolana de Fomento. El fundador del partido utilizaba a ciertos allegados para que su malestar trascendiera, y una vez me dijo que él no era "ni ladrón ni intrigante"[1], como una manera de hacer insinuaciones de deshonestidad contra CAP y de endilgarle a Jóvito Villalba el calificativo de insidioso, aunque sin llamarlos por su nombres.

Cuando ya estaba a punto de abordar un vuelo de Pan American rumbo a Nueva York, me declaró que en ese viaje se proponía discutir ciertos detalles para la publicación de sus memorias en inglés y en otros idiomas, de lo cual se encargaría la misma empresa que había editado la versión inglesa de su libro *Venezuela, política y petróleo*. Se suponía que buena parte del pesado equipaje eran papeles de soporte y consulta, pero al morir quedó en evidencia que nunca había escrito nada de lo que lo que tanto se había anunciado como una interesante y a la vez explosiva obra. Una comisión de AD hurgó en su biblioteca, revisó papeles sin encontrar nada y habló con quienes estaban más cerca de él, para terminar editando algo intrascendente destinado a guardar las apariencias.

Hubo también una época en que Betancourt -cuyos orígenes habían sido comunistas aunque luego devino en radical anticomunista- consideró la posibilidad de hacer una publicación distinta a lo que eran sus libros, con temas y reflexiones que no deseaba mezclar con su vida de hombre público, siguiendo un poco el concepto de los diálogos que el presidente Harry Truman grabó con el productor Ben Gradus, titulados *Speaking frankly*. Había pensado hacerla con su amigo Arturo Uslar Braun, el mayor de los dos hijos del intelectual Arturo Uslar Pietri, con quien nunca pudo tener buenas relaciones como consecuencia del juicio de responsabilidad administrativa a que el escritor fuera sometido en 1945. Betancourt admiraba la inteligencia excepcional de Uslar Braun y éste, a su vez, veía en el ex Presidente a un líder fuera de serie, lo que podía haber facilitado el desarrollo de diálogos fluidos con algún carácter de memorias, pero lo cierto es que eso tampoco se concretó.

Con actos cuyas implicaciones iban más allá de sus propias vidas, Rómulo Betancourt y Rafael Caldera tuvieron trayectorias con dimensiones opuestas. Uno fundó a AD en 1941 y desde ahí se colocó en el centro del sistema, descartando la posibilidad de volver a la Presidencia de la República, como una forma de estimular nuevos liderazgos. Ocupó puestos de pelea en las traumáticas divisiones del partido, pero lo hacía sin que le pasara por la cabeza la idea de abandonar sus filas. El otro creó en 1946 un partido de centro derecha, Copei, que llegaría a ser el segundo más importante del país, pero nunca dejó de utilizarlo como instrumento de poder personal, hasta el instante en que las nuevas generaciones reclamaron su turno. Al sentir que Copei se le iba de las manos, lo fracturó y hundió.

A lo largo de 55 años, Caldera estableció un récord entre los venezolanos al postularse seis veces a la Presidencia de la República entre 1947 y 1993, en dos de las cuales logró el propósito. Al ser derrotado en 1988 por su discípulo Eduardo Fernández en la lucha interna de Copei por la nominación a la jefatura del Estado, se declaró en la "reserva", lo que en la práctica significaba retirarle el apoyo y debilitar el partido que había liderado toda la vida.

Meses antes del Congreso Presidencial Socialcristiano de 1988, durante una celebración aniversaria del Consejo Supremo Electoral, Fernández dialogaba con el viejo dirigente comunista Jesús Faría -fiel a los más ortodoxos dictados de la era soviética y enemigo de cualquier cosa con tufo revisionista- cuando Caldera se acercó, los saludó e invitó a Fernández a tomar esa noche un whisky en su casa, *Tinajero*, en la caraqueña urbanización Los Chorros. El tema único de aquel encuentro que terminaría mal, era la postulación presidencial copeyana, que se acercaba con sombríos augurios para ellos dos y para Copei.

A instancias del anfitrión, Fernández analizó en forma breve la situación del país y del partido, para concluir con el anuncio de que había decidido competir por la candidatura, frente a lo cual el hombre a quien nadie se atrevía a llamar Rafael, sino doctor o Presidente, y en cuyo vocabulario no cabía una mala palabra, ya no resistió más esas frases que en sus oídos retumbaban como irreverencia o insulto: "Ahh, muy bien... Lo que estás diciendo entonces es que el doctor Caldera se vaya al carajo..."

El diálogo continuó unos minutos aunque ya sin posibilidades de entendimiento: "No. No, Presidente. No es así. Lo que estoy diciendo es que después de haber consultado las bases del partido, he tomado la decisión de postularme. Si usted me derrota, tenga la seguridad de que estaré a su lado y trabajaré por su candidatura presidencial como lo he hecho toda la vida. En el supuesto contrario, tenga la seguridad de que usted será fundamental para mi campaña y siempre será el líder máximo de la organización". Con una palidez mayor a la usual, el ex Presidente se levantó de la silla y exclamó: "¡Bueno Eduardo, ya no tenemos nada más que hablar!". Caminó con el invitado hasta la puerta, donde hubo una fría despedida que presagiaba la ruptura definitiva, mientras los dos whiskies de malta quedaban servidos.

En una larga entrevista publicada por *El Universal* el ocho de diciembre de 1988, es decir, cuatro días después de las elecciones nacionales que siguieron a aquel incidente, Caldera me hizo comentarios que lo mostraban dominado por resentimientos que no parecían concordar con su estatura pública nacional. En ese momento hizo la famosa confesión de que había sellado con repugnancia las dos tarjetas electorales de Copei, y aseguró que en esa organización se desarrollaba una malévola campaña en su contra y tenía mercenarios para irrespetarlo. Anunciaba venganzas. A partir de ahí, lo demás sería solo cuestión de tiempo, hasta el día en que cinco años después Oswaldo Alvarez Paz, otro de sus delfines, también se sintiera con derecho a presentarse como aspirante. Al separarse de Copei, el veterano líder comenzó a entrelazar una federación de pequeños grupos que se hicieron conocidos como "el Chiripero" y formó un partido de ocasión, Convergencia, suma que le serviría de plataforma para ganar la jefatura del Estado en 1993.

Cuando a los 78 años ocupó por segunda vez la oficina presidencial, la salud de aquel experimentado político presentaba signos de franca decadencia. Estaba sometido a tratamiento médico para aminorar el avance del mal de Parkinson y se apoyaba en un atril para que el movimiento de su mano y pierna derechas pasara desapercibido en los actos oficiales. Aquella temblorosa voz de siempre lo era cada vez más.

Gonzalo Barrios era un viejo erudito sin carisma que no llegó a Miraflores porque AD se dividió y él perdió en unas apretadas y tensas elecciones presidenciales en diciembre de 1968, pero el revés no redujo la influencia determinante que ejercía en la vida nacional y que se prolongó casi cuatro décadas. Para insinuar que en su contra se había cometido un fraude con cierta mirada complaciente del Consejo Supremo Electoral, una vez me dijo: "Caldera no me derrotó porque sacara 30 mil votos más, sino porque yo no pude demostrar una ventaja de 300 mil". Y explicaba esa posición no solo como un asunto de principios sino también de interés, porque tenía la seguridad de que si se hubiese empeñado en reclamar el triunfo, su presidencia habría sido de corta duración y terminado lastimosamente.

"Nosotros podíamos perder, pero no ganar por pocos votos. Era preciso demostrar, para confirmación de nuestra democracia, que los gobiernos sí pierden elecciones y que a mí me tocó ese papel, que hubiera podido ser muy triste si no hubiéramos estado convencidos de que hacíamos un aporte difícil pero necesario a la consolidación de las instituciones republicanas", manifestó en una extenso encuentro que sostuvimos en noviembre de 1981, publicado por *El Universal*. Esa visión crítica le permitía reflexionar incluso sobre la dañina fragilidad de la memoria de los pueblos, que termina por convertir a la historia en una diosa más voluble que temible: "Bajo su manto (el de la historia) hasta Hitler ha encontrado y va a encontrar en el futuro momentos de reivindicación".

Carlos Andrés Pérez generaba frecuentes polémicas con su frontal manera de ser, pero, por encima de todo, era un demócrata convencido. Lo llamaban loco, que no lo era tanto. Le achacaban todos los males del país, en muchos de los cuales ciertamente tenía responsabilidad, pero al mismo tiempo, dejó una obra política y económica de trascendencia: en su primera administración nacionalizó las industrias petrolera y del hierro, hizo avanzar la clase media como nunca antes y forjó nuevas generaciones de profesionales y técnicos con el Plan de Becas Gran Mariscal de Ayacucho. En la segunda (1989-93), la economía nacional ya había comenzado a enrumbarse a pesar de la explosión social de febrero de 1989, conocida como El Caracazo, y de los dos golpes de Estado de 1992.

Encontraba serias resistencias que prefería no tomar en cuenta. Y eso ocurría incluso en AD, tienda que a la postre lo expulsaría de su seno en medio de desplantes y hasta lo haría despojar de la Vicepresidencia de la Internacional Socialista para América Latina, cargo que había conseguido con su proyección personal. Frente a unos comentarios circunstanciales de Pérez, Gonzalo Barrios, con su proverbial acidez, un día me dijo: "Carlos Andrés no manda en AD. Aquí tenemos una dirección colegiada en la cual su voz es solo una y pesa tanto como las demás". Esa era todavía la época de los grandes líderes de la izquierda democrática venezolana, entre quienes ocurrían frecuentes discrepancias que terminaban siendo conocidas a través de la prensa.

Fueron incontables nuestros diálogos sobre política y otras muchas cosas, a veces irrelevantes. En la forma de ser de CAP no cabía un chisme contra ningún miembro de la dirección de AD -donde algunos lo veían con ciertas dosis de aversión- y ni siquiera contra los naturales detractores de larga data. A la hora de la confrontación no se detenía en consideraciones y ahí tal vez sí estuvo una de sus debilidades.

En una oportunidad, mientras conversábamos en su oficina de la Torre Las Delicias, en la avenida Libertador, al comienzo de los años ochenta, Pérez me miró fijamente y exclamó: "¡No te ves bien... Estás pálido!". Se puso los anteojos, agarró el bolígrafo y escribió el nombre de un par de reconstituyentes y las instrucciones para su consumo. Horas más tarde le enseñé el papel a Gonzalo Barrios y le pregunté si reconocía esa letra: "Sí, claro, es de Carlos Andrés. ¿Te recetó? Pues ten cuidado con eso, recuerda que él lo sabe todo". Después se haría célebre aquella frase de Barrios según la cual a su compañero de militancia partidista sólo le hacía falta un poquito de ignorancia para ser perfecto.

Luis Herrera Campins (1979-84) era el Presidente que no lo parecía. Tal vez sin proponérselo, hacía méritos para ser definido como el gobernante que menos gobernaba. Pocas veces reunía el Gabinete en Miraflores, prefería disfrutar la buena mesa en la plácida residencia presidencial, La Casona, y cada domingo a la misma hora asistía a misa en una iglesia distinta, después de lo cual hacía las declaraciones que había venido masticando durante la semana.

Era un hombre culto, un auténtico llanero sin caballo, amante de los sombreros pelo e' guama, con las alforjas repletas de refranes, que siempre incurría en severas fallas que ponían de cabeza a la economía. Con su amigo y presidente del Banco Central, Leopoldo Díaz Bruzual, a quien desde la época universitaria todos llamaban "El Búfalo", Luis Herrera pasaría a la historia como responsable de la gran debacle del Viernes Negro, ocurrida el 18 de febrero de 1983, en la cual el bolívar fue devaluado como nunca antes, en medio de una parálisis del aparato productivo y de una fuga de divisas que en pocos días superó los 20 mil millones de dólares.

Buena parte de su tiempo transcurría en una lucha sorda con Caldera por el control de Copei, para lo cual inventó un triunvirato que nunca iría a ninguna parte, con su ministro del Interior, Rafael Montes de Oca, y con el secretario general del partido, Pedro Pablo Aguilar. Y se agotaba tratando de inventar la mejor fórmula para destruir a AD. En un discurso secreto ante la plana mayor de Copei y del gobierno, un día explicó los detalles de la estrategia para acorralar políticamente a AD, tras lo cual desató una larga controversia con malos resultados para su ya maltrecha imagen. Frente a sus compañeros, confesó ser el artífice del plan para aniquilar también a la Confederación de Trabajadores de Venezuela, que era controlada por la misma organización política, y exhortó a mantener y profundizar esa línea de acción. Dos veces me amenazó por haber publicado aquel discurso que entonces pronunció en San Antonio de Los Altos, en un centro de estudios de capacitación sindical conocido como UTAL, pero nunca pasó de las palabras.

A Jóvito Villalba -de meritorias batallas contra las dictaduras de Juan Vicente Gómez y Marcos Pérez Jiménez- nunca le salían bien los intentos por alcanzar la Presidencia. Con carácter explosivo y la voz gangosa que algún urredista[*] trataba de imitar,

---

[*] Urredista, miembro de Unión Republicana Democrática.

posiblemente haya sido el mejor orador venezolano de todos los tiempos y un constitucionalista de especial brillo, a quien Pérez Jiménez le desconoció el triunfo en las elecciones de 1952 y lo expulsó de Venezuela. Después de 1958 jugó un rol importante en la vida del país, pero siempre incurría en costosos errores. Hacía diagnósticos políticos acertados y diseñaba estrategias electorales habilidosas que cambiaba a mitad de camino, cuando las cartas ya estaban echadas, para terminar en alianzas equivocadas que inexorablemente condenaban a la extinción a su partido, Unión Republicana Democrática (URD). Me llamaba la atención la puerta abullonada de la antesala de su despacho, de un cuero de color entre escarlata y naranja, que cargaba en cada mudanza. Nunca supe por qué la tenía casi como amuleto y tampoco se me ocurrió preguntarle.

Con los años, él había llegado a creer que la reelección presidencial solo acarrearía un caudal de males difíciles de curar, frente a cuya posibilidad era mejor vacunarse con anticipación. Cuando todavía su buen amigo Carlos Andrés Pérez no había confesado el deseo de presidir a Venezuela por segunda vez y solo se escuchaban los primeros rumores, un buen día Villalba me comentó que eso traería consecuencias indeseables. "¡Si Carlos Andrés se lanza, me va a encontrar de frente!", sentencia que no pudo cumplir porque su salud ya no era la misma y poco después dejaría de aparecer en público.

Como ejemplos contundentes que reafirmaban su postura, recordaba los casos de Hipólito Yrigoyen en Argentina (1916-22 y 1928-30), y de Alfonso López Pumarejo (1934-38 y 1942-45) en Colombia, quienes después de haber sido exitosos en sus primeros gobiernos, en los segundos empujaron sus países al desastre. Siendo muy joven, Villalba había tenido la oportunidad de ver de cerca la experiencia de López Pumarejo, a quien conoció y trató, al igual que a su hijo Alfonso López Michelsen, quien también ejerció la Presidencia (1974-78) y fue derrotado cuando buscaba un segundo período en 1982.

La presidencia de López Michelsen había coincidido con el primer período de su amigo Carlos Andrés Pérez en Venezuela, cuando las diferencias limítrofes colombo-venezolanas no eran obstáculo para la convivencia y el desarrollo mutuo. Entre los numerosos asistentes a las exequias de Villalba, en julio de 1989, vi al ex Presidente colombiano en compañía del influyente y a la vez misterioso empresario colombiano Carlos Pérez Norsagaray, quien como pocos coleccionaba amigos poderosos: Henry Kissinger, Willy Brandt, Fidel Castro, Omar Torrijos, Carlos Andrés Pérez, Felipe González, Lionel Jospin, el jeque Ahmed Yamani y muchos más. Los venezolanos más importantes estaban casi todos en su libreta telefónica, y los llamaba o visitaba a cualquier hora. Con su pronunciado acento bogotano, formas amables y vestir que delataba la riqueza, Pérez Norsagaray era importante porque siempre estaba listo para ayudar a los gobiernos de los dos países a encontrar soluciones.

Con sus cosas buenas y múltiples defectos, esa etapa de la vida venezolana quedaría atrás con la llegada de Hugo Chávez a la Presidencia y todo empezaría a ser distinto porque la convivencia política se agotó. Los radicalismos que comenzaron en el chavismo pronto tuvieron su contrapartida en ciertos sectores de la oposición. Adicionalmente, en el oficialismo se pusieron en marcha alianzas con las FARC, Hezbolah, ETA y otras organizaciones terroristas, aunque el líder nunca lo ha admitido para evitar que el gobierno sea tachado de forajido. Se diseñó un costoso sistema de "solidaridades" o protección automática entre regímenes asociados como los de Bolivia, Ecuador, Nicaragua y el derrocado en Honduras en julio de 2009, que renunciaron a buena parte de su soberanía nacional para actuar como satélites venezolanos. A la dictadura de los hermanos Castro en Cuba, Chávez le llegó como tabla de salvación económica.

Cuando el segundo jefe de las FARC, Raúl Reyes, fue abatido el primero de marzo de 2008, sus computadoras sirvieron para demostrar la madeja de operaciones del líder venezolano con la subversión colombiana, tras lo cual el teniente coronel reaccionó con virulencia verbal y estuvo a punto de desatar una guerra de Ecuador y Venezuela contra Colombia, para luego poner en práctica un meloso acercamiento al presidente Álvaro Uribe y proponerle ambiciosos proyectos binacionales que nunca cumpliría. Aquella madeja de complicidades con las FARC no era nueva. Había comenzado a tejerse y entretejerse unos cuantos años antes, en la época en que Chávez todavía no era candidato presidencial con potencial de victoria.

Pero la relación de armonía con el gobierno colombiano fue breve porque meses después inventaría excusas para volverse contra lo que describía como una confabulación anti venezolana por parte de Uribe, "mafioso, títere de la oligarquía y del Pentágono". Reanudó las poses desafiantes, llamó otra vez a los militares a prepararse para una confrontación que describía como inevitable y redujo casi a cero el intercambio comercial, que había crecido a lo largo de décadas de esfuerzo sostenido de ambas partes.

Ese personaje venezolano con actitudes extravagantes hizo que en los países de la región se desencadenara una innecesaria carrera armamentista, al poner en práctica un plan de defensa contra ficticios agresores extranjeros, con un gasto en equipos militares que en 10 años ha sido superior a 19 mil millones de dólares. De esa misma manera, rompió los récords venezolanos de compras de armas, hasta pasar a ser incluso fuente de suministro de equipos bélicos para gobiernos afines y movimientos guerrilleros.

Presionó al gobierno de Ecuador para que no renovara el acuerdo que permitía la presencia militar norteamericana en la base de Manta y, en sentido inverso, con su asedio permanente también empujó a los colombianos a autorizar el uso de su territorio por parte de Estados Unidos con esos mismos fines, cobijados en la lucha contra el tráfico de drogas. Para recuperar el terreno comercial perdido, desde sus primeros días como presidente colombiano, Juan Manuel Santos se empeñaría en revivir los lazos diplomáticos con Venezuela y, cuando nadie lo esperaba, se atrevió a calificar de "mi nuevo mejor amigo" a quien unos meses antes consideraba un vecino difícil.

En medio de sus frecuentes altisonancias, Chávez ha retirado embajadores un día por aquí y otro por allá. Así lo hizo con Costa Rica, España, México, Estados Unidos, Chile y otros países, mientras en otros casos ha llegado incluso a romper las relaciones diplomáticas (Colombia, Perú, Israel y Honduras). Los principales socios de Chávez en su lucha "anticapitalista" dominada por fantasmas del pasado han sido Cuba e Irán, además de haber establecido estrechos lazos políticos con las dictaduras atroces de Bielorrusia, Zimbabue, Libia y Sudán, a lo cual se sumaron incluso respetables aliados de peso internacional, como el presidente Luiz Inacio Lula da Silva, de Brasil, para ayudarle a crear una imagen de demócrata a cambio de grandes negocios.

Ese mismo jefe del Estado venezolano que pareciera corresponder al pasado lejano de cualquier país latinoamericano, diseñó y puso en práctica una particular estrategia para atornillarse al poder, estrategia que pasa por la idea de erigirse en mito anticolonialista, nacionalista, defensor de libertades. Con ese pretexto ha exaltado figuras radicales de cualquier género, incluyendo algunos de corte primitivo como el ugandés Idi Amín y el sudanés Omar Hasan Al-Bashir, autores de campañas de aniquilación de sus propios pueblos. Manuel Marulanda con sus collares-bomba, secuestros, decenas de miles de asesinatos y tráfico de drogas en Colombia, y Fidel Castro con sus casi 6 mil fusilados en Cuba, están entre sus héroes.

Su discurso, que ha ido mejorando a pesar de las evidentes contradicciones, ha estado acompañado de promesas irrealizables para mantener las expectativas de sus seguidores, así como de definiciones ideológicas difíciles de desenmarañar. Por un lado, por ejemplo, ha recomendado la lectura de *El Capital* y lo ha definido como un libro fundamental para comprender los alcances de las transformaciones sociales en curso y, por el otro, ha dicho que él apenas ha leído algunas páginas. Eso, sin embargo, no quiere decir que sea completamente ignorante, porque entre otras cosas ha leído a Antonio Gramsci y sus tesis de la hegemonía cultural. Lo cita con frecuencia y lo acomoda a sus necesidades. Sabe de hegemonía y entiende que ésta se logra no sólo por la fuerza sino mediante la manipulación de los sentimientos, en lo cual ha sido exitoso.

Las grietas del sistema

Chávez encarna las consecuencias de conflictos y ambiciones que desacreditaron no a uno de los gobiernos anteriores, sino a una democracia inmadura, con muchas debilidades, que a duras penas había sobrevivido algo más de cuarenta años. En aquella época en que todas las decisiones fundamentales estaban en manos de civiles y los militares cumplían sus funciones en los cuarteles, sin injerencia en la diatriba política. Había contradicciones sociales y vicios, pero al mismo tiempo en el país existía alguna dosis de bienestar sin que la mayoría se percatara. Convivían blancos y negros, ricos y pobres, radicales de izquierda y derecha, sin distingos religiosos.

El sistema educativo tenía éxitos significativos que propiciaron una movilidad social antes desconocida, mientras los cíclicos tiempos aciagos y de bonanza de la economía petrolera servían de estímulo para diversificar en alguna medida la producción industrial y las exportaciones, aunque en honor a la verdad en esas décadas tampoco se consiguieron metas ideales ni se llegó a renunciar a la protección estatal que amparaba a grupos económicos privilegiados.

No obstante los avances alcanzados por la sociedad durante aquel período, había vicios, errores, odio y omisiones que se fueron acumulando y contribuyeron a carcomer como polilla las estructuras del sistema hasta derrumbarlo por completo. Así, por ejemplo, en su segundo gobierno, el presidente Rafael Caldera (1994-99) había abonado el terreno al decretar el sobreseimiento de la causa militar a que era sometido el teniente coronel golpista, que le sucedería en el Palacio de Miraflores casi como en un juego diabólico. También había otorgado ese beneficio a otros participantes en las dos trastadas militares de 1992, aunque después apelaría a malabarismos verbales para justificarse.

Caldera, en cuyo peinado engominado unos veían una copia del falangista español Primo de Rivera y otros al cantante de tangos Carlos Gardel, daba la impresión de haber descubierto las implicaciones del entuerto cuando ya no había nada que hacer, cuando Chávez estaba bien arrellanado en el sillón de Miraflores.

Pero como sentía que la gravedad de las culpas afectaría esa imagen suya que solo podía ser acartonada, una y otra vez se limitaba a hacer malabarismos verbales y a decir que otros conjurados se habían beneficiado antes con la gracia presidencial. Aseguraba haberse limitado a tomar una decisión por la cual el país clamaba y, en lo que deslizaba casi como una cándida contrición, sostenía que su mayor error político había sido confiar "en el recto cumplimiento del deber por parte del señor Chávez y sus compañeros"[2].

Los pasos del fundador de Copei ocurrían como en un tablero de ajedrez, con ventajas y desventajas siempre calculadas con frialdad. Su larga experiencia en los asuntos del Estado hacía difícil pensar que pudiera ignorar las graves consecuencias del sobreseimiento a Chávez, una de las cuales fue impedir un juicio penal por los muertos y heridos de los levantamientos militares. Y los hechos han venido a demostrar que en el instante en que el golpe fue legitimado por el entonces jefe del Estado, la vida republicana de Venezuela entró en una arrolladora danza de cambios funestos.

Apenas unas pocas horas después de la sublevación del 4 de febrero, Caldera pronunció en el Congreso su célebre discurso, más orientado a buscar simpatías en la calle, que a salirle al paso a los fascinerosos. "El golpe militar es censurable y condenable en toda forma, pero sería ingenuo pensar que se trata solamente de una aventura de unos cuantos ambiciosos que por su cuenta se lanzaron precipitadamente y sin darse cuenta de aquello en que se están metiendo"[3], dijo entonces.

En la mañana de ese martes de calles vacías y de venezolanos pegados a las pantallas de los televisores, mientras el ex Presidente se dirigía al Capitolio Federal en compañía de uno de sus asistentes, el carro blindado se detuvo al cambiar la luz del semáforo de la esquina de Sociedad, en la avenida Universidad, en el preciso instante en que un pequeño grupo de exaltados pasaba por el lugar. Uno de ellos le dio una patada a uno de los neumáticos del vehículo, a la vez que profería consignas contra el sistema. Los ojos de Caldera brillaron al interpretar el resquemor como la señal que durante horas había esperado para darle a su arenga un enfoque diferente a todos. Intuía que el discurso oportunista, antisistema, lo colocaría en posición de cosechar frutos electorales.

Al enfrentar de manera visceral a CAP, el fundador de Copei no perdía cualquier oportunidad para lanzar ataques y acusaciones sin pensar en las consecuencias: "Es difícil pedirle al pueblo que se inmole por la libertad y por la democracia, cuando piensa que la libertad y la democracia no son capaces de darle de comer y de impedir el alza exorbitante en los costos de la subsistencia, cuando no ha sido capaz de poner un coto definitivo al morbo de la terrible corrupción, que a los ojos del mundo está consumiendo todos los días la institucionalidad", agregó.

Ya desde su condición de mandatario por segunda vez, Caldera repartía prebendas entre los golpistas. A uno le asignó responsabilidades en el Programa Alimentario Materno Infantil (PAMI), a otro lo colocó en uno de los más apetecidos consulados, a otros los premió con distintos cargos. Sin embargo, los especialistas coinciden en que la historia habría sido distinta si Caldera hubiese permitido que el juicio finalizara con una condena para los cabecillas del alzamiento, puesto que el fallo acarreaba la inhabilitación política y, en consecuencia, el país no hubiera caído al abismo. Pero el entonces Presidente veía las cosas de una manera distinta y esperaba algún gesto de agradecimiento de los conjurados. Se sentía magnánimo. Recordaba la época de las guerrillas y lo que en su primer gobierno (1969-74) se denominaba política de pacificación, cuando una porción de los subversivos abandonó las armas para reinsertarse a la vida política nacional, y a la postre muchos de ellos se convirtieron en sus amigos.

Había habido figuras cimeras del movimiento guerrillero comunista de los años 60, como Pompeyo Márquez y Teodoro Petkoff, que inclusive llegaron a ser ministros en la segunda administración de Caldera. El primero en el área de fronteras, el otro en planificación económica (Cordiplán). Al desilusionarse de la lucha subversiva, Petkoff había publicado *Checoslovaquia, el socialismo como problema*[4], libro que encendió una larga polémica incluso más allá de las fronteras nacionales, sirvió de referencia a la hora de la división del Partido Comunista de Venezuela y contribuyó al nacimiento del Movimiento Al Socialismo (MAS) en enero de 1971.

En alguno de nuestros frecuentes almuerzos en restaurantes de La Castellana, en Caracas, Márquez relataría el comienzo de su desilusión comunista. Moviendo sus enormes manos y con su enérgico tono de voz, recordaba con amargura los maltratos a los cuales su esposa e hijos eran sometidos en Moscú, adonde habían sido llevados en pleno apogeo de la Guerra Fría, en los años 60, mientras él era un perseguido político. Los tenían como en un campo de concentración, aislados. El famoso informe de Nikita Kruschev al XX Congreso del PCUS con las denuncias de las atrocidades de Stalin, también había sido determinante. Después de haber visto de cerca los abusos de los líderes soviéticos y del chino Mao Tse Tung (a quien conoció personalmente), Pompeyo Márquez juró combatir el culto a la personalidad y todo lo que tuviera sabor totalitario. Una vez también había participado en un encuentro con el legendario Chou En Lai, que escondía en un guante de seda el puño de acero maoísta.

Antes de enrolarse en el PCV y de haber asumido posiciones de ultraizquierda, Márquez había tenido su pasantía en la organización embrionaria de Acción Democrática (el Partido Democrático Nacional o PDN). En una de nuestras conversaciones, medio en broma y medio en serio, Gonzalo Barrios recordaría el "pasado adeco" de Pompeyo: "Lo conozco desde hace muchos años porque él fue militante de mi partido. Y como es más joven que yo, se puede decir que lo tuve algunas veces bajo mis órdenes. Pompeyo era uno de los jóvenes activistas más abnegados".

En la caída del país en el nefasto proceso populista también había habido, por supuesto, otras fallas y otros responsables. Los dos principales partidos -el socialdemócrata Acción Democrática y el socialcristiano Copei y sus respectivos gobiernos- incurrían en faltas al actuar a veces con laxitud frente a irregularidades, al repartirse cuotas de poder en los órganos institucionales e incurrir en desviaciones en el ejercicio de sus democracias internas, cayendo así en indetenibles procesos de autodestrucción. Eso, que erosionaba su liderazgo, era consecuencia de una etapa larga de predominio del clientelismo en los cuadros directivos de las dos organizaciones.

En la campaña electoral que condujo al triunfo de Chávez en 1998, AD, Copei y el Movimiento Al Socialismo (MAS), cometieron errores determinantes. Al ser escindido por su propio creador, Copei creyó que lograría el éxito electoral con una ambiciosa reina de belleza carente del sentido de los asuntos del Estado, a quien los asesores aconsejaban peinarse y vestir a lo Evita Perón. Irene Sáez venía de ser Miss Universo y alcaldesa del pequeño municipio Chacao, en Caracas. Su discurso estaba lleno de imprecisiones, contradicciones y otras deficiencias que le hacían perder vertiginosamente la alta popularidad inicial.

El candidato presidencial de AD, Luis Alfaro Ucero, venía de controlar el aparato partidista con mano de hierro. Había alcanzado la nominación después de expulsar a más de 14 mil militantes y dirigentes en un proceso interno de varios años, para luego hacer la campaña electoral con la extraña estrategia de aparecer poco en público y eludir a los periodistas. Aquel hombre de escasa visión a quien llamaban caudillo, había castrado políticamente a una hornada de dirigentes que podía haber asumido los puestos de mando del partido que con cinco Presidentes de la República y también con equivocaciones de bulto, hizo progresos sociales y económicos para los venezolanos.

Ya en la recta final de la contienda, a cinco días de las elecciones, cuando las cartas estaban echadas y el triunfo de Chávez por amplio margen era inevitable, AD y Copei cayeron en el despropósito de abandonar a su suerte a sus candidatos presidenciales para respaldar a Henrique Salas Römer, un conservador que apenas unos meses antes había fundado el partido Proyecto Venezuela. En el desespero por remediar las equivocaciones, aquellas organizaciones con un robusto pasado no lejano, terminaban por empujar a muchos militantes y simpatizantes en favor de Chávez, mientras los escrupulosos optaban por la abstención.

Defraudada por aquellas autoridades de Copei encabezadas por Luis Herrera Campins, que antes la ensalzaban y ahora le sacaban la silla, Irene Sáez no podía más que continuar hasta el final en la contienda. Después de haber tratado de obtener la nominación por segunda vez, Eduardo Fernández advirtió a sus compañeros las implicaciones negativas de una candidatura presidencial frívola y, transcurridos ya unos cuantos meses, pronosticó que la decisión de abandonar a Irene Sáez no sólo iba a ser pésima para los copeyanos*, sino que, además, el apoyo oportunista de último minuto le causaría grave daño a Salas Römer.

El viernes 27 de noviembre de 1998, día de la diabólica reunión del Comité Directivo Nacional de AD convocada para anular el respaldo a Luis Alfaro Ucero, él sería el primero en llegar a ese espacioso salón de sesiones que conocía con los ojos cerrados, donde en los últimos años nadie o casi nadie se había atrevido a contrariar su voluntad. Durante media hora esperó el comienzo de los discursos, esta vez sentado en la primera fila y no en el presídium. Con una actitud imperturbable y con la altivez de siempre, escuchó la condena de aquellos que horas antes le temían y alababan en cada uno de sus pasos, pero que ahora se alzaban en su contra y evitaban mirarlo a los ojos. Sólo unos pocos, entre ellos Humberto Celli, que había sido víctima de los desafueros de Alfaro, se opusieron a la liquidación de su candidatura.

Cuando le llegó el turno habló poco y despacio. Además de su voz, en esa atmósfera enrarecida en que todos se sentían o fingían sentirse incómodos, no se escuchaba siquiera el ruido de una mosca y nadie se movía un ápice. Recorriendo el auditorio con la mirada y levantando el dedo acusador, Alfaro remató con una afirmación contundente: "Ustedes me eligieron candidato, y cuando lo hicieron sabían que yo tenía 77 años y que en las encuestas aparecía con solo 0,04 por ciento... Los intelectuales que aquí están conocían muy bien mi limitada formación, pero

---

* Copeyano: Militante del partido social cristiano Copei.

aun así no dijeron nada. Ahora soy candidato por decisión de ustedes y prefiero una derrota digna a una renuncia humillante"[5].

Al terminar aquella tormentosa sesión cuya conclusión se conocía de antemano, el ex candidato adeco saldría por última vez de la casa del partido, sin más compañía que el chofer. Una vez consumado el acto y a conciencia de que no tenía nada que buscar en la contienda electoral, Alfaro continuaría en campaña hasta el final, con lo cual se vengaba haciendo también un aporte al triunfo de Chávez.

A la dirección nacional del MAS, partido que desde sus primeros años había ido despojándose de la etiqueta marxista heredada del Partido Comunista para transformarse en algo pragmático cercano a la socialdemocracia, no le era fácil ocultar el inaplazable deseo de sentirse parte del nuevo gobierno. Por eso la maquinaria masista se inclinó por Chávez cuando ya todos sabían que sería el ganador, sin que existieran tesis o programas comunes. Nada que los identificara. Al tomar ese rumbo fueron desoídas las reiteradas advertencias de los líderes fundamentales Pompeyo Márquez y Teodoro Petkoff, quienes no encontraron otro camino que declararse independientes después de consumada la transacción política de escaso ingenio.

En los cuarenta años de lo que peyorativamente se ha dado en llamar Cuarta República (1958- 1999), los medios de comunicación -salvo algunas excepciones- pedían y alcanzaban tajadas burocráticas. Se creían gobierno y oposición a la vez, alejándose de lo que pudo y debió haber sido su rol esencial, para convertirse unas veces en protagonistas y otras en instrumentos de perversas maniobras. Directivos y dueños de periódicos, radioemisoras y televisoras, hacían acuerdos con los partidos políticos. Obtenían escaños en el Congreso de la República y otras posiciones, a cambio de parcializarse en etapas electorales y de poner algún límite a la línea editorial. El colmo de esas componendas fueron unas elecciones en las cuales AD postuló como tercer diputado por Miranda a un ejecutivo del Bloque de publicaciones De Armas, mientras la lista de Copei incluía en la misma posición a un representante de la Cadena Capriles. Había medios que llegaban al extremo de funcionar como resortes de presión o chantaje para conseguir beneficios particulares, con injustas campañas cuyo precio resultaría demasiado caro a la postre.

A medida que el tiempo avanzaba en la campaña electoral presidencial de 1998, muchos de esos empresarios y periodistas iban descubriéndole "encantos" a Chávez y lo aplaudían. Se reunían con él, lo halagaban, le daban dinero, lo invitaban a cenar, le cedían espacios para la promoción publicitaria de su imagen y, en definitiva, contribuían a su triunfo con la esperanza de ser correspondidos. Había, por supuesto, informaciones que eran paralizadas para no causarle daño a lo que ya era una fulgurante candidatura.

Después de esa etapa, cuando cada vez se veía más claramente que el chavismo iba a por ellos, no faltaría una televisora como RCTV, con críticas y denuncias en sus noticieros, pero que estaba bien lejos de volver sobre sus pasos con aquellas demoledoras telenovelas de altísima sintonía de épocas anteriores. Otra, como Venevisión, se las ingeniaría para buscar un padre protector al estilo de Jimmy Carter, con lo cual daría un giro de 180 grados para colocarse al servicio del régimen, con el propósito de continuar sus negocios como si nunca hubiese pasado nada. Aquella era una democracia que podía haber avanzado en la corrección de sus propias deficiencias, puesto que tenía grandes recursos para hacerlo.

Semanas antes de que los transmisores de la señal abierta de Radio Caracas TV se apagaran, cuando en mayo de 2007 venció la concesión que el Estado se había negado a renovar, la cabeza visible del canal, Marcel Granier, se reunió una tarde con varios opositores para examinar lo que a ojos vistas era inminente. Uno de los asistentes recordaría haber dicho allí: "Marcel, no tienes otro camino que revivir *Por estas calles,* transmitirla en horario estelar con nombres y apellidos de gente de este gobierno, denunciando los abusos de Chávez y la corrupción… En pocos días el gobierno cerrará el canal y tendrás que irte del país, pero eso traerá consecuencias importantes y quedará claro que Chávez no tiene la misma tolerancia de Carlos Andrés. ¡No tienes otro camino!". Mesándose el bigote, Granier escuchaba e intentaba hilvanar la respuesta: "No. No puedo. Creo que lo mejor es que yo vaya a Brasil, a España y a otros países, para denunciar los planes del gobierno y tratar de impedir el cierre del canal. La presión internacional puede ser más efectiva".

Antes, en 1993 las protestas callejeras hacían que el país echara humo por los cuatro costados, mientras un influyente grupo conocido como Los Notables, surgido a raíz del golpe militar encabezado por Chávez, en vez de medicinas curativas recomendaba las más contraindicadas. La figura más relevante de ese grupo, del cual hacían parte algunos de vieja data en tareas desestabilizadoras de los gobiernos democráticos, era el escritor Arturo Uslar Pietri. La población se quejaba de la calidad de los servicios públicos. Era un calvario tratar de obtener la cédula de identidad o el pasaporte, acudir a las consultas médicas del Seguro Social Obligatorio, así como gestionar permisos en oficinas públicas.

Al comenzar su segundo gobierno (1989-93), Carlos Andrés Pérez había puesto en práctica un conjunto de medidas -el famoso paquete- para superar la crisis económica del momento y sentar las bases para la modernización del país. Era un programa diseñado con la activa participación del banquero Pedro Tinoco e implementado por un grupo de jóvenes ministros de pensamiento liberal, tecnócratas académicamente impecables pero sin la cancha política indispensable para adivinar por qué los estómagos de los barrios populares hacían ruido. Con su brillantez, los tecnócratas y Tinoco habían convencido a quien se suponía era el avezado CAP, pero que, sin embargo, no se había paseado por la necesidad de adoptar compensaciones inmediatas para mitigar el impacto del paquete en los pobres.

Una de las primeras decisiones del Presidente fue el aumento del precio de la gasolina, que al aplicarse de manera brusca disparó las tarifas del transporte público, tras lo cual el 27 de febrero de 1989 ocurrió una explosión social sin precedentes en Venezuela (el Caracazo), con una ola de saqueos, centenares de muertos y miles de heridos en Caracas y en otras ciudades. Las características de la revuelta dejaron en el gobierno y en otros sectores, la convicción de que había sido orquestada por extremistas de izquierda en complicidad con unas cuantas figuras de la derecha. Poco después la inflación se dispararía hasta alcanzar el 80 por ciento.

En poco tiempo se observarían signos de desgaste en la imagen del Presidente y del gobierno y hasta su propio partido (AD) marcaba distancias para no contaminarse con la impopularidad, aun cuando para bien o para mal esa administración no era y no podía serle ajena. La ola de saqueos y muertos del Caracazo y los dos alzamientos militares de 1992, habían generado un ambiente de confusión e inestabilidad que era aprovechado por los enemigos de Carlos Andrés Pérez.

El Fiscal y sus aliados

Al cundir las protestas callejeras se creó el estado de agitación nacional apropiado para que en marzo de 1993 el Fiscal General de la República, Ramón Escovar Salom, solicitara ante la Corte Suprema de Justicia un antejuicio de mérito contra el Presidente, basándose en una acusación de presunta corrupción presentada por el diputado y periodista José Vicente Rangel, con la colaboración del ex contralor José Muci Abraham. Se le imputaba el delito de haber utilizado recursos de la partida secreta del Ministerio del Interior para financiar un plan de protección a la presidenta nicaragüense, Violeta Chamorro, quien se había enfrentado y derrotado a Daniel Ortega y al sandinismo.

Esa denuncia había servido de venganza a un publicista vinculado a la campaña electoral de AD en 1988, que hacía reclamos por las demoras en ciertos pagos. Ese publicista tenía espacios comprados en los dos principales periódicos caraqueños, en los cuales publicaba una columna destinada a desprestigiar a quienes adversaban a Carlos Andrés Pérez.

En el Fiscal General anidaba una animadversión que había comenzado el mismo día en que CAP, ya en la recta final de su primer gobierno (1974-79), lo destituyó del cargo de ministro de Relaciones Exteriores por razones que nunca quedaron completamente claras. Algunos decían que el despido había ocurrido mientras Escovar estaba en una gira oficial de casi un mes por muchos países europeos, pero el Presidente lo negaba y sostenía que el ministro estaba enterado de su decisión de finalizar el gobierno con un miembro de su partido en esa posición. Como el Fiscal no podía olvidar eso que guardaba como afrenta, con paciencia franciscana esperó durante años el instante preciso para darle rienda suelta a sus macerados rencores.

Al comenzar el segundo gobierno de CAP, Escovar se desempeñaba como embajador en Francia, desde donde se esmeraba en acariciar la debilidad humana de figuras prominentes de AD, como Gonzalo Barrios y Carlos Canache Mata, para que lo postularan para dirigir el Ministerio Público. El jefe de la fracción parlamentaria de Copei, Gustavo Tarre Briceño, también había sido objeto de esos halagos. El entonces diplomático les ofrecía almuerzos y cenas en París, los llevaba a pasear en su carro… Por eso se prestaron para lanzar su nombre y hacer lobby por él, sin que el Presidente hiciera un gesto de rechazo que tal vez hubiera resultado natural y hasta pasado desapercibido, puesto que ese no era el único nombre en discusión. Un elogio a otro podía haber sido suficiente.

En mis tareas profesionales, en ciertas ocasiones estuve de visita en el despacho del Fiscal y alguna vez en su casa. Me parecía que el exagerado número de fotos suyas colgadas en las paredes, en distintas poses con figuras nacionales e internacionales, era un rasgo bien descriptivo de su personalidad. Cada fotografía tenía en la parte inferior una etiqueta con los nombres y fechas correspondientes. En las actuaciones de Muci, al igual que en las de Escovar, era fácil apreciar la influencia de viejas antipatías contra CAP.

En lo que posteriormente algunos especialistas han considerado un golpe constitucional contra el sistema, Escovar hasta se coaligó con Los Notables, con Caldera y otros enemigos jurados de Pérez. Otros factores importantes del país, incluyendo ciertas individualidades de AD, también habían estado moviendo los hilos para que el expediente fluyera con rapidez en la Corte Suprema de Justicia y se produjera el fallo contra el jefe del Estado.

Al producirse la decisión de la Corte (20-5-1993) declarando la existencia de méritos para el enjuiciamiento del Presidente de la República, Carlos Andrés Pérez pronunció un discurso con advertencias que resultarían premonitorias, sobre los peligros que acechaban a las instituciones. Entre otras cosas dijo: "Ojalá que nos sirva la lección de esta crisis. Que se inicie una rectificación nacional de las conductas que nos precipitan a impredecibles situaciones de consecuencias dramáticas para la economía del país y para la propia vigencia de la democracia que tantos sacrificios ha costado a nuestro pueblo".

Agregó que "fue en 1992 que brotó la soterrada conspiración civil que aprovechó astutamente la conmoción producida por la felonía de los militares golpistas. La misma conspiración de hoy que recurre a otros métodos, porque se agotaron todos los demás, desde la metralla y el bombardeo implacable hasta la muerte moral. Si no abrigara tanta convicción en la transparencia de mi conducta que jamás manchará mi historia, y en la seguridad del veredicto final de justicia, no tengo inconveniente en confesar que hubiera preferido otra muerte"[6].

Chávez no era el único

Ante el estado de confusión e inestabilidad que prevalecía desde El Caracazo, Chávez, un oficial completamente desconocido, se frotaba las manos, corría de un lugar a otro, hacía cálculos. Esa condición de desconocido le servía para recorrer el país sin que nadie descubriera el calenturiento propósito de sus trasnochos. En los cuarteles y en la Academia Militar reclutaba aliados para las conspiraciones que tramaba, afuera establecía nexos con los rezagos de una izquierda radical trastornada que por más de tres décadas se había movido en la subversión y el terrorismo.

Apenas era un teniente cuando ya intervenía en reuniones en las cuales hablaba de revueltas, y al comenzar el gobierno de Luis Herrera Campins, en 1980, se entrevistaba con un guerrillero y conspirador de toda la vida, Douglas Bravo, para explorar posibilidades de una acción de fuerza que culminara en la toma del gobierno. Precisamente, al ser descubierto tratando de incitar cadetes, una vez fue trasladado de Caracas a Apure, en la frontera con Colombia, pero extrañamente no fue sometido a juicio militar. Él, sin embargo, no era el único ni tampoco el más inteligente entre los militares golpistas, tampoco el mejor preparado, aunque sí el más audaz para sortear las dificultades. Había sido un estudiante de bajo rendimiento en el curso de Estado Mayor, en el cual fue reprobado en dos asignaturas fundamentales: operaciones e inteligencia.

En muchas ocasiones, Chávez ha confesado los detalles de su vocación golpista de siempre. Con regodeo relata cómo fraguó el atentado contra un gobierno surgido del voto popular y contra las instituciones constitucionales, al tiempo que busca erigirse en adalid de una democracia en la cual nunca ha creído y menos se ha interesado. Al hacerlo tuerce y retuerce los hechos a su conveniencia.

A pesar de las inocultables flaquezas institucionales que existían en la Cuarta República, tan solo un puñado de venezolanos era capaz de imaginar que en las Fuerzas Armadas se incubaba con tanto vigor el germen del régimen militarista. Sin embargo, con el transcurrir de los años y siguiendo las recomendaciones de Fidel Castro, Chávez se atrevió incluso a decretar la celebración del 4 de febrero como "Día de la dignidad nacional", equiparándolo al 5 de Julio, Día de la Independencia Nacional -con desfiles militares, discursos, fuegos artificiales e invitados especiales- en el Paseo Los Próceres de Caracas, para tratar de convertirlo en un símil de lo que el asalto al Cuartel Moncada representa para la revolución cubana.

En su alocución con motivo del aniversario correspondiente a 2010, el Presidente dijo que "el 4 de febrero de 1992 no solo ocurrió una rebelión militar patriótica, sino que en Venezuela se hizo imposible un golpe militar de derecha. Los soldados cumplieron en aquel momento una jornada necesaria, inevitable. Ahora todo el pueblo venezolano es de verdad un gran ejército. Nosotros los soldados somos la vanguardia del pueblo de Bolívar".

Ese mismo criterio también quedó reflejado en la columna dominical *Las líneas de Chávez* del 7 de febrero de 2010, cuando dijo que "las armas de la crítica tuvieron que dar paso a la crítica de las armas. La política entreguista del puntofijismo llegaba a su más nauseabunda expresión con el programa neoliberal puesto en práctica por Carlos Andrés Pérez: el país estaba subordinado al FMI y al Banco Mundial y de rodillas ante el imperio; los partidos políticos se dedicaban exclusivamente al saqueo y a la burla social... Teníamos que dar un paso al frente ante tal estado de cosas, con el más puro compromiso con la redención de la Patria para devolverle al pueblo las armas de la República"[7].

Aunque Chávez había estado dos años en la cárcel de Yare sometido a juicio militar por insurrección, nunca fue procesado penalmente por los muertos y heridos que causó el 4 de febrero. Y desde entonces, cada vez que se refiere a los acontecimientos de aquel día, prefiere obviar el espinoso punto para hablar más bien de una "gesta libertadora" que califica como rebelión y no como el cruento golpe de Estado que fue.

Durante el gobierno de Carlos Andrés Pérez, hubo movimientos militares desestabilizadores que fueron detectados por los organismos de inteligencia y hasta se logró identificar algunos complotados, pero inexplicablemente las investigaciones no terminaban en sanciones. En algunos casos apenas condujeron al traslado de oficiales de una guarnición a otra, sin que se aplicaran sanciones de peso. Las rivalidades entre generales que ocupaban posiciones fundamentales, eran determinantes para archivar o desechar buena parte de la información que les llegaba.

Militares prominentes con condecoraciones en el pecho se jactaban de su apego a los principios constitucionales, pero eran incapaces de asumir posiciones inflexibles contra compañeros o subalternos que solo esperaban una oportunidad para dar el manotazo. Así, por ejemplo, Italo del Valle Alliegro y Fernando Ochoa Antich, quienes llegaron a ser ministros de la Defensa, alguna vez rechazaron propuestas indecorosas pero no se atrevieron a acusar a los instigadores[8]. Creían que lo mejor era ignorar el asunto. Ni Alliegro ni Ochoa abrigaban pretensiones antidemocráticas, pero sus actitudes resultaban cuando menos permisivas. Irónicamente, la Administración chavista abrió un proceso judicial contra Alliegro por presunta responsabilidad en las muertes que ocurrieron por excesos militares mientras trataban de reprimir la ola de violencia de El Caracazo.

Los comentarios sobre la existencia de logias militares se escuchaban con frecuencia en los organismos de inteligencia, pero el presidente Pérez parecía estar entre quienes confiaban en que nada agrietaría la apariencia sólida de las bases del sistema democrático. No obstante, en sus *Memorias Proscritas*, decía no haber sido sorprendido por el 4 de febrero de 1992 y, más bien, prefería achacarle la imposibilidad de abortar el golpe, a las disputas entre generales y a ineficiencias de los responsables de la seguridad del Estado[9].

El general Carlos Julio Peñaloza aseguraba que durante el ejercicio de sus funciones como Comandante del Ejército, había ordenado detener a Chávez y a otros implicados en una conspiración detectada en diciembre de 1989, pero el Presidente Pérez giró instrucciones para que se les pusiera en libertad "por falta de pruebas", a pesar de que el consultor jurídico de la Fuerza sostenía que las evidencias eran fehacientes. Ese mismo Peñaloza, cuyos enfrentamientos con el ministro de la Defensa, Héctor Jurado Toro, y con otros altos oficiales eran un secreto a voces, también estaba acusado de tramar acciones para desestabilizar el régimen.

Peñaloza sostenía que ese grupo de oficiales debía ser expulsado de las Fuerzas Armadas, pero Chávez supo neutralizar la acción al cobijarse en su amigo el ministro de la secretaría de la Presidencia de la República, Jesús Ramón Carmona, a quien conocía desde sus tiempos de capitán en el Batallón Farfán en el olvidado pueblo de Elorza, en el estado Apure, donde era visto como un personaje popular que hasta había llegado a ser presidente de la junta organizadora de los festejos patronales. Atendiendo la petición de Arnaldo Rodríguez Ochoa, un general que había tenido a Chávez como ayudante en el Consejo de Seguridad y Defensa (Seconasede), Carmona contribuyó a que el expediente se desestimara, al plantearle el caso al presidente

Pérez. Días después el conspirador exculpado se reunió con ese ministro que había mordido el anzuelo con facilidad, lo abrazó y le agradeció aquel "acto de justicia importante" para su carrera profesional.

En buena parte de las cuatro décadas posteriores a Pérez Jiménez, hubo militares conspiradores que abandonaron sus intentos o los hacían de vez en cuando, por temor a que se les descubriera y pasara a retiro o se les encarcelara, pero el teniente coronel sabía diferenciarse de los demás porque la suya nunca dejaba de ser una idea fija. Perseveraba en su objetivo, a lo cual dedicaba incluso parte de su sueldo para pagar traslados, hoteles y otros gastos y, por eso, sus planes cosecharon éxitos a pesar de haber fracasado por la vía militar.

Un tiempo antes, en las postrimerías del gobierno de Jaime Lusinchi (1984-89), en la noche del 26 de octubre de 1988 se había producido un hecho alarmante: columnas de tanques se apostaron frente al Ministerio de Relaciones Interiores y en la residencia presidencial La Viñeta, con la intención de apresar a Simón Alberto Consalvi, a la sazón encargado de la jefatura del Estado, mientras el Presidente estaba de viaje en el exterior. Después se sabría que un grupo de altos oficiales era cómplice de aquel intento de golpe, pero ninguno de ellos fue identificado y menos aún sancionado.

Las investigaciones permitieron establecer que el entonces mayor Chávez había tenido algo que ver con ese antecedente, por cuanto el mismo 26 de octubre visitó la sede del Grupo de Caballería "Juan Pablo Ayala", donde se reunió a puerta cerrada con el también mayor José Soler Zambrano, quien estuvo al frente de la movilización de las unidades blindadas. Esa reunión quedó registrada en el libro de novedades diarias de la dependencia militar. Chávez husmeaba por los rincones, detrás de las cortinas… No quería quedarse al margen de cualquier cosa que oliera a conspiración porque eso era lo suyo.

Versiones han ido y venido, pero lo cierto es que el tiempo no ha podido despejar en forma definitiva una pregunta esencial: ¿Por qué Soler Zambrano ni siquiera fue pasado a retiro después de haber intentado apresar a Consalvi? ¿Acaso el hecho no revestía gravedad extrema? Estudiosos del tema piensan que en las investigaciones hubo elementos orientados a amparar a quienes se movían detrás de Soler, cuyo retiro como militar ocurrió por voluntad propia en 1990.

Con el ascenso del teniente coronel a la Presidencia, Soler imaginaba que sus sueños se realizarían. Intentaba conversar con él, pensaba en la posibilidad de ser reincorporado a las Fuerzas Armadas, tal como se veía venir en los casos de otros oficiales, pero Chávez no lo tomaba en cuenta. Quienes lo conocen recuerdan que frente a la indiferencia presidencial, Soler andaba calle arriba y calle abajo, desilusionado y con apuros económicos, hasta el día en que las cosas comenzaron a cambiar: fue llamado a trabajar en la División de Exploración y Producción de Petróleos de Venezuela (PDVSA) en Barinas, donde después tendría contactos esporádicos con el Presidente y sus hermanos. No obstante, nunca le fueron asignadas tareas de primer orden en el gobierno (¿por qué?), manteniéndosele en posiciones sin trascendencia.

Una vez, en la época en que las protestas ocurrían a diario en Caracas, el ex ministro Ochoa Antich fue abordado por Soler en una calle. El general lo miró y saludó, aunque no atinaba a relacionar aquella cara ni con nada ni con nadie. En ese diálogo de varios minutos, el mayor retirado habló en términos poco elogiosos sobre el Presidente Chávez y su falta de lealtad con el amigo y antiguo compañero. Pero con el tiempo, Soler dejaría de rumiar sus lamentos para inscribirse en el partido del Presidente (PSUV) y defender la tesis de un socialismo más radical que el cubano.

Con anterioridad a la noche de los tanques se tenía conocimiento de la existencia de una de esas logias, autodenominada Comacates —comandantes, mayores, capitanes y tenientes-, que hacía circular panfletos en los cuarteles con presuntas denuncias contra el alto gobierno y los partidos políticos, tratando de crear el ambiente para una acción militar. También estaba claro que Chávez era uno de sus miembros. A las redacciones de los periódicos llegaban esporádicamente copias de esos mensajes, sin que se les diera la importancia que merecían. Después de los dos golpes de Estado de 1992, los Comacates continuaron aún con más fuerza sus propósitos desestabilizadores.

En casi todos los gobiernos anteriores había habido conspiraciones y sediciones militares. Unas más graves que otras; unas detectadas, otras no. Las peores ocurrieron en el gobierno de Rómulo Betancourt (1959-64), quien estuvo en permanente jaque por alzamientos militares y movimientos guerrilleros que ponían bombas un día por aquí y otro por allá, mataban policías, asaltaban bancos y hacían secuestros de gran impacto internacional, como el de uno de los grandes futbolistas de todos los tiempos en la cúspide de su carrera, Alfredo Di Stefano, y el del coronel Michael Smolen, segundo jefe de la agregaduría militar de Estados Unidos en Caracas.

Los venezolanos vivían tiempos de zozobra como consecuencia de los atentados de extremistas de derecha e izquierda. Era el primer período de cinco años de gobierno que seguía al derrocamiento de Pérez Jiménez, cuando incluso el mismo Presidente sufrió un atentado con una poderosa bomba, patrocinado desde la República Dominicana por el dictador Rafael Leonidas Trujillo, del cual salió milagrosamente con vida aunque con severas lesiones que no hicieron retroceder la firmeza de su gobierno. Betancourt combatió las guerrillas con mano dura, y fue el eje central de la estrategia continental para frenar la injerencia de Fidel Castro en varias naciones de la región.

La lista de conspiraciones y sublevaciones en la historia nacional es tan extensa, que no pocos tratadistas le han dedicado volúmenes completos. De allí que la conclusión de cualquier análisis histórico o sociológico, bien pudiera ser que los militares venezolanos están condenados por una carga genética golpista, carga que no pareciera agotarse de la noche a la mañana. En ese largo proceso Chávez sólo ha sido uno más, que se diferencia de los anteriores por el uso del caudaloso ingreso petrolero para ocultar su rostro mediante elecciones y campañas publicitarias.

En la campaña electoral que culminó en diciembre de 1998, Chávez prometía lechos de rosas: combatir la corrupción, podar la burocracia, frenar el gasto innecesario, establecer un régimen basado en el respeto a la vida y otros principios fundamentales. Ofrecía una Presidencia digna, austera, sin aspavientos. Seguridades para la propiedad privada y libertad de empresa, garantías para las inversiones extranjeras, respeto a los medios de comunicación, reducir los gastos de Petróleos de Venezuela, amplitud para la existencia de un clima de pluralidad política y el uso de los recursos económicos para el desarrollo nacional en un gobierno de cinco años sin reelección inmediata. Pero ha hecho todo lo contrario.

En una ocasión lo entrevisté para una de las revistas de *El Nacional*, cuando la dinámica electoral todavía no le había dado el impulso definitivo a su candidatura. Estaba en un distante tercer lugar, con un discurso dominado por el encono, en el cual afirmaba que muchas cabezas de adecos y copeyanos serían derretidas en pailas con aceite hirviendo. El encuentro ocurrió en uno de los apartamentos del edificio *La Hydra*, en la urbanización La Boyera, donde se aprestaba a reunirse con un reducido equipo formado por Luis Miquilena, Jesús Urdaneta, Nicolás Maduro, Pedro Carreño, Nedo Paniz y otros, varios de ellos militares retirados con pasado golpista. En aquellos meses Miquilena cumplía, entre otras, la complicada tarea de enmendador de errores.

Una de sus ofertas era eliminar la abultada flota de aviones del Estado, pero rápidamente compró un Airbus para uso presidencial por 75 millones de dólares, más de 60 aviones de guerra, una flota de 41 helicópteros, casi 300 tanques y otros vehículos blindados, submarinos, diez fragatas, más de cien mil fusiles, un gran lote de misiles, plataformas de lanzamiento, un satélite para uso militar y civil, además de otros equipos como un sistema de "alarma temprana". Continentalmente se convirtió en benefactor para unos y en dolor de cabeza para muchos.

Trece años después de su ascenso al poder, Chávez todavía ha continuado vendiendo ilusiones como el primer día y culpando a los gobiernos anteriores de todos los males, pregonando a los cuatro vientos que él había blindado la economía frente a cualquier posible desajuste internacional. Al presentarse la crisis económica mundial de 2008, sus ojos veían la economía nacional creciendo a un ritmo tal, que los venezolanos estaban a las puertas de un paraíso industrial y agrícola, pero eso era una ilusión óptica que se desvanecía con las propias estadísticas oficiales: en 2009 la tasa venezolana de crecimiento era de -2.9 por ciento, mientras las de Latinoamérica y del mundo eran de -1.8 por ciento y -1.1 por ciento, respectivamente.

Los precios del petróleo tuvieron una significativa mejoría durante el año 2010 y en 2011 sobrepasaron los cien dólares por barril, pero aun así, las cifras oficiales seguían poniendo al descubierto la ineficiencia del presidente Chávez y su equipo. El Banco Central admitía que la inflación de 2010 había sido de 26.9 por ciento y el Producto Interno Bruto había caído 1.9 por ciento, verdaderos récords en el continente. Eso lo impulsaba a profundizar las expropiaciones de empresas, haciendas y edificios, para aumentar el control de la sociedad y, al mismo tiempo, trataba de ocultar el fracaso en las políticas de atención a los miles de afectados por las inundaciones.

Como jefe de Estado siempre ha pretendido esconder sus intenciones, pero pronto cae en contradicciones y queda al descubierto. Unas semanas después del inicio del gobierno, le envió una carta al entonces presidente de Estados Unidos, Bill Clinton, autodefiniéndose como un demócrata que creía en la pluralidad política y abogaba por el relanzamiento de las relaciones bilaterales. En esa etapa sus posiciones políticas cambiaban constantemente, pero con el paso del tiempo y con la influencia de Fidel Castro el aditamento marxista se haría notar.

En aquella misiva le decía a Clinton: "Hemos heredado una economía en crisis. Nos proponemos recuperarla mediante la aplicación de un conjunto de políticas económicas y financieras orientadas fundamentalmente a la reactivación productiva y al equilibrio económico, consustanciadas siempre con las necesidades de la población. Hemos recibido también, señor Presidente, un país seriamente afectado en lo ético, pero con la misma moral inquebrantable hemos comenzado ya a restablecer el código moral que debe impulsar a toda sociedad, luchando sin tregua contra el grave mal de la corrupción, a través del cual en

Venezuela se perdieron recursos equivalentes a cinco planes Marshall"[10].

Tempranas desilusiones

Transcurridos algunos meses desde la inauguración presidencial, cuando ya estaban claras las pretensiones chavistas, el 5 de julio de 1999 el historiador y diplomático Jorge Olavarría fue orador de orden en el Congreso con motivo del 188 Aniversario de la Independencia Nacional. Con su estilo ácido, presentó un certero diagnóstico de la encrucijada en que se debatía el país, con vaticinios que desafortunadamente se han cumplido.

Sin espacio para un alma más en el hemiciclo del Senado, ante el Presidente de la República, con los miembros del cuerpo diplomático como invitados especiales y ante las cámaras de televisión, Olavarría afirmó: "Si los venezolanos nos dejamos ilusionar por un demagogo dotado del talento de despertar odio y atizar atavismos de violencias, con un discurso embriagador de denuncias de corruptelas presentes y heteroicidades pasadas, el año entrante Venezuela no entrará en el siglo XXI. Se quedará rezagada en lo peor del siglo XX o retornará a lo peor del siglo XIX"[11].

Más adelante recordó personajes malévolos del país de montoneras que había sido la Venezuela rural: "Nunca antes, salvo los días de Boves y Morales, se había hecho una prédica tan clara a favor del caos y la anarquía. Nunca. Los más radicales revolucionarios han predicado un orden nuevo. Pero orden. Nadie ha predicado el desorden, la incertidumbre y la arbitrariedad como ideales para construir una república". Indignada por las verdades de Olavarría, la presidenta de la Corte Suprema de Justicia, Cecilia Sosa Gómez, arrugó el ceño, agarró la cartera y a paso raudo abandonó el Hemiciclo del Senado. Meses más tarde la señora Sosa caería en la desilusión y pasaría al bando opositor.

Otra voz que se alzó para formular advertencias sobre los peligros que aguardaban a los venezolanos fue la de Arturo Uslar

Pietri. En declaraciones publicadas el 15 de noviembre de 1999 por *El Universal digital*, dijo que Venezuela estaba en un período caótico. "El gobierno se está erigiendo sobre la base de la desaparición de los partidos políticos, cuando lo deseable sería que en un momento como este hubiera por lo menos dos tendencias de opinión definidas, que hicieran propuestas alternativas... En este momento lo que está funcionando son los personalismos muy claros, y la reelección solo busca perpetuarlos en el tiempo"[12].

Uslar y Olavarría, sin embargo, tampoco estaban exentos de culpas en el debilitamiento del sistema democrático, por cuanto uno desde el grupo de Los Notables aportaba críticas destructivas que buscaban a cualquier precio la salida de Carlos Andrés Pérez de la Presidencia, mientras el otro hacía lo propio desde su columna dominical de *El Nacional* y asesoraba a Chávez en la campaña electoral de 1998. Ambos eran vistos por CAP como parte activa de una conspiración.

En los gobiernos anteriores había habido casos de corrupción, unos más sonoros que otros, pero existía un sistema de pesos y contrapesos que permitía las investigaciones. La Contraloría y la Fiscalía General de la República marchaban con independencia del Poder Ejecutivo, como lo prueban muchas sentencias contra altos personeros de distintas administraciones. Las actuaciones del Fiscal General Escovar Salom y del entonces Presidente de la Corte Suprema de Justicia, Gonzalo Rodríguez Corro, condujeron en mayo de 1993 a la destitución y condena de Carlos Andrés Pérez, quien desde la Presidencia no hizo nada para obstaculizar el funcionamiento de las instituciones. Entregó el poder como correspondía, sin resistencia alguna, demostrando así convicciones democráticas y tolerancia frente a quienes participaban en las conjuras en su contra. Fue procesado judicialmente, condenado por supuesta malversación de fondos y estuvo preso.

El paso de los años ha ido permitiendo ver cada vez con más claridad que sí había habido una conspiración de elementos de derecha e izquierda contra el Presidente y contra el sistema, con apoyo de medios de comunicación. Analistas e historiadores así lo han comenzado a reconocer, pero, por supuesto, la lección de aquellos episodios ha sido amarga y reafirma la tesis de que grandes sectores de venezolanos siempre han deseado ser gobernados o dominados por un hombre fuerte. En una larga entrevista con el periodista Ramón Hernández, publicada a manera de libro en mayo de 2009, el historiador Germán Carrera Damas ilustró la situación de la siguiente manera: "Un grupo de obcecados, de tontos, de locos, creyó que enjuiciar al Presidente era la perfección máxima de la democracia. No tenían conciencia histórica de lo que perpetraban. Conciencia histórica tuvo Gonzalo Barrios cuando en 1968 dijo que no iba a discutir una elección por 30.000 votos y poner en peligro la democracia. En 1993 no se tuvo conciencia histórica y ahí empezó todo lo que vino después"[13].

A pesar de la manifiesta debilidad de las instituciones, la Comisión de Contraloría de la Cámara de Diputados siempre había sido muy activa. En los cuarenta años anteriores a la llegada de Hugo Chávez, esa Comisión, integrada con representantes de todos los partidos, era escenario de constantes denuncias que se investigaban y debatían. En muchos casos los señalamientos se quedaban en el camino, sin conclusiones, en otros no. Abundaban los diputados y periodistas que hacían carrera como profesionales de la denuncia, entre quienes José Vicente Rangel (JVR) llegó a amasar gran poder a la sombra de columnas en periódicos y en programas de televisión, pero con frecuencia quedaban dudas sobre la honestidad de sus motivaciones.

Al llegar la administración de Chávez, Rangel se convertiría en pieza fundamental del engranaje burocrático y comenzó a ser mencionado como cabeza de un grupo de enriquecidos a la sombra del chavismo. Fue Canciller, ministro de la Defensa y Vicepresidente de la República, cargos en los cuales estuvo algo más de ocho años e intervenía directamente en el diseño y ejecución de las políticas oficiales. Al ser sacado del gobierno regresó a su programa dominical de televisión y a sus columnas en varios periódicos, unas calzadas con su nombre, otras con seudónimos. Ante las cámaras ha jugado el rol de vocero prominente del chavismo, aunque alguna vez ha insinuado inofensivas críticas para tratar de lucir como un periodista dueño de sus criterios.

II
ALGUNAS FIGURAS DEL RÉGIMEN

Un cambio de ropaje

La explicación de muchas actuaciones que han trastocado de manera profunda la vida y costumbres de los venezolanos en la etapa chavista, puede encontrarse en el pasado de ciertos personajes -como José Vicente Rangel, Alí Rodríguez Araque, Adina Bastidas, Ramón Rodríguez Chacín, Fernando Soto Rojas, Diosdado Cabello y otros- . Y a pesar de que el poder y todas las decisiones se han concentrado en las manos presidenciales, nadie podría negar algún grado de influencia de colaboradores que en otros tiempos incursionaban en actividades tenebrosas. Ellos, con largos historiales atados a conspiraciones, terrorismo y hampa común, han sido esenciales a la hora de justificar y poner en marcha atropellos a derechos civiles y principios humanos.

En los años 60 y 70 había habido guerrilleros que al ir descubriendo la insensatez de sus andanzas y el rechazo popular a las mismas, rectificaron y se incorporaron de manera leal a la sociedad, participaron en luchas políticas, alcanzaron escaños en el Congreso de la República y otras posiciones. Ese fue el caso de Pompeyo Márquez, Américo Martín, Teodoro Petkoff, Freddy Muñoz, Germán Lairet, Moisés Moleiro, Antonio José Urbina,

Héctor Pérez Marcano y muchos otros, pero también hubo quienes solo cambiaron de estrategia para seguir con sus intenciones por otras vías. Se incorporaron al sistema para tratar de demolerlo desde adentro y, así, terminaron aliándose con Hugo Chávez.

Un enigmático denunciante

Yo había conocido a José Vicente Rangel en mi época de reportero parlamentario y, de esa manera, en algunas oportunidades llegamos a conversar, aunque en realidad nunca entablamos amistad. En el Congreso de la República, cuya característica fundamental era la camaradería entre representantes de todas las tendencias, transcurría la mayor parte de la vida política de aquel diputado que se exhibía como defensor de los derechos humanos y de la pulcritud administrativa, pero en círculos militares y políticos se le relacionaba con empresas vendedoras de armas, para lo cual utilizaba los resortes de presión del ejercicio periodístico. Recuerdo las resistencias de ciertos sectores de izquierda frente a él -sobre todo en el MAS y el MIR-, por sus supuestas o reales facetas dobles.

Hablé por última vez con él cuando se desempeñaba como Canciller, a fines de diciembre de 1999, mientras reunía información para un reportaje sobre las razones del gobierno para rechazar la cooperación ofrecida por Estados Unidos con motivo de un desastre natural que había ocasionado miles de muertos, sobre todo en la zona costera central del país. Chávez, Rangel y otros, trataban de hacer creer que detrás del envío de dos barcos con maquinaria y otros equipos para reconstruir la carretera del Litoral, se escondía una invasión militar. Sin embargo, la asistencia del gobierno a la población afectada fue negligente y pasaron más de diez años sin que los problemas se aliviaran.

Ya en ese momento se notaban los signos concretos de acuerdos secretos entre La Habana y Caracas, que incluían el desarrollo de la estrategia antinorteamericana como excusa para ir afianzando la permanencia indefinida de Chávez en la

Presidencia de la República, aunque al entonces embajador de Washington en Venezuela, John Maisto, le resultaba difícil ocultar sus simpatías con el teniente coronel que, en su opinión, debía ser evaluado por lo que hacía y no por sus palabras.

Aun después de haber estado en el centro de poder del chavismo, José Vicente Rangel no lo ha abandonado completamente: no ha sido secreta su asistencia a reuniones de diseño de estrategias oficiales, ni el acompañamiento de espalderos, ni el uso de un teléfono interministerial. Son conocidos su acceso directo al Presidente, las frecuentes consultas que le hacen miembros del Gabinete y los discretos vínculos con ciertos miembros de la oposición, que ha usado para llevar y traer mensajes. Es un personaje particular de la política nacional, salpicado de enigmas.

En su larga etapa como diputado cumplía el papel de vaso comunicante entre organizaciones clandestinas y altos funcionarios de los gobiernos de turno, amparándose en la defensa de los derechos ciudadanos. Y cuando era candidato presidencial del MAS en 1973, sus posturas daban pábulo para que los rivales difundieran afiches con una imagen supuestamente suya que ocultaba una ametralladora. Y todavía hoy algunos recuerdan cuando en la época de las guerrillas, su carro con placas del Congreso de la República fue utilizado para trasladar el botín del asalto a un banco, pero el entonces parlamentario accionó con rapidez los resortes de sus influencias en AD, Copei y URD, para impedir cualquier investigación judicial y para evitar que su esposa, Ana Ávalos, y él fueran mencionados en la prensa.

Esos eran los tiempos de estrepitosos atracos y secuestros con propósitos "revolucionarios". El más sonoro en la larga lista de asaltos, había ocurrido el 11 de junio de 1969 en el estado Anzoátegui, cuando una combinación de guerrilleros y hampones comunes se apoderó de una cantidad equivalente a cerca de 7 millones de dólares (que al valor actual representaría más de cien millones de dólares), en una sucursal del Banco Royal de Canadá en Puerto La Cruz, en una acción comandada por el sociólogo Oswaldo Barreto Miliani, quien era muy activo haciendo mezclas de libros y política con granadas de mano, ametralladoras, asaltos a bancos y secuestros de aviones.

Eso serviría para que Lisa St. Aubin de Terán escribiera en inglés una versión novelada de la vida de Barreto, *Swallowing Stones*[14], en la cual él se ufanaba de haber planificado meticulosamente el hecho. "Lo hice y lo hice bien", decía. El sociólogo, con experiencia en la docencia en las universidades de Los Andes y Central de Venezuela, se dedicaría a viajar por Europa y países latinoamericanos con pasaportes falsos y a disfrutar sus escondites con amantes, para pasar muchos años después a una vida de jubilado sin los otrora elevados niveles de adrenalina, publicando en *TalCual* dos columnas por semana con críticas al gobierno de Hugo Chávez y reconociéndole méritos al sistema que antes combatía.

Uno de los compañeros de andanzas de Barreto había sido Baltazar Ojeda Negretti, otro guerrillero que luego formaría parte del MAS y se codearía con altos dirigentes de la izquierda. Las actividades delictivas de Ojeda continuaron hasta el final de su vida, en 1992, cuando se enfrentó a tiros a una brigada de funcionarios de la policía política (DISIP) en el Aeropuerto La Chinita, en Maracaibo, mientras trataba de apoderarse de una avioneta con la intención de entregarla a las FARC en Colombia.

Entre los integrantes del grupo de asaltantes del Banco Royal había un extraño francés con formación intelectual, Pierre Goldman, amante de la salsa dura, asiduo visitante de la discoteca La Pelota en el Centro Comercial Cediaz, en la avenida Casanova de Caracas. Goldman había pasado 14 meses en los focos guerrilleros de la zona oriental venezolana, pero la desorganización, las contradicciones y las penurias, lo desencantaron y optó por abandonar las montañas con Barreto y otros. Fue así como decidió intervenir en el asalto que su amigo diseñaba con paciencia y cuidado de relojero, para regresar tres meses más tarde a París sin renunciar a la vida hamponil. Allá cometió una serie de robos y asaltos y fue apresado, enjuiciado y condenado a cadena perpetua por el asesinato de dos empleados de una farmacia.

La prisión de Goldman apenas duró cinco años porque, después de haber escrito las exitosas *Memorias de un judío polaco nacido en Francia*, los intelectuales y artistas del movimiento de mayo, encabezado por Jean-Paul Sartre, Françoise Sagan y Simone Signoret, hicieron una fuerte campaña de opinión pública que culminó con la revisión de la causa y su libertad. Goldman empezó entonces a escribir para *Les Temps Modernes* y *Libération*, hasta que el 20 de septiembre de 1979 fue asesinado a balazos por tres hombres, sin que la policía descubriera quiénes fueron y por qué lo hicieron. Sin embargo, algunos cabos sueltos relacionaban el caso con el hampa organizada de los Grupos Antiterroristas de Liberación españoles (GAL).

En una ocasión, mientras se desempeñaba como ministro de Relaciones Exteriores, José Vicente Rangel intercedió en defensa de los derechos de un hijo de Lewis Pérez, ex secretario general de AD, que había sido detenido e incomunicado por la DISIP bajo la presunción de que estaba implicado en planes de magnicidio. En la siguiente reunión del Consejo de Ministros, Rangel hizo referencias al hecho y criticó ciertas prácticas violatorias de los derechos humanos, frente a lo cual el Presidente reaccionó con golpes a la mesa y gritos, señalando que no aceptaría entre sus colaboradores a quienes buscaban arreglos con representantes del pasado. En otra oportunidad, para descalificar un comentario del mismo Rangel, Chávez dijo que el ministro había tenido un "lapsus brutis", pero el trato vejatorio era aceptado con alguna dosis de resignación.

Desde el gobierno, el funcionario chavista movió los hilos para imponer a su hijo José Vicente Rangel Ávalos como alcalde del municipio Sucre del estado Miranda, cuya gestión estuvo dominada por casos de corrupción e ineficiencia. Se comprobó que 111 obras fueron pagadas por adelantado a cuatro empresas pertenecientes a una misma familia, pero nunca se ejecutaron; hubo bienes y armas del municipio que desaparecieron. La esposa de Rangel Ávalos, vinculada al mundo de la belleza, era acusada de engordar negocios particulares a la sombra de la alcaldía. Las denuncias fueron consignadas en la Contraloría

General por su sucesor en el cargo, Carlos Ocaríz, pero nunca se abrió una investigación.

El otro Alí Rodríguez

En los doce años de la Presidencia de Hugo Chávez, un abogado con buenos conocimientos en las áreas de finanzas y economía petrolera, Alí Rodríguez Araque, ha ocupado posiciones de la más alta responsabilidad en el diseño y ejecución de estrategias y tácticas políticas. Con su trato amable, lenguaje decente, larga experiencia en el mundo de la subversión de los años 60, 70 y comienzos de los 80, ha desempeñado un rol fundamental en las relaciones cubano-venezolanas durante la administración chavista.

En el otoño de su vida y con los naturales achaques que inexorablemente lo aproximan al retiro, Rodríguez ha sido un defensor de la "legalidad y la pulcritud ciudadana", que desde la época universitaria sentía atracción por radicalismos y ponía en práctica sus destrezas en la elaboración de artefactos explosivos rudimentarios que eran utilizados en lo que con eufemismos la guerrilla calificaba como "expropiaciones revolucionarias". Los cuerpos policiales lo sindicaban de haber planificado con los también subversivos Douglas Bravo y Francisco Prada Barazarte, el estruendoso secuestro (en junio de 1972) de un acaudalado industrial conocido como el "Rey de la Hojalata", Carlos Domínguez, por cuya liberación la familia se vio obligada a pagar cinco millones de dólares[15]. Para preguntarle sobre ese y otro asunto, mientras escribía el presente libro llamé cuatro veces a Douglas Bravo -quien había comandado varios focos guerrilleros en las montañas venezolanas-, pero sus respuestas nunca pasaron de evasivas.

Cuando ocurrió el secuestro de aquel industrial de avanzada edad, Rodríguez Araque, comandante "Fausto", era miembro del Partido de la Revolución Venezolana-Fuerzas Armadas de Liberación Nacional (PRV-FALN), que encabezaba Bravo, en el cual dos grupos de guerrilleros actuaban como unidades tácticas de combate. Uno pequeño denominado Unidad Móvil, comandado por Armando "Chino" Daza, se ocupaba de asesinatos, asaltos y atentados terroristas y, el otro -del cual formaba parte Alí Rodríguez Araque- asumía tareas un poco más especializadas, como traslados de dinero y de secuestrados, propaganda, reclutamiento de jóvenes y otros hechos subversivos.

Los dos grupos eran considerados por los organismos de inteligencia como igualmente peligrosos y, aunque funcionaban separadamente, sus actividades muchas veces eran coordinadas o se intercambiaban participantes, dependiendo de cada caso. Entre Rodríguez Araque y el "Chino" Daza existía una relación que permitió, por ejemplo, la participación del primero en la planificación del secuestro de Domínguez y del segundo en su ejecución. Hubo asaltos a bancos y ciertos golpes publicitarios realizados con ese mismo *modus operandi*.

A Daza le eran atribuidos más de diez homicidios a sangre fría, de militares, policías y civiles en distintos hechos en varias zonas del país. Entre otros, en marzo de 1967 fue sindicado de haber secuestrado, sometido a torturas y matado de tres balazos por la espalda al doctor Julio Iribarren Borges, un prominente y culto abogado que presidía el Instituto Venezolano de los Seguros Sociales (IVSS), hermano del canciller Ignacio Iribarren Borges en el gobierno de la época, presidido por Raúl Leoni (1964-69); en diciembre de 1966 al mayor del Ejército Francisco Astudillo Suárez; y, en mayo de 1967, a Carlos Hernández, un funcionario de la Policía Técnica Judicial.

Douglas Bravo ha dicho en varias oportunidades que el homicidio de Iribarren, que generó gran indignación nacional y repudio internacional, fue cometido por Adolfo Meinhardt Lares, un terrorista de derecha infiltrado en las guerrillas, a quien se vinculaba a los servicios de inteligencia venezolana y a la CIA y que, en su momento, había sido recomendado a la guerrilla venezolana por el temible comandante cubano "Barba Roja", Manuel Piñeiro. "Barba Roja", fallecido en 1998, era marido de la escritora marxista chilena Marta Harnecker, admiradora y amiga de Hugo Chávez. Era, igualmente, un hombre de la más estricta confianza de Fidel Castro y no daba un solo paso sin consultar a su jefe. Por el homicidio de Iribarren también era culpado otro subversivo del mismo grupo guerrillero, Eleazar Fabricio Aristiguieta, "el loco Fabricio", que tenía antecedentes policiales por delitos comunes.

Había versiones conforme a las cuales Meinhardt era doble o triple agente. En una ocasión, mientras estaba preso por el asalto a una sucursal del Banco Miranda, durante la administración del presidente Leoni, delató a los involucrados en una "Operación Geranio" destinada a asesinar a Carlos Andrés Pérez en un apartamento que frecuentaba en Sabana Grande, situado en el segundo piso del edificio Galerías Venecia. Era un complot preparado por elementos de ultraizquierda, con la participación de un teniente cubano que murió durante el allanamiento efectuado a raíz de las confesiones de Meinhardt[16].

En lo que fueron unas memorias escritas de manera farragosa, tituladas *Yo, el terrorista, 1957-1962*[17], Meinhardt admitía sus relaciones con militares conspiradores de derecha y con ciertos círculos de la oligarquía, así como haber intervenido en una larga cadena de hechos desestabilizadores y haberse infiltrado en el movimiento comunista. Sostenía que Douglas Bravo ordenaba asesinatos desde las montañas y desde el exterior.

Quienes años más tarde militaron con Alí Rodríguez en la Causa R -partido de izquierda que en las elecciones presidenciales de 1983 postuló al elitista de derecha Jorge Olavarría-, lo describen como metódico, callado, sigiloso, estudioso, calculador, discreto, de decisiones firmes. Claro en sus objetivos, que ha sabido retroceder para luego avanzar. A pesar de las contradicciones impuestas en 1983 por el fundador de la Causa R (Alfredo Maneiro), "Fausto" nunca se distanció completamente de la dirigencia comunista cubana y, más adelante, en la culminación de un proceso de luchas internas se alió con Pablo Medina y otros para formar en septiembre de 1997 una nueva organización, Patria Para Todos (PPT), que apoyaría la candidatura presidencial de Chávez en 1998.

Sus comienzos políticos habían estado en el Partido Comunista, a cuyas guerrillas se incorporó en los años sesenta y donde desarrolló una gran afinidad con Douglas Bravo, jefe del Frente "José Leonardo Chirino" en la Sierra de Falcón, en la parte occidental venezolana. Cuando Bravo fue expulsado del PCV en 1966, fundó con Rodríguez el Partido de la Revolución Venezolana (PRV) y, posteriormente, ambos crearon otro movimiento subversivo de escaso aliento, Tendencia Revolucionaria. Sus actividades guerrilleras también cubrieron ciertas zonas del oriente del país durante los años setenta, donde coordinaba actividades terroristas.

Mientras formaba parte de la Causa R, Alí Rodríguez fue atropellado por un vehículo en las inmediaciones de su casa, lo que ameritó una operación y luego fue sometido a tratamiento médico en Cuba. El accidente, sobre el cual corría la especie de que podía haberse tratado de una venganza política, le dejó secuelas en una pierna que por años lo han obligado a usar bastón.

Asalto a una viuda

Con la llegada de Chávez al palacio presidencial, la economista Adina Bastidas Castillo emprendió una meteórica carrera como funcionaria pública. Ha ocupado los cargos de Vicepresidenta de la República (diciembre 2000-enero 2002), ministra de Producción y Comercio y representante de Venezuela ante el Banco Interamericano de Desarrollo.

Desde sus posiciones públicas ella ha dictado cátedra de moral, pese a que el 4 de febrero de 1964 fue capturada *in fraganti* cuando armada con su audacia y con una pistola, acompañada por un amigo que portaba un revólver, intentaba asaltar en su apartamento (situado en las Residencias Chester, en la avenida Orinoco de la urbanización Colinas de Bello Monte) a la viuda de un miembro de la Guardia Nacional que murió mientras prestaba servicio. La viuda Lourdes Blanco de Cañas acababa de cobrar una modesta póliza de sobrevivencia que amparaba a su marido.

La víctima pidió auxilio a unos vecinos, que inmediatamente rodearon y desarmaron a Adina y a su acompañante, que fue identificado como Mario Antonio García. Los asaltantes fueron entregados a efectivos de la Policía Técnica Judicial, organismo que los reseñó y puso a la orden de los tribunales penales. Bastidas fue declarada culpable y purgó la pena en la Cárcel de Mujeres de Los Teques, en el estado Miranda[18].

Transcurridos ya muchos años desde aquel hecho, en febrero de 2006 la flamante funcionaria fue mencionada como responsable de malversación de fondos, mientras trabajaba del Banco Interamericano de Desarrollo, en Washington. Su entonces asistente Elías Eljuri, hijo, sostenía que ella había desviado con fines personales cuando menos 25 mil dólares pertenecientes al organismo internacional, pero ella lo negaba y decía que se trataba de una campaña de desprestigio del imperialismo norteamericano. Chávez, entretanto, la calificaba de revolucionaria de primera fila y servidora pública leal, honesta.

Ministro en la oscuridad

Ramón Rodríguez Chacín, un oficial de la Armada involucrado en la intentona golpista de noviembre de 1992 contra el gobierno del presidente Pérez, ha sido uno de los más controversiales personajes del chavismo. Dos veces se desempeñó como ministro de Interior y Justicia, pero, sobre todo, dentro y fuera del gobierno ha tenido en sus manos las relaciones con las FARC, el Ejército de Liberación Nacional (ELN) de Colombia y otros movimientos subversivos de la región.

El ex ministro aparece registrado en los archivos de la Dirección Nacional de Identificación con varios nombres, con uno de los cuales, según versiones periodísticas, usurpó la identidad de Rafael Alberto Montenegro, un ciudadano residente en el sector El Hiranzo, en Táriba, estado Táchira, a quien le habría extraído sumas importantes de dinero de sus cuentas bancarias valiéndose de una cedula forjada. La denuncia fue presentada por el agraviado ante diversos organismos del Estado, sin que se hiciera investigación alguna. Durante el gobierno de Álvaro Uribe, las autoridades colombianas también tuvieron conocimiento de entradas de Rodríguez a ese país con pasaportes falsos, para sostener reuniones con miembros de las FARC y del ELN.

No había pasado mucho tiempo desde su salida del ministerio por primera vez, cuando fue denunciado por el diputado opositor Alfonso Marquina, por haber comprado en Barinas una hacienda de 1.273 hectáreas, *Corocito*. La registró a nombre de la Agropecuaria Don Pío, una empresa en la cual sus hijas figuraban como accionistas y él como director general. Esa propiedad, cuyas inmediaciones eran vigiladas por guardias nacionales, después sería mencionada como centro de entrenamiento de paramilitares venezolanos y lugar de descanso de altos jefes de la guerrilla colombiana.

Antes, en 1988, había sido señalado entre los responsables de varias masacres ocurridas cerca de la frontera con Colombia, mientras formaba parte del Comando Específico "José Antonio Páez", que estaba integrado por militares y miembros de la DIM, de la Policía Técnica Judicial y de la DISIP, con el propósito de combatir las frecuentes incursiones de guerrilleros colombianos. En un hecho que conmovió a la opinión pública nacional, el 29 de octubre de aquel año fueron asesinados catorce campesinos mientras pescaban en el caño Las Coloradas, en el municipio El Amparo, del estado Apure y, luego, ocurrieron otros casos similares en los sitios conocidos como Los Totumitos (5 muertos), El Vallado (2 muertos) y en Fila de Margua y Boca de Grita (7 muertos).

La masacre de El Amparo se convirtió en escándalo nacional por declaraciones formuladas a los medios de comunicación por dos sobrevivientes. El entonces diputado Walter Márquez asumió la defensa de sus derechos humanos, investigó los hechos y los expuso ante organismos internacionales, lo que le valió enfrentamientos con el gobierno y con altos oficiales de las Fuerzas Armadas. El parlamentario publicó un libro titulado *Comandos del crimen, la masacre de El Amparo*[19] y más adelante hizo acusaciones involucrando directamente a Rodríguez Chacín.

Mientras se desempeñaba como Director General de Identificación y Extranjería, hasta abril de 2002, el general de la Guardia Nacional Marco Ferreira había ido recopilando información sobre las andanzas del ministro Rodríguez Chacín. Las relaciones entre ellos no eran nada buenas. Por eso, un buen día Ferreira se atrevió a decir que el ministro ordenaba el ingreso ilegal de personas al país, citando a manera de ejemplo el caso de Yamilé Restrepo Londoño y Mónica Granda Restrepo, esposa e hija del guerrillero de las FARC Rodrigo Granda, quienes entraron por el aeropuerto de Maiquetía el 31 de enero de 2002.

Las dos mujeres llegaron sin tener los documentos de identidad en orden, pero se sentían seguras porque en el terminal las esperaba el propio "Canciller" de las FARC acompañado por una comisión de la DISIP integrada por el subinspector José García y el detective José Naranjo, de lo cual quedó constancia tanto en el libro de novedades diarias de los oficiales de inmigración como en las grabaciones del circuito cerrado de televisión del aeropuerto. El entonces ministro había esgrimido razones humanitarias y de Estado para ordenar que se permitiera el ingreso de las pasajeras, cuyos pasaportes registraban entradas a Paraguay, Bolivia, Ecuador, Chile, Perú y México.

Rodrigo Granda, portador de la cédula de identidad venezolana número 22.942.118, estaba inscrito en el Consejo Nacional Electoral de Venezuela y votó en el referéndum revocatorio presidencial realizado en 2004, así como en las elecciones regionales que se realizaron ese mismo año. Lo hizo en el Ciclo Diversificado José Félix Rivas, en La Victoria, en Aragua, con lo cual se ponía en evidencia su compenetración con la política nacional y regional.

Una evidencia de los estrechos nexos con las FARC, fue la resolución número 5.722 del ministerio de Interior y Justicia, publicada en la Gaceta Oficial el 9 de julio de 2004 con la firma de Rodríguez Chacín, conforme a la cual Granda era declarado ciudadano por naturalización. Al estallar el escándalo, el Presidente de la República procuraba cubrir las apariencias diciendo que se había tratado de un beneficio obtenido de manera fraudulenta y que, por tanto, era nulo de toda nulidad.

Asimismo, acusó a la policía colombiana de suministrarle información falsa al Presidente Uribe.

El jefe guerrillero residía en un sector de Maracay conocido como Tasajero, en una casa rodeada de frondosos árboles, estratégicamente situada, con garita y varias entradas. Tenía dos vehículos. Allí había desarrollado una relación de cordialidad con los vecinos, entre quienes se hacía pasar por periodista y a veces hasta les narraba ciertas "peripecias profesionales" para evitar sospechas. Nadie en el vecindario tenía la menor idea acerca de la verdadera identidad y los propósitos de aquel hombre con cara de buena gente.

Granda tenía comunicación frecuente con el ministro Rodríguez y viajaba regularmente a Caracas y otras ciudades venezolanas, hasta que el 13 de diciembre de 2004 fue capturado y llevado por tierra a la fronteriza ciudad colombiana de Cúcuta, en una acción que desató un escándalo y versiones contradictorias de los gobiernos colombiano y venezolano. En Caracas se aseguraba que había sido secuestrado en una operación tipo comando, realizada por mercenarios colombianos y policías y guardias nacionales venezolanos sobornados por cuerpos de inteligencia de Colombia, mientras el guerrillero estaba reunido en la Cafetería "Razzetti" -a cien metros de la estación Bellas Artes del Metro- con un periodista colombiano que trabajaba para *Le Monde Diplomatique* en Bogotá, que horas después lanzó la noticia de la desaparición.

Chávez y el Vicepresidente José Vicente Rangel denunciaron el hecho como una violación de la soberanía nacional orquestada por el gobierno del Presidente Uribe, mientras dirigentes del Congreso Bolivariano de los Pueblos sostenían que se había tratado de un hecho encaminado a la destrucción del proceso bolivariano de integración latinoamericana. La versión colombiana era distinta y partía del hecho de que Granda había sido entregado al Departamento Administrativo de Seguridad (DAS) por oficiales venezolanos en la frontera. Al mismo tiempo, en el libro de novedades del Grupo Anti Extorsión y Secuestro (GAES) de la Guardia Nacional en el estado Táchira, se decía que funcionarios suyos habían realizado la captura con el apoyo de organismos de inteligencia colombianos.

También había quienes tenían la impresión de que el jefe del Comando Regional No. 1 de la Guardia Nacional, general de Brigada Jaime Escalante Hernández, no estaba informado ni sobre la verdadera identidad de Granda ni sobre su importancia en la estructura de las FARC. Simplemente creía que se trataba de un narcotraficante de poca relevancia, por lo que no dudó en autorizar al teniente coronel Humberto Quintero Aguilar a enviar a Caracas la comisión que se ocuparía de capturarlo y trasladarlo a San Cristóbal. Sin dilaciones de ningún género, Granda fue llevado hasta la frontera, donde miembros del DAS se encargaron de él. Fuentes colombianas dirían luego que el apresamiento no fue realizado por mercenarios y que tampoco había habido pago de sobornos, contrariamente a lo afirmado por Chávez y su gobierno.

Los oficiales del GAES parecían haber descubierto la importancia del detenido cuando el DAS lo trasladaba a Bogotá y la noticia era difundida por radio y televisión. Otro dato interesante era que el gobierno había recibido con anterioridad algunas advertencias sobre la presencia de Granda en territorio nacional y sobre las actividades de la narcoguerrilla, pero no había tomado las medidas pertinentes. El general Ferreira estaba entre quienes prendían las luces de alarma. En medio del gran revuelo que se armó, el teniente coronel Quintero fue detenido, sometido a torturas y acusado de traición a la patria. Estuvo cuatro años en prisión. Mientras las averiguaciones se desarrollaban, Escalante había estado descargando las culpas del hecho en los subalternos para aparentar lealtad al gobierno, a pesar de lo cual más adelante fue implicado en el asesinato del fiscal nacional de ambiente Danilo Anderson. Sus nexos con personajes del Ejecutivo hicieron que meses más tarde se despejaran las dudas y fuera ascendido a general de división, aunque nunca consiguió que le asignaran responsabilidades acordes con esa jerarquía militar.

Después de semanas incómodas para el gobierno venezolano, el Presidente Chávez no encontró otra salida que ordenar la disolución del GAES, que se había especializado en la lucha contra la narcoguerrilla. De esa forma también evitaba la posibilidad de que se registraran otros embarazosos episodios.

El general Ferreira reveló que durante su gestión en la DIEX, el ministro Rodríguez Chacín le había ordenado facilitar la entrada al país de cinco colombianos indocumentados, con el argumento de que cooperaban en las negociaciones para el rescate de venezolanos secuestrados por la guerrilla. Antes de viajar a Cuba, el grupo pasó varios días de descanso en Caracas y se reunió con algunos funcionarios. En distintas oportunidades el ministro se había desplazado hasta San Antonio del Táchira para recibir y conversar con unos 25 subversivos, que luego eran escoltados por la DISIP hasta el aeropuerto de Maiquetía, donde abordaban aviones comerciales rumbo a La Habana. En una ocasión las autoridades venezolanas atendieron a un terrorista del Ejército de Liberación Nacional (ELN) de Colombia, identificado como Pedro Cañas Serrano, responsable de la voladura de un oleoducto y de haber causado la muerte a 47 personas.

El hombre que olía a monte

Desde las elecciones presidenciales de 1998, cuando Fernando Soto Rojas era Secretario General de un pequeño partido -Liga Socialista- que funcionaba casi como un club de ex guerrilleros y de otros que siempre estuvieron en la ultraizquierda, él había trabajado en posiciones modestas a favor de Hugo Chávez, sobre todo en la organización de la estructuras políticas en los sectores populares.

Eran pocos los que sabían de quién se trataba cuando en enero de 2011 y a sus 78 años, apareció como diputado elegido por el estado Falcón y ejerció la presidencia de la Asamblea Nacional durante un año, aunque en otros tiempos nadie hubiera podido imaginarlo en ese escenario de natural controversia política, porque desde la adolescencia estaba acostumbrado a arreglarlo todo con el tableteo de una ametralladora y con cuatro granadas y nunca por la fuerza de la razón o del voto. En las raras ocasiones en que aparecía en televisión se notaba taciturno, mirando el piso y no a los entrevistadores o a las cámaras, dejando colar frases poco elaboradas y palabras en desuso.

En sus seis décadas al servicio de la subversión, Soto era conocido apenas en reducidos círculos de la izquierda radical, en los cuales era visto como un militante de acciones temerarias, que en el gobierno de Rómulo Betancourt había tenido algo que ver con el secuestro del astro mundial del fútbol Alfredo Di Stefano (agosto de 1963) y, luego, en la primera administración de Carlos Andrés Pérez, en los años 70, con el secuestro de William Frank Niehous (febrero de 1976), alto ejecutivo de una transnacional norteamericana fabricante de vidrios en Venezuela, la Owens Illinois, que con el paso del tiempo sería expropiada por el gobierno del presidente Chávez.

En la década de los 60, Soto había sido miembro del Distrito Político Militar del Movimiento de Izquierda Revolucionaria (MIR), parte importante de cuyos más experimentados guerrilleros (Soto era uno de ellos) participaron directa o indirectamente en la planificación y ejecución del secuestro de Di Stefano, utilizando como figura decorativa a un joven inexperto, Paul del Río, que lograría notoriedad con el nombre falso de Máximo Canales y con una fotografía que le daría la vuelta al mundo, sentado con una ametralladora frente al futbolista. Aquella fotografía haría que periodistas nacionales y extranjeros buscaran la manera de entrevistar a Canales, para lo cual debían enviarle las preguntas por escrito a través de contactos urbanos. Una comisión del MIR integrada por hombres con formación intelectual y política -como Domingo Alberto Rangel y Simón Sáez Mérida- redactaba las respuestas que el guerrillero firmaba, para luego remitirlas a los periodistas.

El repentino salto a la fama hacía riesgosa la permanencia de Canales en Caracas, por lo cual el partido resolvió trasladarlo al foco guerrillero de El Bachiller, en la zona montañosa del estado Miranda, donde su pasantía sería breve porque, como consecuencia de sus señales de debilidad emocional, pedía que le permitieran estar cerca de la familia. Así, fue enviado a La Habana, donde pasaría varios años y a su regreso -ya como artista plástico- estuvo preso una temporada. Al instalarse Chávez en Miraflores, el ex guerrillero descubriría en el Estado un cliente para sus obras y hasta ejerció la dirección de un museo militar en lo que antes era el Cuartel San Carlos, en Caracas.

Durante los cuatro primeros años de la lucha guerrillera, Fernando Soto Rojas, que se hacía llamar "comandante Ramírez", estuvo al frente del foco subversivo del MIR en El Bachiller, que ni siquiera en su mejor momento llegó a tener cincuenta hombres. Entre los comandantes del mismo grupo estuvo una temporada Américo Martín, quien luego asumió una posición crítica sobre el uso de las armas como método de lucha, llegó al Congreso y alcanzó la candidatura presidencial del MIR. Transcurrido mucho tiempo desde el secuestro de Di Stefano y de otras acciones guerrilleras con repercusiones en la opinión pública, el "comandante Ramírez" pasó a tener en cautiverio a William Niehous en la parte oriental y suroriental del país, después de que unos cuantos secuestradores fueron apresados o se desprendieron de él al sentir que la policía y los militares les pisaban los talones.

En aquella operación inhumana había intervenido Iván Padilla Bravo, quien fue capturado en las inmediaciones del edificio de la CANTV, en la urbanización La California, en Caracas, mientras trataba de cobrar parte del rescate que exigían a la Owens Illinois. Al igual que Soto Rojas y otros, Padilla también terminaría por descubrir los "encantos" de la revolución chavista, de la cual llegó a ser viceministro de Cultura. A pesar de la perseverancia, a Padilla le resultaba difícil ganar indulgencias con algunos de sus antiguos compañeros de la Liga Socialista que lo veían con reservas desde la época del secuestro, por haber delatado a David Nieves y al entonces secretario general del partido, Jorge Rodríguez, quien murió en julio de 1976 a consecuencia de brutales torturas infligidas por agentes de la DISIP.

Soto Rojas no era hombre de miedos, tenía buena resistencia física y bastante habilidad para escapar a los cercos militares y policiales, cualidades que sus amigos exageraban y servían para que lo llamaran "el hombre que olía a monte". Olía a monte porque según la leyenda que intentaban crear, ni siquiera los perros adiestrados que utilizaba el Ejército lograban detectarlo. Entre amigos y compañeros era visto como un hombre radical y autónomo, nada sumiso, de creencias comunistas aunque sin haber estado en las filas del Partido Comunista, un rebelde frente a todo que cada vez se reducía más a pequeños círculos. Ya casi en sus ocho décadas de vida se volvería un apasionado de Chávez y solo hablaría para elogiarlo. Concebía la presidencia de la AN no como un punto para estimular el debate y convivir con los críticos, sino para acorralarlos en nombre de la "revolución".

El ambicioso Diosdado

En la presidencia de la AN, Soto fue reemplazado en enero de 2012 por el teniente retirado e ingeniero Diosdado Cabello, conocido por sus posiciones sectarias, su ambición de poder y su gran fortuna amasada durante el ejercicio de la función pública. Cabello estuvo implicado en el golpe de Estado de febrero de 1992, y en la administración chavista ha desempeñado la dirección general de la Comisión Nacional de Telecomunicaciones (CONATEL), los ministerios de la Secretaría de la Presidencia y de Infraestructura, la Vicepresidencia de la República y una diputación, además de la vicepresidencia primera del Partido Socialista Unido de Venezuela.

En 2009 fueron introducidas ante la Fiscalía General y la Contraloría General de la República más de veinte denuncias en su contra por irregularidades en el manejo del presupuesto de la gobernación de Miranda. Dichos señalamientos se referían a pagos dobles, sobreprecios y pagos sin soporte, pero, al igual que en otros casos, ninguna de ellas fue investigada de manera independiente y, por el contrario, prevaleció su defensa basada en el pontificado moral y en señalamientos contra los opositores. A él le atribuyen la propiedad de bancos y empresas importantes a través de interpuestas personas, así como de jugosas cuentas bancarias en paraísos fiscales.

Entre sus amigos es definido como un hombre con aspiraciones de suceder a Chávez. Piensan que se ha venido preparando para asumir la jefatura del Estado, pero las circunstancias nacionales todavía no han hecho viable la concreción del proyecto.

"Diosdado tiene carácter y determinación. Sabe que su cuarto de hora todavía no ha llegado. En el partido, en la Fuerza Armada y en el país, ha ido construyendo su propia plataforma para el instante decisivo", comentó uno de los más allegados al jefe de la Asamblea Nacional. Pero, claro, la pregunta es si todas esas cosas han venido ocurriendo con la anuencia o el estímulo de Chávez o si, por el contrario, se trata de una aventura exclusivamente personal que en cualquier momento pudiera derrumbarse. Sin embargo, en otras ocasiones el Presidente demostró que no aceptaba competidores en el ejercicio del mando.

En sus muchas intervenciones públicas, el discurso del teniente-ingeniero se ha caracterizado por la ausencia de ingenio, profundidad y elegancia. Carece de cultura y carisma. No es ni caudillo ni demócrata. Probó su falta de valentía en abril de 2002, al estar entre los primeros en esconderse cuando el Presidente estaba en dificultades. En la ambición por el dinero se parece al ministro-jefe de PDVSA, aunque éste no pareciera acariciar el deseo de sustituir a Chávez. Y se confunde entre los chavistas como uno más por su falta de formación para dirigir los asuntos del Estado. Hay quienes se preguntan si entre Adán Chávez y Cabello pudiera concretarse un entendimiento duradero para suceder a Hugo Chávez en caso de muerte.

Desde que asumió la doble condición de Presidente de la AN y de primer vicepresidente del PSUV, Cabello ha participado como figura central en actos de masas, desfiles y programas de radio y televisión, sin que Chávez hubiese movido un dedo en su contra. Eso ha despertado variadas especulaciones, algunas de las cuales giran en torno a la posibilidad de que el mandatario pudiera estar considerándolo como un potencial sucesor.

III
DERRUMBE INSTITUCIONAL

La farsa de una Constitución

Desde el primer día en el palacio de Miraflores, Chávez se dedicó a minar todas las instituciones del Estado. Con osadía y sin pérdida de tiempo empezó a derrumbarlas una a una, amparándose en la nueva Constitución que había hecho aprobar con celeridad en noviembre de 1999. Esa fue una Constitución que nació en el torbellino de errores del país, fruto de una Asamblea Nacional Constituyente (ANC) que surgió con una mayoría chavista superior al número de votos obtenidos. Los candidatos oficialistas a constituyentes habían sido postulados en una fórmula única aprobada por el líder, mientras los opositores estaban atomizados, con lo cual se colocaban en desventaja.

Además, desde sus primeras semanas y meses, el régimen tenía colaboradores espontáneos importantes como la presidenta de la Corte Suprema de Justicia, Cecilia Sosa Gómez, quien aportaba tesis para ayudar a Chávez a convocar la Asamblea

Nacional Constituyente. En esa etapa ella era el motor principal de un pronunciamiento de la CSJ que interpretaba el Preámbulo y los artículos 4 y 50 de la Constitución en relación con el artículo 181 de la Ley del Sufragio, en lo que significaba una atrevida maroma para decir que sí se podía convocar la Constituyente en la forma concebida por Chávez.

La doctora Sosa -cuyo marido era llamado "magistrado 16" en los predios judiciales- estuvo en su estrategia durante varios meses, hasta que el día 24 de noviembre de 1999 renunció en defensa de unos principios democráticos que poco antes no la impacientaban tanto. Para justificar la nueva postura política, recurrió a la fórmula de descargar las culpas en otros: "Tengo también que denunciar la traición del Congreso de la República y de los partidos políticos a la democracia, ya que no solo destruyeron lo poco que quedaba de un régimen moribundo, como acertadamente ha señalado el Presidente de la República, sino que violaron el estado de Derecho al abandonar *motu proprio* sus responsabilidades constitucionales, y hacer desaparecer una de las ramas fundamentales del Gobierno: el Congreso".

Muchos recibieron con inocultable regocijo la nueva Constitución, pero en realidad una cosa era el texto sancionado por la Asamblea Nacional Constituyente y otra distinta la publicada dos veces en la Gaceta Oficial. Entre las versiones primera, segunda y tercera, ocurrieron alteraciones de fondo para ajustar el contenido a la voluntad de Chávez. A la última, publicada tres meses después de haber sido aprobada por la ANC, le fue incorporada una Exposición de Motivos que los constituyentes nunca discutieron, destinada a favorecer la interpretación presidencial de las normas. En los meses siguientes, el partido Primero Justicia y el ex constituyente Hermann Escarrá estudiaron el asunto y ejercieron recursos legales, pero su acción no llegó a ser examinada como tal vez habría ocurrido en un Estado con independencia de poderes. Sin tener mejor suerte, la Fiscalía General del momento también había elaborado un documento que señalaba 179 alteraciones de fondo.

Ciertos especialistas, incluyendo algunos adversos al gobierno, descubrían en el nuevo documento fundamental unos conceptos avanzados en materia de derechos ciudadanos y de organización del Estado, pero eso era intrascendente porque "la mejor Constitución del mundo" podía decir una cosa, mientras la realidad dominada por injusticias planteaba otra distinta. A partir de allí comenzaron a flotar en el ambiente algunas preguntas importantes: ¿Ha servido para algo esa Constitución? ¿Ha surtido algún cambio positivo? ¿El sistema democrático se ha profundizado o se ha envilecido?

El sector oficialista prefería ignorar los planteamientos sobre las adulteraciones -que estaban enumeradas y documentadas-, señalando que sólo se trataba de correcciones gramaticales y de estilo para perfeccionar el texto. Esos eran apenas los presagios del daño que provocarían las tempestades que ya se habían desatado.

En la atmósfera prevaleciente en aquellos días de la política venezolana, un arrepentido dirigente sindical comunista de los años 40, Luis Miquilena, estaba en el centro del poder. Con sus 80 años a cuestas había presidido la ANC y un órgano de transición denominado Congresillo, además de haber ocupado el ministerio de Interior y Justicia. Utilizando el ropaje de gran alquimista del régimen movía los hilos fundamentales del chavismo, donde era escuchado, venerado y hasta temido. En una oportunidad no vaciló en calificar a la oposición de "excremento", sin imaginar que poco tiempo después los vientos del destino lo arrastrarían a ese mismo lodazal disidente.

Su nombre también había estado asociado a presuntos casos de corrupción, entre ellos, uno a través de una empresa de la cual era socio, Micabú, en unas negociaciones con el Consejo Supremo Electoral para imprimir miles de copias de la Constitución de la República aprobada en 1999, otro con unas contribuciones ilícitas por más de un millón 525 mil dólares, otorgadas por el Banco Bilbao Vizcaya en 1998 y 1999 a Chávez y a su partido (entonces denominado Movimiento Quinta República o MVR).

A fines del año 2000, la astucia le había facilitado las cosas a Miquilena para colocar unas cuantas fichas propias en el Tribunal Supremo de Justicia, que luego de los acontecimientos de abril de 2002 -cuando Chávez perdió el poder durante unas pocas horas- estuvieron a punto de liquidarlo por vías procesales legales, pero el jefe del Estado manipuló con rapidez la Asamblea Nacional para modificar la correlación que existía entre los magistrados y ponerla a su favor.

Los poderes Ejecutivo, Legislativo y Judicial pasaron a ser dirigidos y controlados por un solo hombre. Algo del mismo tenor había ocurrido en los siglos XIX y XX en casi toda América Latina, con constituciones que en su momento eran alabadas por su contenido social y político, pero que nunca dejaban de ser meros instrumentos declarativos de caudillos. Los brutales dictadores Anastasio Somoza, Rafael Leonidas Trujillo y Augusto Pinochet, se vanagloriaban de las suyas en el pasado relativamente reciente de Nicaragua, República Dominicana y Chile.

El déspota Juan Vicente Gómez es uno de los casos más protuberantes en la historia venezolana. Entre los años 1908 y 1935 manejó el país a su antojo, unas veces directamente y otras a través de personajes obedientes e ilustrados, como José Gil Fortoul, Victorino Márquez Bustillos y Juan Bautista Pérez, valiéndose de reformas constitucionales para aparentar el talante democrático y tolerante que no tenía. Gómez decía sacrificarse por el país sin ambiciones personales, con un lenguaje parecido al que años después utilizarían Pérez Jiménez y Chávez.

Un poder judicial manso

Mediante el uso de la Carta Magna, Chávez logró integrar un Tribunal Supremo sumiso. Desde entonces y con procedimientos poco refinados, en las ocasiones en que ha olfateado la gestación de alguna desobediencia en esa alta instancia, le ha girado órdenes a la AN para aumentar o disminuir el número de magistrados y acomodar la mayoría a sus necesidades.

Con el transcurrir del tiempo, el nuevo ente así controlado ha ido dando demostraciones de falta de independencia. De esa manera, por ejemplo, en no menos de cuatro sentencias emitidas por la Sala Plena del TSJ en 2010 (marcadas con los números 6, 8, 9 y 12) se le formulaban invitaciones al Presidente de la República, para que iniciara acciones penales contra quienes lo denunciaban sin fundamentar las acusaciones. La pretensión de ese contrasentido jurídico ha sido obligar a los ciudadanos a suplantar a los organismos de investigación correspondientes, para convertir a Hugo Chávez en inimputable.

Al mandatario y a sus cooperadores nunca les han faltado artilugios para intimidar a los ciudadanos. En octubre de 2008, el TSJ extremó sus complacencias al imponer una multa de diez millones de bolívares (unos 5.000 dólares) a un abogado, por haberse atrevido a solicitar la designación de una junta médica que determinara si el Presidente estaba en condiciones mentales de continuar en el cargo. La acción, intentada por Gerardo Guzmán en el ejercicio de su profesión, fue calificada de infamante para el Presidente y ofensiva para la dignidad tribunalicia.

El origen de la mutación experimentada por las instituciones del país en la época chavista, se puede encontrar en las características éticas tanto del Presidente como de quienes le han acompañado en las más elevadas posiciones del Estado. Uno de los casos más protuberantes es la doctora Luisa Estela Morales, quien en febrero de 2004 fue seleccionada por la Asamblea Nacional como magistrada de la Sala Constitucional para un período de 12 años, después de haber sido postulada por un comité presidido por el diputado Pedro Carreño.

Mientras la selección de jueces divertía a Carreño, en la mayoría de la AN había confianza en él por sus manifestaciones de apego a principios de un Derecho creado por el régimen y, sobre todo, por haber sido un militar de baja graduación implicado en el golpe encabezado por Chávez en 1992. Al diputado le acompañaba una lealtad a prueba de balas, que más adelante lo haría acreedor al cargo de ministro de Interior y Justicia y a una silla en la dirección nacional del partido del

Presidente, el Partido Socialista Unido de Venezuela (PSUV). Con su fácil imaginación, en una oportunidad Carreño se atrevió a asegurar que el imperialismo norteamericano no tenía límites para espiar a cada uno de los venezolanos en la intimidad de sus casas, mediante lo que describía como un sofisticado y maléfico sistema de transmisión de doble vía: la televisión satelital y por cable. Ni siquiera en la cama o el baño podían escapar al escrutinio del ojo imperialista.

Una vez escogidos los magistrados, Rafael Simón Jiménez, entonces diputado de la pequeña alianza Socialdemócrata-OFM-Vamos, calificó de inconstitucionales, ilegales, tramposos y fraudulentos los procedimientos utilizados por la AN. César Pérez Vivas, entonces diputado por Copei, dijo que con ese Tribunal Supremo se pretendía controlar a los jueces de la República, augurando que a partir de allí no habría un juez que se atreviera a dictar una decisión contraria a los intereses chavistas, con lo cual se caería en un sistema judicial atroz, a merced del régimen. Desafortunadamente sus predicciones se han cumplido.

En ese estado de cosas y con una especial habilidad, la abogada Luisa Estela Morales iba en ascenso hasta las más encumbradas posiciones de la cadena judicial, a pesar de haber sido destituida en dos ocasiones por irregularidades administrativas. Además, durante el segundo gobierno de Carlos Andrés Pérez había sido investigada por una comisión de la Cámara de Diputados, presidida por Paulina Gamus, por acusaciones de presunta corrupción hechas por un grupo de cultivadores de caña del sector llamado Los Cañizos-Palo Quemao, en el estado Yaracuy, mientras se desempeñaba como funcionaria del Instituto Agrario Nacional (IAN).

El Consejo de la Judicatura la destituyó en junio de 1989 del cargo de jueza titular del Tribunal de Primera Instancia Agraria del estado Yaracuy, al encontrarla incursa en alteración de actas y en otro concurso de infracciones. En su lucha por impedir que se le excluyera del sistema judicial, la doctora Morales presentó sin éxito un voluminoso recurso solicitando la nulidad de la resolución, que había sido publicada en la Gaceta Oficial de la República, número 34.354.

La contundencia del procedimiento disciplinario podía haber amilanado a otro cualquiera, pero a ella no, porque su piel estaba bien curtida por esos incómodos menesteres. De allí que al llegar Hugo Chávez al poder en 1999, rápidamente pusiera en movimiento los resortes de sus influencias para lograr que se le designara magistrada de la Corte Primera de lo Contencioso Administrativo, teniendo entre sus más firmes padrinos al entonces diputado Pablo Medina, quien durante su militancia en tiendas políticas radicales como la Causa R y Patria Para Todos (PPT) había participado en conspiraciones contra varios presidentes. Transcurridos unos años, Medina daría un giro de 180 grados para entremezclarse con los rabiosos antichavistas que antes combatía.

La doctora Morales daba la sensación de estar a gusto como juez de la Corte de lo Contencioso Administrativo hasta que en el momento menos esperado, el 4 de noviembre de 2003, fue destituida como consecuencia de presuntas irregularidades en un fallo sobre una operación de compra-venta de unos terrenos. Ella y los otros cuatro magistrados de aquel cuerpo colegiado fueron hallados incursos en error grave inexcusable. Una Comisión de Reforma del Sistema Judicial presidida por un jurista y criminólogo de prestigio, Elio Gómez Grillo, examinó el caso y emitió el dictamen contra los miembros del tribunal. Entre los elementos principales considerados por Gómez Grillo y su equipo, estuvo una resolución de la Sala Político-Administrativa del Tribunal Supremo que calificaba de "sumamente grave y contraria a derecho" la decisión sobre la operación mercantil que había desatado el proceso disciplinario.

Pero como en todo siempre puede haber sorpresas, la perseverancia de la doctora Morales se impuso cuando apenas habían transcurrido tres meses desde que fuera sancionada: alcanzó el sillón en la Sala Constitucional del Tribunal Supremo, sin que eso quisiera decir que su ambición hubiese estado satisfecha. Por el contrario, se esmeró en desempeñar del pomposo cargo con sumisión para evitar cualquier cosa que pudiera irritar a Chávez, cualidad que en febrero de 2007 la elevaría a la presidencia del TSJ.

En sus funciones de Presidenta de la Comisión Judicial, ella hizo valer el peso de su autoridad para que su hija Leticia Acosta Morales fuera designada Consultora Jurídica de la Dirección Ejecutiva de la Magistratura (DEM) y suplente de la Corte Primera de lo Contencioso Administrativo, aunque después trataría de explicar que no se había tratado de nepotismo sino de reconocimiento a sobresalientes cualidades profesionales. Pero casi como por un sino familiar, a la joven Leticia también le resultaba difícil escapar a señalamientos de presunta corrupción, porque una vez fue acusada de estafa y sobreprecio en una transacción relacionada con unos terrenos que supuestamente se destinarían a la construcción de la ciudad judicial de Yaracuy.

La presidenta del TSJ siempre ha estado acompañada de un discurso con adornos de eficiencia y pulcritud ética: "Un jurista vacío, sin el temor de Dios, sin historia, sin valores, sin principios, sin compromisos, nunca podrá acertar en la administración de justicia, porque las formas solo son instrumentos para conducir la justicia libre de formalismos"[20], dijo en el acto inaugural del año judicial en San Felipe, Yaracuy, en 2005.

Con sus discursos moralistas al hombro, a fines de 2008 ella se ocupaba de los arreglos necesarios para que cada uno de los 32 magistrados del tribunal recibiera una bonificación equivalente a un poco más de 232 mil dólares sin que hubiera habido justificación alguna, lo que desató una oleada de críticas dentro y fuera del sistema judicial. A los obreros y empleados del sector, entretanto, les resultaba cuesta arriba ocultar el malestar por la demora de varios años en el pago de ciertos beneficios salariales.

Cuando faltaban diez días para el décimo aniversario de la Constitución de la República, el viernes 4 de diciembre de 2009 esa misma alta funcionaria comentó en un programa de Venezolana de Televisión que había llegado la hora de reformar dicho texto para acoplarlo a la voluntad del Presidente y del gobierno: "Hay algunos aspectos constitucionales que se contradicen en lo que es el régimen... No podemos seguir pensando en una división de poderes porque eso es un principio que debilita al Estado". A partir de ese momento y durante no menos de seis meses, ella anduvo repitiendo en distintos escenarios su tesis contra natura.

En los trece años de Chávez en la silla presidencial, el Poder Judicial así dirigido ha servido de instrumento para evitar el surgimiento de liderazgos individuales sólidos, para lo cual se han puesto en acción mecanismos que procuran invertir la carga de la prueba, con la premisa de que los opositores son culpables de cualquier hecho mientras no demuestren lo contrario. Pero probar la inocencia es cuesta arriba en un sistema con todas las instancias controladas desde Miraflores.

Asamblea Nacional de compromiso

La misma Constitución de 1999 fue utilizada por Chávez para liquidar el sistema de representación proporcional de las minorías en los cuerpos legislativos, al poner en marcha la eufemística figura de la "participación popular", contraria a la pluralidad de las ideas políticas. Esa era tal vez la vía política y jurídica más apropiada para alguien que una vez había tratado de asir el poder a sangre y fuego.

El Congreso de la República elegido a finales de 1998 para un período de cinco años, conformado por una mayoría opositora, fue reemplazado por una Asamblea Nacional unicameral que ha respondido a los dictados presidenciales. Una Asamblea que ha renunciado por lapsos prolongados a sus obligaciones legislativas, al facultar al Presidente de la República a emitir decretos-leyes para adecuar el sistema jurídico a sus necesidades.

La AN del período 2000-2005 se caracterizó por el funcionamiento de lo que popularmente se conocía en Venezuela como aplanadora política, con decisiones excluyentes, con raras concesiones a las minorías. Dado que el chavismo tenía una amplia ventaja parlamentaria, quienes discrepaban del gobierno fijaban sus posiciones y hacían denuncias en los debates, pero sólo en contadas ocasiones se llegaba a entendimientos o puntos concretos de equilibrio. Eso ocurría únicamente cuando sus votos eran indispensables.

Todavía en ese tiempo había amplios espacios sociales no dominados por el Presidente, que reaccionaban con firmeza y lo obligaban a hacer esporádicas concesiones. Para él aquello no significaba renunciar a la decisión de imponerse a toda costa. Eran solo demoras en el camino. Así ocurrió con las modificaciones al sistema educativo para implantar el concepto del hombre nuevo para una sociedad nueva, trasplantado de Cuba, y para tratar de controlar los institutos de enseñanza privada, pero la sociedad civil reaccionó en las calles con el lema de "con mis hijos no te metas", tras lo cual a Chávez no le quedaría otro camino que dar un paso atrás.

Una ley de tanta trascendencia como la orgánica de las Fuerzas Armadas, sería sometida a un proceso de modificaciones sin que se realizaran las consultas que en sana lógica debían haber ocurrido, con el propósito de eliminar la condición profesional que había caracterizado a la institución en los cuarenta años anteriores. La intención era someter a los militares a un régimen de mando vertical, con todas las implicaciones negativas que ello acarreaba y, simultáneamente, se procedía a crear cuerpos paramilitares.

Fueron muchos los proyectos de leyes aprobados por la AN ignorando los procedimientos legales establecidos. Entre gallos y media noche eran sancionadas leyes sin que los diputados tuvieran el tiempo mínimo para examinar su alcance o para escuchar propuestas alternativas, lo que condenaba a los sectores afectados a enterarse de las nuevas disposiciones cuando eran publicadas en la Gaceta Oficial.

Con esas prácticas poco ortodoxas, en 2010 fue sancionada una ley que simplificaba los trámites de las empresas del Estado para hacer importaciones o exportaciones, con lo cual se abolían los controles previos y, por supuesto, se formalizaban las rendijas a las más variadas formas de corrupción. Tampoco se siguieron las pautas establecidas a la hora de alterar la ley del Banco Central, para convertirlo en un simple proveedor de fondos para el Ejecutivo; y la del sistema financiero nacional, con la intención de aumentar los controles de las actividades de los particulares.

Lo mismo ocurrió con la ley de tierras, para facilitar las expropiaciones.

En esos cinco años la Asamblea funcionaba como una caja de resonancia del gobierno, para que el modelo político chavista dominara la mayor cantidad posible de espacios en la sociedad venezolana. Se limitaba a legislar sobre las materias que puntualmente le iban siendo ordenadas desde el despacho presidencial, sin cauces para el diálogo con otros sectores. Y eso era posible porque la oposición le había allanado el camino a Chávez para que sus seguidores coparan todos los escaños, al negarse a participar en las elecciones de diputados celebradas en diciembre de 2005. Cegados por la conducta agresiva del Presidente, los partidos disidentes incurrieron en el error que condujo a que en los cinco años siguientes, las únicas voces de discrepancia parlamentaria fueran las de unos pocos oficialistas decepcionados.

La AN se integró entonces de manera excluyente, desconociendo así a un sector que en 2005 representaba aproximadamente 40 por ciento de la población, lo que significaba una violación del artículo 2 de la Constitución, conforme al cual "Venezuela es un Estado democrático que propugna el pluralismo político" como uno de los valores superiores de su ordenamiento jurídico. El Presidente de la República no hizo el menor esfuerzo para evitar esa situación y, por el contrario, la estimuló.

Como consecuencia de aquel exabrupto se agotó el trabajo de las comisiones parlamentarias, dejando atrás los tiempos de su activa participación en el estudio y elaboración de leyes e informes sobre cuestiones de ciencia, tecnología, derechos humanos y otras materias, además de investigar denuncias sobre irregularidades e interpelar funcionarios públicos. Entre los años 2005 y 2010 la AN no ejerció la función contralora esencial de las cámaras legislativas en los regímenes democráticos, y las comisiones se reunían solo para ensalzar los anuncios presidenciales.

El último día de vigencia de la tercera ley que autorizaba al Presidente de la República a modificar el sistema legal por vía de decretos (31-7-2008), el gobierno anunció la aprobación de 26 nuevas leyes, muchas de las cuales contradecían disposiciones constitucionales. Pero como los textos ni siquiera habían sido elaborados, lo que en realidad hizo el Ejecutivo fue enunciar el listado en la Gaceta Oficial, en abierta violación a los procedimientos de rigor. Posteriormente los venezolanos fueron conociendo a cuentagotas cada uno de los decretos, inspirados en el deseo de introducir los polémicos cambios que ya habían sido rechazados en la reforma constitucional sometida a referéndum en diciembre de 2007. Varios especialistas examinaron la situación e intentaron infructuosos recursos legales frente al ardid oficial.

Tres días después de haber finalizado la vigencia de aquella Ley Habilitante, el Presidente comentaba en cadena de televisión que esos instrumentos legales (aún inexistentes), habían sido pensados y elaborados para beneficio del país, para su liberación y desarrollo económico, mientras su otrora aliado político Luis Miquilena tenía un criterio distinto: eran una emboscada para meter de contrabando algo ya repudiado por los venezolanos, como, por ejemplo, los cambios a la organización de la Fuerza Armada Nacional.

En la Asamblea correspondiente al período 2005-2010, muchas leyes eran reformadas con premura. Una de ellas fue la orgánica de procesos electorales, cuyos cambios se hicieron con la intención de favorecer a los candidatos chavistas a la Asamblea Nacional a ser elegida en los comicios del 26 de septiembre de 2010. Para ello se ideó un mecanismo que eliminaba la representación proporcional de las minorías, con lo cual el oficialismo conseguiría un número de diputados superior a los votos obtenidos en las circunscripciones electorales más pequeñas.

Con el viejo sistema denominado "el ganador se lo lleva todo", puesto en práctica para la integración de la AN que se instalaría en enero de 2011, Chávez obtuvo cerca de 60 por ciento de los escaños para sus candidatos, aunque los votos emitidos a su favor representaban 49 por ciento del total. Habiendo sido minoría, la manipulación del sistema electoral le permitió a Chávez obtener una ventaja de 31 diputados. Esa perversión hizo que, por ejemplo, el partido Patria Para Todos no lograra ni un solo diputado en el estado Lara, a pesar de haber obtenido 28 por ciento de los sufragios emitidos.

Otro elemento de relevancia incorporado a la misma ley (artículo 19) otorgaba facultades al Consejo Nacional Electoral para crear circuitos electorales con comunas, de acuerdo con las tendencias políticas afectas al Presidente, aunque la Constitución de 1999 no contemplaba esa figura como ente político-territorial. Representantes de la oposición denunciaron con timidez que el texto de la reforma legal publicado en la Gaceta Oficial no era exactamente el sancionado por la AN.

Entre octubre y diciembre de 2010 ocurriría una mayor arremetida gubernamental, cuando la nueva Asamblea Legislativa ya estaba elegida pero no había comenzado sus funciones. La AN completamente chavista, que estaba a punto de fenecer, aprobó a la carrera un conjunto de leyes propuestas por el Ejecutivo Nacional: comenzó con otra Habilitante para delegar facultades legislativas en el Presidente de la República por un período de 18 meses; otra para eliminar la posibilidad de que las ONG obtuvieran fondos extranjeros para financiar sus actividades; otra para crear mecanismos de control de internet y para terminar de dominar los escasos medios de comunicación radioeléctricos que no estaban en manos estatales. Ese mismo paquete legislativo incluía una reforma a la ley de partidos políticos destinada a impedir focos de disidencia en la bancada parlamentaria chavista, al consagrar como castigo la inhabilitación total o parcial de los desobedientes.

Militares politizados

Dado que las intenciones de poder vitalicio podían generar descontento en las Fuerzas Armadas, Hugo Chávez las sometió a una transformación profunda en su estructura, doctrina y principios éticos. Para ello puso en marcha un proceso pensado y diseñado en Cuba entre los años 2004 y 2006, en el cual su hermano Adán Chávez jugó un rol de importancia mientras se desempeñaba como embajador en La Habana.

Los detalles del plan se iban cocinando a fuego lento en los frecuentes viajes del Presidente a la capital cubana, así como en las visitas secretas que personajes centrales del aparato político-militar castrista hacían con frecuencia a Caracas. Tan sólo un puñado de venezolanos estaba enterado de los verdaderos propósitos de tanto ir y venir. Y lo que se buscaba al liquidar la estructura militar profesional era evitar los liderazgos naturales de oficiales de alto rango, para obtener como resultado final la figura del mando vertical al estilo cubano, con el Presidente de la República como jefe único, indiscutido e indiscutible.

El proceso de cambios tomó varios años, con sucesivas reformas legales que fueron tocando desde el nombre hasta los aspectos más profundos de la institución. Comenzó con una reforma a la ley orgánica de la FAN, aprobada en septiembre de 2005 mediante procedimientos que fueron denunciados como inconstitucionales. En aquel momento la oposición estaba representada en la AN y se suponía que por tratarse de una ley orgánica, su voto era indispensable. El artículo 203 de la Constitución exigía el respaldo de las dos terceras partes de los diputados, pero eso fue ignorado al sancionarse la reforma por mayoría simple. Para avanzar más en sus polémicas intenciones, el Presidente dictó un decreto-ley el 31 de julio de 2008, amparándose en las facultades especiales que le había otorgado la AN para legislar. Luego vendrían otras alteraciones.

La parte conceptual de la nueva ley le asignaba a la Fuerza Armada un rol en la internacionalización del proyecto del Presidente, con miras a respaldar la quimera de una confederación de naciones con Cuba, Bolivia, Nicaragua y otros países. Por eso, el Presidente consideraba necesario darle participación a la FAN en la integración de los pueblos latinoamericanos y caribeños, conforme a los tratados y convenios suscritos por la República y, en ese sentido, podía "emprender acciones combinadas en defensa de los procesos orientados a la constitución de una comunidad de naciones"[21].

Esas modificaciones de los instrumentos legales dejaron abierta la posibilidad de la participación de extranjeros en los cuerpos combatientes de la milicia, al plantearse la posibilidad de formar un ejército multinacional. Con la misma tónica cubana, Chávez creó también las milicias campesinas, tras lo cual terminaba de realizar el sueño de ver a los militares y a los paramilitares convertidos en parte del engranaje político del régimen.

A la Fuerza Armada le fue otorgado un carácter deliberante que despertó situaciones incómodas, por cuanto las opiniones a favor del régimen eran bienvenidas, mientras los críticos eran castigados y pasados a retiro. Se introdujo una nueva doctrina militar teniendo como modelo la Fuerza Armada de Cuba y se aumentó la influencia de los oficiales cubanos en el país, especialmente en el área de inteligencia, además de incorporarle al saludo militar la consigna "¡Patria, socialismo o muerte!", que el Presidente hizo cambiar a mediados de 2011 cuando le diagnosticaron cáncer, fue operado dos veces y sometido a tratamiento con quimioterapia y radiaciones. El lema pasó a ser entonces "¡Patria socialista, viviremos y venceremos!".

Mediante la reforma de la ley se creó la Guardia Territorial como un ente de corte paramilitar, comprometido política e ideológicamente con el Presidente y subordinado a él. Le fue conferido el eufemístico carácter de "componente complementario" de la FAN, para evadir el artículo 328 de la Constitución, conforme al cual la Fuerza Armada tenía sólo cuatro componentes: Ejército, Aviación, Armada y Guardia Nacional. El pretexto era disponer de un organismo para luchar junto a sectores populares en caso de una eventual lucha asimétrica, para repeler cualquier amenaza del imperialismo norteamericano.

A la Reserva Nacional le fueron asignadas, igualmente, responsabilidades como instrumento para combatir agresiones externas y dominar conmociones políticas internas. Se le asignó carácter de órgano desconcentrado, dependiente de la Presidencia de la República, con autonomía presupuestaria y guarniciones regionales propias, definido también como componente complementario de la FAN, con lo cual comenzaron a existir entonces dos aparatos paramilitares con funciones solapadas, para ser utilizados por vías paralelas o enfrentadas en el control y represión de los ciudadanos. El funcionamiento de esos cuerpos no es original porque sigue los esquemas organizativos y funcionales que tradicionalmente han sido puestos en práctica por regímenes totalitarios tanto de derecha como de izquierda.

Como parte de la estrategia para neutralizar el poder de los gobernadores se estableció el concepto de regionalización de la institución castrense, al eliminar las guarniciones y crear los comandos de regiones operativas de defensa integral. Hasta entonces los gobernadores habían tenido la atribución de solicitar la ayuda de los jefes de sus correspondientes guarniciones para enfrentar problemas de orden público que excedieran la capacidad de las policías, pero ahora esos jefes de regiones operativas pasaban a depender sólo del Presidente de la República, sin estar supeditados a ninguna autoridad civil regional. Esto se hacía a conciencia del peligro que corren los derechos humanos cuando los militares y paramilitares cumplen funciones represivas.

Con el estímulo presidencial, oficiales de alta graduación comenzaron a intervenir abiertamente en actos políticos y a emitir opiniones parcializadas hacia el chavismo. Cuando el PSUV publicó el listado de sus militantes con miras a la selección de candidatos para las elecciones de septiembre de 2010, Rocío San Miguel, dirigente de la ONG Control Ciudadano, pudo constatar que más de 30 altos oficiales de la FAN estaban inscritos en el partido. Presentó una denuncia acompañada de nombres, números de cédulas de identidad y grado militar, de los oficiales que aparecían inscritos en el PSUV y hacían vida partidista, pero en vez de efectuar la investigación del caso, el Consejo Nacional Electoral y el gobierno tomaron el atajo de las descalificaciones.

Antes del proceso de transformación de la FAN, los militares ya habían comenzado a ser utilizados en la represión de manifestaciones de la oposición, con saldos de muertos y heridos, tal como ocurrió en Caracas durante los hechos de abril de 2002. Muchos oficiales que en aquella oportunidad se rebelaron contra las órdenes de disparar a matar, terminaron su carrera acusados de golpistas, fueron pasados a retiro y salieron al exilio.

El número de miembros de la FAN ha aumentado de manera considerable. Se han adoptado lemas para exacerbarles el sentimiento nacionalista y han sido dotados de costosos equipos, con la intención de convertir a Venezuela en una potencia militar en América Latina. El criterio del líder ha consistido en que antes de pensar en un alto grado de desarrollo económico, el objetivo principal es avanzar hacia la transformación del país en potencia militar.

Consejo Electoral chavista

Sin ser un radical de la oposición, en los últimos años solo uno de los cinco miembros del Consejo Nacional Electoral (CNE) ha criticado el ventajismo oficial y no recibe instrucciones de Miraflores, razón por la cual el Presidente le ha pedido públicamente que renuncie al cargo. A eso se suma el hecho de que todas las direcciones del CNE han estado bajo control de la mayoría oficialista. Pero, como hay un manifiesto interés por aparentar una conducta democrática, Chávez ha aceptado auditorías inmediatas en los procesos electorales, con lo cual los adversarios políticos han podido a verificar los resultados. Sin embargo, esto en ningún caso ha sido interpretado como garantía de pulcritud.

Las elecciones realizadas en el país en la etapa chavista han estado viciadas de ventajismo, de interpretación de las normas según la óptica del jefe del Estado. Los organismos oficiales han sido utilizados para intimidar a la oposición, los lapsos se alargan y encogen a su leal saber y entender y, además, él ha llegado a advertir que si no fuera reelegido se desataría una guerra civil que no dejaría ladrillo sobre ladrillo en el este de Caracas, zona cuya población ha sido mayoritariamente opositora.

Durante una de las anteriores directivas del Consejo Nacional Electoral -en la cual su presidente era un abogado con limitaciones para expresarse (Francisco Carrasquero) y el vicepresidente era un siquiatra que no ocultaba su pasión por el chavismo (Jorge Rodríguez)-, hubo decisiones que favorecían abiertamente al oficialismo. Entre los muchos casos de ese tipo, el peor ocurrió cuando la oposición consignó (en septiembre de 2003) las firmas que respaldaban la solicitud del referéndum revocatorio del mandato presidencial, que tuvo lugar en agosto de 2004.

Entre la solicitud del referéndum y su celebración, se inventaron y alargaron lapsos de manera suficiente para que Chávez repartiera grandes sumas de dinero con fines clientelares. Carrasquero y Rodríguez fraguaron un subterfugio que el CNE llamó "firmas planas", para demorar la consulta un año con el propósito de trastocar las tendencias que existían en la opinión pública. Durante ese tiempo Fidel Castro estuvo en acción permanente en el diseño, arranque y supervisión de las misiones sociales, cuyo impacto inicial fue positivo. Viajó incluso a Caracas para intervenir en reuniones con Chávez, los ministros y otros altos funcionarios, para evaluar la marcha de los planes oficiales.

Los empleados públicos no chavistas eran despedidos de sus cargos y expuestos al escarnio. El banco de datos de los solicitantes del referéndum, conocido como Lista Tascón o Maisanta, se convirtió en arma fundamental del Ejecutivo para discriminar a los opositores que acudían a tramitar pasaportes, cédulas de identidad, licencias para conducir vehículos y otros documentos. Con esos procedimientos de presión, al hacerse la consulta popular el resultado solo podía ser favorable al Presidente.

El psiquiatra se había ocupado personalmente de la compra de unas 7 mil máquinas de votación, lectoras de huellas digitales y otros equipos y servicios adicionales, que según las cifras oficiales costaron cerca de 150 millones de dólares, en un proceso cargado de denuncias de corrupción que nunca fueron investigadas. Rodríguez reemplazó en enero de 2005 a

Carrasquero en la presidencia del CNE, cargo en el cual fue durante año y medio un agente del chavismo y nunca árbitro electoral. Meses más tarde compró un apartamento de más de un millón de dólares con vista panorámica, finos acabados y vidrios blindados, en la parte alta de la urbanización Altamira, una de las mejores zonas de Caracas.

Amante de los carros de lujo, después de haber estado en una fiesta, el funcionario electoral resultó herido en la madrugada del primero de agosto de 2006, al chocar un Audi placas MEO-94B, mientras se empeñaba en una competencia de velocidad con un joven de 16 años que conducía un vehículo similar. Para tratar de ocultar el escándalo utilizó su peso político, y amenazó con incoar una demanda por presunta negligencia contra la Clínica El Ávila, adonde acudió para recibir atención luego del accidente. El ritmo de vida de la familia Rodríguez se ha caracterizado por la ostentación.

Al terminar su período en el CNE, Rodríguez fue premiado con la Vicepresidencia de la República, que desempeñó algunos meses sin dejar huella. Luego pasó a un cargo directivo en el PSUV y fue postulado como candidato a la Alcaldía del Municipio Libertador. A Carrasquero -que decía y repetía que la votación sería "tramparente" (sic), en vez de transparente-, los favores le fueron retribuidos con una magistratura en la Sala Constitucional del Tribunal Supremo.

En el proceso de carcomer las instituciones para alcanzar el poder total, desde temprano el Presidente hizo designar sumisos en la Contraloría General y en la Fiscalía General de la República, tras lo cual los dos entes quedaron prácticamente anulados. De esa manera y para beneplácito de la corte gubernamental y familiar, jugosos contratos han sido asignados sin licitaciones o con licitaciones amañadas, sin procedimientos de vigilancia administrativa.

En el compromiso de halagar al líder, al aproximarse las elecciones regionales y locales de noviembre de 2008, el entonces Contralor General de la República, Clodosvaldo Russián, descubriría vías para inhabilitar a 272 candidatos. Los afectados apelaron ante el Tribunal Supremo pero la decisión en su contra fue ratificada. Entre ellos había un grupo de dirigentes a quienes las encuestas señalaban con ventajas electorales -como Leopoldo López, aspirante a la Alcaldía Metropolitana de Caracas- por lo cual el chavismo ponía en práctica maniobras para frenar a la oposición. López había sido un joven dirigente del partido Primero Justicia y luego de Un Nuevo Tiempo (UNT), cuya gestión como alcalde de Chacao le había permitido alcanzar altos niveles de popularidad.

Estudiantes, obreros, amas de casa y otros, protestaron en las calles por la actitud del Contralor Russián y las denuncias fueron consignadas ante organismos internacionales, varios de los cuales condenaron la naturaleza antidemocrática del hecho. Uno de esos pronunciamientos de censura fue del Parlamento Europeo, que cuestionó también la agresión física al director de la ONG Human Rights Watch (HRW), José Manuel Vivanco, quien fue expulsado del país por haber presentado un informe en el cual se enumeraban violaciones a los derechos humanos y a la libertad de expresión en Venezuela.

En el documento de HRW, titulado *Una década de Chávez*, se decía que la discriminación política era "una característica definitoria del gobierno venezolano. En algunas oportunidades, el Presidente mismo ha respaldado abiertamente actos de discriminación. En términos más generales, ha incentivado a sus subordinados a tomar medidas al tachar sistemáticamente a sus opositores de conspiradores y golpistas"[22].

Contra la descentralización

La descentralización administrativa -que llegó tardíamente a Venezuela- había comenzado a producir efectos positivos en los años 90, al reducir de manera significativa el presidencialismo omnímodo de aquel país con una historia abundante en caudillos. Ese cambio ocurría no sin muchas resistencias porque el caudillismo siempre había estado bien metido en la tradición venezolana, y se hizo posible en el segundo gobierno de Carlos Andrés Pérez, después de un acuerdo político logrado en la campaña electoral de 1988 con el candidato presidencial de Copei, Eduardo Fernández.

El proceso para llegar a la reforma del Estado había tomado años, con avances y retrocesos, y cuando por fin se estableció la elección directa de los gobernadores y la creación de la figura de los alcaldes, comenzó entonces en el país una nueva distribución territorial del poder, con una buena dosis de autonomía administrativa y política para las regiones y las municipalidades, con grandes esperanzas para los ciudadanos. Pero luego el afán de Chávez por lograr el poder absoluto lo trastocaría todo.

Hasta ahora al Presidente no le ha sido posible eliminar la elección directa de los alcaldes y gobernadores, pero les ha menguado los presupuestos y reducido las atribuciones legales a la mínima expresión. Prueba de ello es que las asignaciones presupuestarias han sufrido mengua. En 2009 disminuyeron 21 por ciento con relación al año anterior; en 2010 y 2011 se repitió el "castigo", sobre todo en los casos de las gobernaciones de Táchira y Miranda. En esa misma línea, en marzo de 2009 el teniente coronel había hecho aprobar una ley contraria a la letra y el espíritu de la Constitución chavista, para quitarle a los Estados la administración de puertos y aeropuertos y el mantenimiento de carreteras, autopistas, túneles y vías agrícolas, para reducir las posibilidades de los gobernantes regionales.

Las arremetidas presidenciales han ocurrido aun cuando el artículo 160 de la Constitución contiene disposiciones taxativas en la asignación de competencias a las gobernaciones. Entre otras les atribuye "la conservación, administración y aprovechamiento de carreteras y autopistas nacionales, así como de puertos y aeropuertos de uso comercial, en coordinación con el Ejecutivo Nacional"[23]. Ya antes, la presión de la opinión pública había evitado que Chávez impusiera una ley de Ordenamiento Territorial encaminada a supeditar los gobernadores y alcaldes a funcionarios dependientes de Miraflores, para luego reemplazar los 22 estados por unas 9 ó 10 regiones, pero eso no quería decir que él abandonara la idea de cerrarle el paso a cualquier posibilidad de surgimiento de liderazgos locales, regionales o nacionales, para lo cual seguiría apelando a cualquier clase de subterfugios.

La campaña electoral regional de 2008 se había caracterizado por el clima de ofensas y presiones. En Carabobo, donde Henrique Salas Feo representaba a la oposición en la competencia por la gobernación, Chávez llegó a expresar por televisión que "si ustedes (los electores) permiten que la oligarquía regrese, a lo mejor voy a terminar sacando los tanques de la brigada blindada (del Ejército) para defender al gobierno revolucionario y al pueblo de Carabobo"[24]. En los discursos de campaña pronunciados en el estado Sucre, donde el gobernador saliente había renunciado al chavismo, sostuvo que Ramón Martínez no solo estaba a punto de concluir su período en el cargo, sino que además iría a parar a la cárcel. "¡Te vamos a barrer, asqueroso traidor, corrupto, apátrida!"[25], sentenció.

El acoso era aún mayor en el caso de Manuel Rosales, ex gobernador del Zulia y alcalde de Maracaibo, quien poco a poco se había ido haciendo incómodo para el régimen. Las amenazas de llevarlo a prisión sin fórmula de juicio eran constantes. Y bastó con que en la campaña electoral regional de 2008, Chávez dijera que un corrupto como Rosales no podía continuar en libertad, para que el Ministerio Público se pusiera en marcha para apartarlo del camino y para que los cuerpos policiales emprendieran su persecución.

Ni el lustre intelectual ni el carisma eran adornos de Rosales, pero el tesón en el trabajo político le daba la proyección suficiente para competir con Chávez en las elecciones del 3 de diciembre de 2006, postulado por Un Nuevo Tiempo (UNT), una organización política fundada por él mismo e integrada por ex miembros de Acción Democrática y disidentes de otros partidos. Sus orígenes políticos estaban en AD, donde se había hecho conocido como dirigente regional en el Zulia. A fines de abril de 2009 el cerco policial ya resultaba insoportable para el ex gobernador zuliano, situación que lo obligó a asilarse en Perú.

Emulando el mejor estilo de otros caudillos latinoamericanos, al inaugurar un programa de desarrollo regional, el Presidente había anunciado la intención de no asignarle recursos a las gobernaciones que ganara la oposición en las elecciones del 23 noviembre de 2008. La razón era sencilla: con toda seguridad se los robarían y los utilizarían para conspirar y organizar golpes de Estado como el de 2002, por lo cual -decía- era preferible distribuir ese dinero entre los gobernadores y alcaldes obedientes a su plataforma política.

Cuando apenas habían transcurrido dos días desde aquellos comicios estadales y municipales, el Presidente reanudó sus ataques sin sentido contra los adversarios que acababan de ser proclamados ganadores, mientras estos lucían serenos, a la espera de un período de concordia, de lógica colaboración con el gobierno nacional. La misma noche electoral, el nuevo alcalde metropolitano, Antonio Ledezma, había pronunciado un discurso con llamados al entendimiento, a la unidad de todos para la solución de los problemas de Caracas. Invitaba al Presidente a trabajar de manera coordinada para superar los problemas de aquella ciudad cada vez más asfixiada por la basura, los huecos en las calles, la inseguridad y la anarquía, pero la respuesta no se hizo esperar: insultos y acciones legislativas para cerrarle posibilidades de éxito. Chávez no vaciló en calificarlo de "persona despreciable".

El ministerio de Finanzas, en manos de Alí Rodríguez, comenzó a demorarle el pago de las partidas correspondientes a sueldos y salarios de empleados y obreros de la Alcaldía Metropolitana, así como la entrega de dozavos para las obras que estaban en ejecución. Las bandas de malhechores con franelas rojas e imágenes del Che Guevara asumían posiciones agresivas contra quienes entraban o salían de las dependencias oficiales no controladas por el chavismo. Más allá de las limitaciones, las actuaciones de Ledezma en la Alcaldía han estado revestidas de dignidad. A pesar de las presiones gubernamentales, de las amenazas en su contra y de los abusos contra la institución, ha sido ponderado y persistente en la defensa de sus ideas. Muchas de sus luchas han ocurrido incluso a pesar del regateo de apoyo de gentes de la oposición.

Chávez ordenó transferir casi todas las funciones y espacios físicos de la Alcaldía Metropolitana a la jefatura de gobierno del

Distrito Capital, una figura de libre remoción designada a dedo en el palacio presidencial, creada mediante una Ley Especial aprobada con premura. De esa manera, el grueso de los recursos disponibles para Ledezma pasó a provenir de aportes de las alcaldías de Chacao, Baruta y El Hatillo, además de unas pocas contribuciones de particulares, pero él ha tratado de desarrollar una labor útil para los vecinos de Caracas y ha levantado la voz en protesta por los atropellos de Miraflores.

El gobernador del estado Táchira elegido en las elecciones de 2008, César Pérez Vivas, ha dicho repetidamente que las políticas del gobierno nacional han estado orientadas a convertir a Hugo Chávez en un señor feudal dueño de los bienes de la República, en quien se concentran los poderes y las atribuciones del Estado. A su modo de ver, la centralización del sistema vial era un golpe a la Constitución y al pueblo, que había expresado su voluntad por unos líderes regionales para conducir los asuntos públicos. A partir de la elección de 2008, la población del Táchira comenzó a sufrir en forma progresiva las presiones del Presidente.

Al gobernador le han aplicado medidas similares a las utilizadas contra Antonio Ledezma, coordinadas y ejecutadas por un Consejo Revolucionario de Gobierno presidido por el ministro-presidente de PDVSA, Rafael Ramírez. Ese organismo chavista fue convertido en administrador de buena parte de los recursos provenientes de los entes nacionales, frente a lo cual Pérez Vivas dijo que por su naturaleza ese era un cuerpo de control y no de dirección de políticas públicas, que violaba la Constitución, porque las competencias administrativas correspondían al gobernador. "Es un parapeto golpista contra un gobierno legítimamente elegido. Como eso no tiene base legal, se dedican entonces a discursos mentirosos"[26].

Al desestimar la definición de la República (artículo 4 de la Constitución) como Estado federal descentralizado, desde la cabeza del Estado se han transgredido principios de legalidad y justicia. Las advertencias sobre el particular han sido frecuentes, pero lo importante para el Presidente ha sido concentrar en sus manos hasta las decisiones más pequeñas en los lugares más apartados del país. Chávez ha ignorado incluso a los mandatarios regionales y locales identificados con su plataforma política, al colocarlos en el rol de obedientes funcionarios sin independencia en el ejercicio de sus funciones, contra lo cual se rebeló el gobernador de Lara, Henry Falcón.

En una carta pública dirigida al Presidente el 22 de febrero de 2010 con motivo de su renuncia al PSUV, Falcón dijo: "Deseo expresarle mi preocupación por la ausencia de un espacio adecuado para que quienes cumplimos una responsabilidad como la que implica una gobernación de Estado, podamos abordar con usted, en su condición de Presidente de la República, los asuntos que se derivan de nuestras competencias. La relación entre un jefe de Estado y los gobernadores y alcaldes no puede limitarse a dar instrucciones u órdenes sin la mínima oportunidad de confrontar puntos de vista"[27]. Asimismo, manifestó que el PSUV estaba muy lejos de cumplir los objetivos para los cuales había sido creado, por cuanto estaba minado por burocracia, clientelismo, facciones, ausencia de discusión y lealtad mal entendida. El domingo 14 de marzo de 2010, Chávez aseguró que Falcón desaparecería del mapa político. Lo culpó de haber paralizado la construcción del sistema de transporte masivo de Barquisimeto y ordenó investigarlo por corrupción.

IV
CASOS EMBLEMÁTICOS DE ENSAÑAMIENTO

Desconcertados por un hombre

Después de Cuba, Venezuela terminaría por convertirse en el país del continente con el mayor número de presos políticos, exiliados y funcionarios públicos destituidos por razones de conciencia. Los casos emblemáticos de persecución y ensañamiento han incluido, entre otros, a Carlos Ortega, presidente de la Confederación de Trabajadores de Venezuela (CTV); a tres comisarios y otros funcionarios de la Policía Metropolitana; a Nixon Moreno, líder estudiantil de la Universidad de Los Andes (ULA); y al biólogo Franklin Brito, quien perdió la vida en una larga, valiente y solitaria huelga de hambre contra el gobierno.

El Presidente de la CTV participaba activamente en la organización y dirección de las huelgas que paralizaron el país en los años 2001 y 2002, en una coyuntura de tensiones sociales y políticas ocasionadas por la escasez de combustibles, alimentos y medicinas. La capacidad de convocatoria de Ortega en ese momento era elevada, razón suficiente para perseguirlo y acusarlo de los presuntos delitos de rebelión civil e instigación a delinquir.

En una ocasión se había atrevido a desafiar el acoso policial, al presentarse en una manifestación que tenía lugar en la Autopista del Este, en Caracas, donde caminó casi 500 metros a paso veloz, para luego escabullirse en la multitud. La persecución en su contra iba en aumento, agentes de la DISIP lo seguían a todas partes, mientras ciertos amigos que estaban en el gobierno y en el sector militar le advertían la intención chavista de secuestrarlo y asesinarlo, de lo cual se encargarían miembros de las FARC y del G2 cubano. El día que la policía política apresó al dirigente empresarial Carlos Fernández, quien también era activo en la organización de protestas antichavistas, Ortega se había reunido con él y le había comentado la posibilidad de atentados contra su vida.

Cuando todo parecía indicar que la revocatoria del mandato presidencial de Hugo Chávez podía tener éxito, Ortega abandonó su exilio en Costa Rica y regresó clandestinamente a Caracas para participar en la campaña del referéndum convocado para agosto de 2004. Desde entonces realizaba sus actividades políticas cambiando constantemente de escondite, hasta que el 28 de febrero de 2005 fue capturado en medio de un despliegue noticioso oficial que pretendía exponerlo al desprecio público, presentándolo como corrupto, jugador y borracho. Fue enjuiciado y condenado a 16 años de prisión en la cárcel militar de Ramo Verde, de la cual se fugó de manera espectacular en la madrugada del domingo 13 de agosto de 2006, junto a tres ex oficiales de la Fuerza Armada que también estaban acusados de conspiración. Perú le concedió asilo político.

Ortega tenía una larga trayectoria como dirigente laboral, especialmente en el sector petrolero, en el cual se hizo conocido por su dedicación. Desde su juventud militaba en Acción Democrática, partido en el cual había luchado junto a figuras históricas de la organización y en el buró sindical. En medio de severos apremios económicos acarreados por el exilio, en Lima se ha empeñado en tratar de informar a las organizaciones sindicales y políticas del mundo sobre la cada vez peor situación del movimiento obrero venezolano.

Su fuga de Ramo Verde, planificada y ejecutada con la complicidad de personal militar del penal, solo fue detectada cuando habían transcurrido más de 12 horas, tiempo suficiente para que pudiera ponerse a buen resguardo lejos de Caracas. El gobierno se enteró del hecho a través de un canal de televisión, mientras por coincidencia el ministro de Interior y Justicia, Jesse Chacón, era entrevistado en otro. El todavía ministro Raúl Baduel, de Defensa, confesó haber recibido la noticia tardíamente, tras lo cual se declaró en emergencia para tratar recapturar el prófugo. Ordenó el arresto de buena parte del personal del establecimiento carcelario, sin que eso arrojara pista alguna.

Ortega después me daría su versión de los acontecimientos: "Desde el momento mismo de mi llegada a Ramo Verde comencé a planificar el escape. No oculté mis intenciones ni siquiera durante el juicio, frente a la fiscal acusadora Luisa Ortega Díaz, hoy Fiscal General comprometida con el régimen, porque en muchas ocasiones dije que la condena que me impusieran sería cumplida por el ser más querido del dictador... Además, pronto descubrí que la mayoría de los militares que prestaban servicios en ese penal estaban en desacuerdo con las políticas del dictador".

A partir del año 2000, el Presidente puso en práctica la estrategia de desconocer los dirigentes sindicales y ordenó la demora en las discusiones de las convenciones laborales de Petróleos de Venezuela y de las compañías de la Corporación Venezolana de Guayana (CVG). En aquel momento PDVSA pretendía desconocer la representación de los trabajadores por parte de Fedepetrol -entonces presidida por Carlos Ortega-, lo que provocó una huelga laboral de cuatro días que obligó al gobierno a discutir y firmar el nuevo contrato colectivo.

Sindicalismo descabezado

El presidente Chávez nunca le atribuyó importancia a la relación con el sector laboral y, por el contrario, en sus primeros años promovía la formación de entelequias paralelas para quebrantar la influencia de la CTV, aunque ni siquiera las escuchaba. Entre 1999 y 2005, su estrategia consistía en aparecer como líder de las masas trabajadoras, a la vez que golpeaba a ese movimiento sindical que había tenido cierta independencia frente a los gobiernos anteriores. Cuando el chavismo ascendió al poder, el prestigio de la central obrera estaba erosionado por las corruptelas de algunos dirigentes, pero en ella había habido figuras honestas como Francisco Olivo, José Vargas y Juan José Delpino, entre otros, cuyos aportes fueron decisivos para elevar la calidad de vida de los afiliados.

AD había controlado la mayoría de los sindicatos del país desde la caída de Pérez Jimémez y tenía amplia ventaja en el Comité Ejecutivo de la CTV, pero aun así, en los gobiernos adecos* ocurrían huelgas y hasta enfrentamientos con los Presidentes de la República. Al salir del gobierno en 1964, Betancourt se reunía con prominentes dirigentes sindicales y, a través de ellos, a veces trataba de inclinar la balanza en la selección del candidato presidencial del partido o intervenía en las luchas internas del mismo, sobre todo en sus últimos años, cuando era evidente su ojeriza contra quien había sido su colaborador más cercano por muchos años, Carlos Andrés Pérez, e intentaba frenar su influencia.

Como periodista, yo había conocido y tratado a Vargas y a Delpino, cuyas vidas fueron modestas, dedicadas al movimiento sindical nacional. Disfruté la culta conversación de Delpino y algunos whiskys en su casa de El Cafetal -una de aquellas construidas por el Banco Obrero en los años 60-, y en su biblioteca escuché las anécdotas de sus años en prisión durante la dictadura de Pérez Jiménez. No sin alguna dosis de ironía, decía

---

* Adeco: miembro del partido Acción Democrática.

estar agradecido del déspota porque al llevarlo a prisión, lo había obligado a apasionarse con los libros. Estaba seguro de ser uno de los pocos venezolanos que habían devorado dos veces la *Casa sin amo* y otras obras de Heinrich Böll, no porque tuviera predilección por la literatura alemana, sino porque era lo único que tenía a mano. En ese ambiente se acostumbró a releer cualquier libro que cayera en sus manos, para terminar aprendiendo hasta los instructivos de las medicinas. "No perdí mi tiempo", sentenciaba.

La llegada de Chávez al gobierno significó cambios para el sector laboral, porque ha apresado y sometido a procesos judiciales a quienes han exigido reivindicaciones sociales y salariales. Se ha puesto en evidencia la doble moral, porque el Presidente se declara benefactor de los trabajadores pero al mismo tiempo los golpea. No se ha detenido en consideraciones para regalar, por ejemplo, un millón de dólares a la Escuela de Samba de Villa Isabel y donar cientos de miles de dólares a miembros de un sindicato brasileño que pretendían reflotar una empresa quebrada.

La debilidad de los sindicatos se aceleró como consecuencia de la intimidación, que ha obligado a muchos dirigentes a abandonar los puestos de defensa de los trabajadores y sus familias. De esa manera, las condiciones laborales pasaron a ser impuestas desde la cabeza del Estado, aunque Miraflores proclama que "debemos ser un gobierno real y verdaderamente obrerista, un gobierno de trabajadores y trabajadoras tanto en las palabras como en los hechos (3 de mayo de 2009). No puede haber prácticas institucionales que contradigan nuestra definición obrerista"[28]. La gravedad de las intenciones presidenciales era extrema el 21 de mayo de 2010, cuando el Vicepresidente de la República hacía el anuncio de que a partir de entonces los ministerios, empresas del Estado y otros organismos, solo podían hacer aumentos salariales y suscribir contratos colectivos con autorización del teniente coronel.

Aún hoy muchos recuerdan la etapa en que Chávez aparentaba defender la clase trabajadora, pero lo hacía con arrogancia, como aquel día en que descargó el peso del poder contra un camarógrafo del Canal 8 (Aló Presidente del 28 de julio de 2008) por el "pecado" de cobrar su trabajo dominical de acuerdo con lo establecido en el contrato colectivo de la empresa. A gritos le decía: "¡Mírame, mírame camarógrafo! Dime cómo te llamas... ¿Eres revolucionario o no? ¿Estás dispuesto a trabajar gratis los domingos? Porque si no, pues entonces no eres un revolucionario de verdad... Respóndeme, ¿sí o no?". Inmediatamente después exclamó que los camarógrafos del canal estatal eran unos vagabundos, degenerados, pillos, mientras el trabajador Efraín Castro, entre incrédulo y estupefacto, no atinaba a responder a los vituperios que arrojaba la ira presidencial.

Comisarios encarcelados

Otro caso de violación a los derechos humanos fue el de tres comisarios de la Policía Metropolitana de Caracas -Iván Simonovis, Lázaro Forero y Henry Vivas- quienes después de haber estado presos más de cuatro años sin formula de juicio ajustada a Derecho, en calabozos de cuatro metros cuadrados, sin luz solar ni ventilación, en abril de 2009 fueron condenados a treinta años de prisión sin derecho a los beneficios contemplados en la ley.

Según la sentencia, ellos estaban incursos en los delitos de homicidio calificado consumado, homicidio calificado frustrado, lesiones gravísimas, graves, menos graves y leves, uso indebido de armas de fuego y de guerra, presuntamente cometidos durante los hechos de violencia ocurridos en el centro de Caracas el 11 de abril de 2002, con motivo de los cuales Chávez estuvo fuera del poder durante varias horas. En el mismo acto, otros seis funcionarios de la Policía Metropolitana fueron condenados a penas que iban de 17 a 30 años de prisión.

El proceso judicial concluyó en el establecimiento de responsabilidades por 3 de las 19 muertes y 29 heridos registrados aquel día. Los familiares y abogados de los presos habían apelado incluso a instancias internacionales. Activistas de derechos humanos y dirigentes políticos de oposición sostenían que el fallo dictado por la jueza chavista Marjorie Calderón, casada con un dirigente del PSUV en Aragua, buscaba fortalecer el clima de impunidad para los verdaderos culpables. La fiscal del caso, Haifa El-Aissami, hermana del ministro de Interior y Justicia, Tarek El-Aissami, demostraba esmero al formular las imputaciones según los dictados de Miraflores y, posteriormente, fue premiada con el cargo de embajadora en La Haya, con el encargo de obstaculizar cualquier posibilidad de juicio contra Chávez por presuntos delitos de lesa humanidad.

En una carta a la opinión pública, en noviembre de 2008 Simonovis recordaba que la orden de aprehensión en su contra había sido extemporánea, dictada por un juez con antecedentes penales por varios delitos (Maikel Moreno), mientras el Fiscal General, Isaías Rodríguez, ponía especial empeño en formular una acusación tendenciosa, tergiversada. Hasta entonces, el comisario había sido sometido a un juicio radicado en la ciudad de Maracay, que al llegar a las 214 audiencias ya parecía interminable.

A pesar de haber sido destituido por contravenir disposiciones del TSJ, el juez Maikel Moreno, que repetidamente acudía solícito con sus fallos a conveniencia del gobierno, luego sería designado agregado comercial de la Embajada de Venezuela en Italia, país que se convertiría en base de operaciones para sus viajes de placer y negocios particulares. Ese reconocimiento a la lealtad "revolucionaria" ocurría pese al prontuario que lo señalaba como responsable de dos homicidios, uno cometido en Ciudad Bolívar (1987) y el otro en Caracas (1989), mientras se desempeñaba como funcionario de la policía política (DISIP). Con sus nexos en el mundo policial, a Moreno no le había sido difícil obtener la libertad e ingresar al sistema judicial de la revolución.

Mientras estaba de visita en Japón, el Presidente expresó a través de Venezolana de Televisión su satisfacción por el fallo judicial contra Simonovis, Vivas y Forero, aunque advertía que eso no tenía nada que ver con sentimientos de odio o venganza, sino con una administración eficiente de justicia para garantizar la paz. Asimismo, por una parte, aseguraba que en su gobierno nadie era perseguido por razones de conciencia y, por la otra, anunciaba la intención de continuar utilizando el caso contra otros adversarios.

Al producirse la condena, el abogado Alfredo Romero, directivo de la ONG Foro Penal Venezolano, en una conferencia de prensa mostró los videos y fotografías en las cuales aparecían cerca de 60 chavistas disparando de norte a sur contra los manifestantes que el 11 de abril de 2002 se desplazaban por la Avenida Baralt, en pleno centro de Caracas, en la zona en que precisamente la Policía Metropolitana -de la cual formaban parte los inculpados- protegía a la población civil que marchaba desarmada. Romero recordaba que familiares de las víctimas fueron obligadas a abandonar el país.

El ensañamiento se prolongaba aún más allá del pronunciamiento judicial. Las esposas y otros familiares de los comisarios vivían en zozobra como consecuencia de llamadas telefónicas y mensajes electrónicos intimidantes. Ante la Fiscalía General de la República eran formulados los señalamientos de acoso pero, como decía públicamente María del Pilar Simonovis - esposa del comisario preso- la justicia se ha manipulado desde la cúspide del poder.

El 8 de abril de 2009, la señora Simonovis dijo: "Hemos recibido amenazas de muerte. Nos han perseguido camino al Palacio de Justicia, han amenazado a los abogados de nuestra defensa. A mí me podrán violar o asesinar, pero no van a detener mi lucha. Y si me ocurriera algo, aquí van a estar miles de personas que denunciarán los atropellos contra los funcionarios de la Policía Metropolitana, porque ellos son inocentes"[29]. "Nos acosan, nos persiguen. ¿Será que para quienes asumen esa actitud no basta con la angustia y la tristeza que sentimos ante la condena de nuestros esposos?", dijo ese mismo día Yajaira de Forero ante un grupo de periodistas, al describir los atropellos.

A cuatro meses de las elecciones legislativas de 2010, el TSJ emitió un fallo de inhabilitación política de los comisarios Simonovis, Vivas y Forero, para impedir que por la vía electoral pudieran recuperar la libertad. El abogado defensor, José Luis Tamayo, dijo luego que la Sala de Casación Penal se había parcializado contra los afectados, porque era "humanamente imposible que los magistrados pudieran leer y examinar más de ocho mil folios en menos de quince días, lo que demuestra una sospechosa celeridad procesal. Aquí en Venezuela esos comisarios no van a encontrar justicia"[30].

Forero y Vivas, al igual que la jueza María Lourdes Afiuni, Alejandro Peña Esclusa y otros presos políticos con severos trastornos de salud diagnosticados, en 2011 fueron trasladados a sus respectivos hogares por decisión de Chávez. Pero la gracia presidencial fue concedida solo cuando su propia enfermedad maligna fue descubierta y debió someterse a dos intervenciones quirúrgicas en La Habana. El diputado José Sánchez "Mazuco" fue dejado en libertad condicional cuando también enfermó.

El Vaticano también otorga asilo

Otro caso relevante ha sido el de Nixon Moreno, ex presidente de la Federación de Centros Universitarios de la Universidad de los Andes (ULA), acusado de presunta violación de una funcionaria policial durante unos disturbios callejeros ocurridos en Mérida en 2006. Después de meses de persecuciones y clandestinidad, Moreno se refugió en la Nunciatura Apostólica en Caracas. El Vaticano le concedió asilo político, a pesar de lo cual debió estar dos años bajo protección de la sede diplomática, porque el gobierno no le otorgaba salvoconducto para que saliera del país. Durante ese tiempo el gobierno buscaba pretextos para denostar a la Iglesia, y el Ministerio de Relaciones Exteriores no atendía las llamadas telefónicas del Nuncio Giacinto Berloco.

Moreno salió subrepticiamente de la Nunciatura en la madrugada del lunes 9 de marzo de 2009 para abandonar el país. Sentía -así lo dijo en una nota que dejó en su habitación- que en cualquier momento las bandas armadas del régimen violarían la inmunidad diplomática para capturarlo. De inmediato, las policías activaron los mecanismos de búsqueda en todo el territorio nacional, además de solicitar la colaboración de Interpol para su captura, con el argumento de que se trataba de un delincuente común. El Arzobispo de Mérida, Monseñor Baltazar Porras, decía que al acusar al Vaticano de amparar a un sinvergüenza o a alguien contrario a la moral, se pretendía desvirtuar los hechos, por cuanto había habido evidencias de la trama prefabricada por el Ejecutivo Nacional contra el joven dirigente.

Mientras el calvario de Moreno se alargaba, las autoridades universitarias se trasladaron hasta la Nunciatura para entregarle el título de politólogo, por cuanto ya había cumplido todos los requisitos académicos. Se hizo el acto, que también tenía un sentido reivindicativo frente a la persecución, mientras el Contralor Russián anunciaba el comienzo de una averiguación administrativa contra la Universidad, por considerarla incursa en un hecho irregular.

Este caso venía a recordar el de uno de los grandes ideólogos latinoamericanos, el fundador del APRA, Víctor Raúl Haya de La Torre, quien pasó cinco años (1949-1954) asilado en la Embajada de Colombia en Lima, mientras la dictadura del nacionalista de derecha Manuel Odría rechazaba la posibilidad de permitir su salida del territorio peruano.

La crueldad de un secuestro

Particularmente conmovedora era la situación de Franklin Brito, a quien le eran vulnerados los derechos ciudadanos. Al serle invadida y expropiada la finca de 290 hectáreas que era fruto de años de trabajo e ilusión de la familia, Brito emprendió una larga disputa que acabaría con su vida en forma dramática, sin que sus reclamos fueran atendidos por el Instituto Nacional de Tierras (INTI) u otra institución del Estado.

En seis años de lucha había agotado todos los recursos legales a su alcance. Había hecho un largo recorrido, subiendo y bajando escaleras, entrando y saliendo de las oficinas del Ejecutivo, en las cuales se reunía con medio mundo. Unos le decían una cosa para salir del paso, otros lo ilusionaban con soluciones que nunca llegaban, después de lo cual hizo varias huelgas de hambre. En la última, su salud se fue minando y comenzó a presentar serias deficiencias orgánicas, mientras los medios de comunicación criticaban la injusticia y el Ejecutivo prometía la restitución de la propiedad de las tierras y una indemnización. Brito aceptó de buena fe las ofertas y suspendió la protesta, fue internado en una clínica privada para ser sometido a tratamiento, pero poco después la reanudó al descubrir que el INTI no revocaba las cartas agrarias que había otorgado a terceras personas en aquellos predios.

Para que no pudiera ser examinado por médicos privados y para reducir su exposición a los medios de comunicación, una madrugada el gobierno reaccionó con el uso de la fuerza policial para internarlo en el departamento de psiquiatría del Hospital Militar de Caracas, sin que existieran acusaciones militares o civiles en su contra y sin que hubiera sido miembro de la FAN. Aun así, Brito era convertido en recluso de una instalación militar. Valiéndose del teléfono celular de un familiar, unos días después el biólogo difundió un mensaje culpando al gobierno por su situación, con imágenes en las cuales se apreciaba el dramático deterioro físico, lo que le acarrearía una represalia todavía más cruel: en la madrugada siguiente, un grupo de enfermeros y policías lo maniataron y trasladaron al área de terapia intensiva, donde continuaría lo que sus abogados definían como desaparición forzosa.

En enero de 2010 la Fiscal General de la República, Luisa Ortega Díaz, y voceros chavistas lo calificaban de loco, cosa que era negada por familiares y médicos particulares que lo habían atendido. Era sometido a torturas psicológicas y solo podía hablar por teléfono burlando la vigilancia, mientras el ministro de Interior justificaba la acción oficial diciendo que la obligación del Estado era proteger incluso la vida de cualquier trastornado mental. A todas estas, la pregunta sin respuesta seguía siendo por qué, si realmente era un enajenado, a la familia se le negaba el derecho a hacerlo examinar por médicos de su elección.

La salud de Franklin Brito continuaba descomponiéndose en forma acelerada, mientras en la oposición le regateaban una solidaridad efectiva. Pocas veces mencionaban su caso o promovían actos públicos en su favor. Estaban ocupados en peleas intestinas por las postulaciones para las elecciones legislativas que se avecinaban, mientras la Fiscal Ortega Díaz volvía a la carga con la tesis de que ningún pronunciamiento de la Comisión Interamericana de Derechos Humanos podía ser acatado, puesto que se trataba de una persona no dueña de sus actos. El deceso del biólogo ocurrió el 30 de agosto de 2010.

V
LAS SINRAZONES DE ABRIL

Verdades parciales

Entre noviembre de 2001 y abril de 2002 el tiempo transcurría velozmente en Caracas, los acontecimientos se atropellaban, mientras el gobierno entraba en una fase de debilidad que trataba de cubrir con represión. La agitación era cada vez mayor. Las plazas, calles y la autopista del Este se llenaban como nunca antes con manifestantes que reclamaban respeto a los derechos civiles y políticos, sin sospechar que aquello desataría la ira de ese Presidente que no entendía el toma y daca de la democracia. Menos aún transigir frente a quienes vinieran a pedirle la renuncia.

En aquel momento reinaba la confusión. Y aunque han transcurrido años, todavía hoy se desconocen cosas que pasaron tanto en el gobierno como en la oposición. Hay quienes prefieren no hablar por desconfianza o temor a posibles represalias. Unos amenazan con escribir un día lo que presenciaron, otros sostienen que es temprano para revelar secretos que involucran personajes aún relevantes o, incluso, porque ellos mismos siguen acariciando sueños políticos o porque no quieren agrietar sus parcelas económicas. Hay verdades que siguen o seguirán siendo parciales o distorsionadas.

El movimiento popular estimulado por la participación activa de los trabajadores de la industria petrolera y de organizaciones no gubernamentales, pronto comenzó a tener su liderazgo visible en la CTV, con Carlos Ortega a la cabeza, y en el sector empresarial reunido en Fedecámaras, que presidía un directivo de industrias Venoco, Pedro Carmona Estanga, un especialista en negociación de acuerdos internacionales con fama de ponderado que todavía no había sido sometido a una prueba de fuego. Los caraqueños se mezclaban en las calles portando banderas y cantando canciones de protesta, sin pasearse por la posibilidad de terminar en frustración o escepticismo. Los partidos políticos intervenían activamente pero sin jugar el rol protagónico que en otras circunstancias hubiera sido natural, porque el desprestigio los relegaba a un segundo plano.

En el ambiente de violencia cuyo instante más grave fue el 11 de abril de 2002 se produjeron 19 muertos y más de 50 heridos a balazos. Francotiradores chavistas sembraban el caos disparando contra los manifestantes desde las azoteas de edificios del centro de la ciudad, mientras un grupo de pistoleros hacía lo propio en el Puente Llaguno, a cien metros del palacio presidencial, al tiempo que altos oficiales de la Fuerza Armada acusaban a Chávez de haber impartido las órdenes de arremeter contra la población. El gobierno, por supuesto, negaba esas afirmaciones y atribuía la responsabilidad a la oligarquía. Los sangrientos acontecimientos causaron inmediatas reacciones de indignación que desembocaron en la salida temporal del jefe del Estado.

Aún hoy, cualquier análisis de lo ocurrido debe considerar el célebre anuncio televisado del Inspector de la Fuerza Armada Nacional, general Lucas Rincón, acompañado por miembros del Alto Mando militar. En la frase más importante de la alocución quedaban en evidencia las deficiencias de lenguaje del prominente oficial: "El Alto Mando le solicitó al Presidente de la República la renuncia a su cargo, la cual aceptó (sic)"[31]. Acto seguido aseguró que los miembros del Alto Mando militar ponían sus puestos a la orden de las nuevas autoridades.

Desde entonces se ha hablado de golpe de Estado, de abandono del cargo por parte del Presidente y hasta de vacío de poder, pero ninguna versión ha prevalecido por falta de pruebas contundentes y porque son muchos los cabos sueltos. O tal vez pudiera pensarse que ninguno de estos puntos de vista deja de tener razón.

El 4 de mayo de 2002, Lucas Rincón dijo de manera espontánea ante la Asamblea Nacional que para evitar un baño de sangre, Chávez y él habían acordado la renuncia durante conversaciones telefónicas que sostuvieron en aquellos instantes, pero que el Presidente condicionaba ese paso a lo pautado en la Constitución y a garantías de seguridad personal. Esas afirmaciones causaban incredulidad en un buen número de parlamentarios, por cuanto todo hacía pensar que en realidad se había tratado de un acto de Chávez convenido con Fidel Castro, con quien estuvo en permanente comunicación en las horas aciagas.

Lo que todos sí admitían era que el teniente coronel condicionaba la renuncia a que se le permitiera viajar a Cuba, y que hasta con desenfado pedía 7 millones de dólares en efectivo para cubrir sus gastos en La Habana, pero un grupo de oficiales se opuso porque consideraban que debía ser enjuiciado por los muertos y heridos. Una de las explicaciones dadas y repetidas en forma interminable por Pedro Carmona después de los tumultuosos hechos, consistía en que al impedirse el viaje de Chávez se había facilitado la pronta reagrupación de sus seguidores.

A pesar de las extrañas y contradictorias actitudes de Lucas Rincón, nadie ha podido descifrar por qué después fue designado ministro de la Defensa, luego ministro de Interior y Justicia y, finalmente, embajador en Portugal. ¿Sabrá algo grave? ¿Compartirá con su jefe algún valioso secreto?

En los días y semanas siguientes se pondría en práctica una purga militar para sancionar a quienes habían rechazado las órdenes de dominar a sangre y fuego a la población civil y, simultáneamente, marchaba un proceso judicial que en casi tres meses dejó absueltos a los pistoleros de Puente Llaguno. Con respaldo presidencial, varios de aquellos que habían sido fotografiados disparando fueron postulados a cargos de elección popular o premiados con otras canonjías.

Como consecuencia de los hechos de violencia hubo presiones nacionales e internacionales para que se designara una comisión de la verdad que nunca se pudo concretar. Las tácticas dilatorias del oficialismo torpedearon la iniciativa. Y aunque ya nadie o casi nadie lo recuerde, existían grabaciones con la inconfundible voz de Chávez, que se identificaba como "Tiburón 1", mientras giraba instrucciones a través de sistemas de radio. En opinión de los opositores, esas y otras evidencias lo convertían en autor intelectual de las muertes.

A medida que el caos se extendía en los días previos al 11 de abril, en varios frentes de la oposición ocurrían conversaciones entre dirigentes religiosos, de partidos políticos, militares, sindicalistas, empresarios y representantes de otros sectores. Se decía que el Presidente podía renunciar en cualquier momento y hasta se asomaba la posibilidad de un triunvirato encabezado por el Inspector General de la Armada, vicealmirante Héctor Ramírez Pérez, acompañado por los presidentes de la CTV y de Fedecámaras. Ramírez Pérez rechazaba la idea sin dar mayores explicaciones, al tiempo que algunos intereses económicos trataban de sacar ventajas e insinuaban el nombre de Carmona Estanga para reemplazar a Chávez.

Testigos presenciales decían que al ocurrir la salida de Chávez del Palacio se desató una lucha feroz entre las cúpulas del Ejército y la Armada por el control de los centros fundamentales de poder, sin que existiera un oficial con el liderazgo y la osadía necesarios para imponerse. Fue así como la anarquía se propagó rápidamente a la Guardia Nacional y a la Aviación. El Comandante General del Ejército, general Efraín Vásquez Velasco, había estado en una posición privilegiada para asumir la jefatura de la Fuerza Armada Nacional, puesto que en su oficina se hicieron los preparativos para la designación de Carmona Estanga como Presidente y porque, además, en la tradición venezolana ese ha sido el componente militar con mayor capacidad de mando, pero sus carencias pronto empezaron a hacerse palpables. Estaba dominado por vacilaciones que otros trataban de aprovechar sin éxito, porque tampoco eran respetados o acatados.

El general de la Guardia Nacional Marco Ferreira había pasado el día 11 escondido porque tenía información de que el ministro de Interior y Justicia, Ramón Rodríguez Chacín, lo había mandado a matar. Al oír por televisión la noticia de la aparente renuncia presidencial, se dirigió a la Comandancia del Ejército. La noche ya estaba avanzada y habían ocurrido reuniones en las estaciones televisivas Venevisión y Televén, así como en muchos otros sitios. Las negociaciones entre Chávez y altos oficiales de la FAN no conducían a nada y aunque estaba en clara desventaja, él se negaba a firmar el documento de renuncia y trataba de darle un vuelco a la situación. En el ambiente flotaba la sensación de que Gustavo Cisneros quería controlar el nuevo gobierno y uno de los presentes en el lugar, Carlos Ortega, así lo asegura.

Ferreira vio en los pasillos a oficiales de alta graduación y a unos cuantos civiles, entre ellos al abogado Allan Brewer-Carías. Llegó a la oficina en que Vásquez Velasco y muchos otros estaban sin hacer nada, tocó la puerta, alguien abrió y él intentó entrar, puesto que era general de brigada y Director Nacional de Identificación y Extranjería, pero un oficial de baja graduación se interpuso. En esos instantes pudo apreciar el desorden que prevalecía en la oficina de Vásquez Velasco y en los pasillos y, entonces, volteó la cara, miró a su ayudante y le dijo: "Vámonos de aquí porque esta vaina se jodió"...

Un testigo de primera mano de lo que ocurría en el sector castrense, el coronel Gustavo Díaz Vivas, decía que la renuncia de Chávez había tomado por sorpresa a todas las jerarquías militares. Alguien debía llenar el vacío en la jefatura del Estado pero, en medio de la confusión, se cometió el error de no reestructurar los cargos fundamentales en el Ejército, la Armada y la Guardia Nacional, que en todo momento estuvieron en manos de chavistas. Aún hoy Díaz Vivas, en su vida de exiliado y de modesto trabajador de la cadena ferretera The Home Depot en Estados Unidos, está convencido de que no hubo golpe de Estado sino un vacío de poder y que la anarquía facilitó el reagrupamiento chavista. Después de presenciar los acontecimientos en el Fuerte Tiuna y de haber sido nombrado subjefe de la Casa Militar sin que mediara formalidad alguna, él ahora reflexiona en voz alta: "Si hubiese habido golpe de Estado habría surgido un jefe militar o una junta con predominio de altos oficiales, pero en realidad no hubo nada. Todo era un caos".

Las horas de Carmona en la silla presidencial fueron pocas pero suficientes para pasar a la historia con un cúmulo de arbitrariedades que echaban por tierra todos los preceptos constitucionales. En esas horas causó gran malestar nacional al disolver la Asamblea Nacional, el Tribunal Supremo de Justicia y el Consejo Nacional Electoral, además de destituir al Fiscal General y al Contralor General y abrogarse facultades para designar y remover gobernadores y alcaldes. Con esa aberración jurídica y política, Carmona se declaraba hombre-Estado.

No atinaba a comprender que las circunstancias reclamaban la mayor base posible de respaldo institucional y el concurso de gentes con visión de Estado, para garantizar la toma de decisiones firmes y oportunas enmarcadas en la legalidad. Mientras buena parte de los venezolanos quería superar las formas excluyentes impuestas por el teniente coronel, el presidente de la federación empresarial escuchaba solo lo que quería escuchar y, así, por ese camino terminó siendo víctima de las ambiciones propias y del grupo que lo rodeaba.

Cuando Chávez estaba otra vez al frente del país, Vásquez Velasco aseguraba que había oído con preocupación la lectura del malhadado decreto y consultado a algunos constitucionalistas. Después fue a su casa, descansó y a la mañana siguiente se reunió con los comandantes de las unidades tácticas del Ejército para hacer los pronunciamientos que pusieron en jaque a Carmona[32]. Esa versión, sin embargo, no dejaba de ser una verdad a medias, porque el 12 de abril él había llegado al palacio presidencial a tiempo para exigir respeto a los preceptos legales vigentes, pero fue incapaz de mover un solo dedo. Deambulaba por los corredores palaciegos como extraviado, mientras algunos -entre ellos el diputado César Pérez Vivas- lo instaban a evitar las insensateces de Carmona.

La actitud del general Vásquez Velasco significó el desconocimiento militar al gobierno naciente y aceleró lo que todos veían venir. Después de haber sido uno de los artífices de la llegada de Carmona a Miraflores, éste no lo había encargado ni del ministerio de la Defensa ni del de Interior y Justicia. La jefatura de la Casa Militar y el ministerio de la Secretaría tampoco fueron asignados a oficiales del Ejército, situaciones estas que desafiaban sus sentimientos. En pocas horas el Ejército había sido desplazado por la Armada, cosa que Carmona trataba de explicar diciendo que en ese componente existían fisuras que debían ser superadas, y que Vásquez Velasco carecía del apoyo militar necesario para ser ministro. Carmona no veía la equivocación de sus actos y menos aún imaginaba que la suma de estos actuaría como un boomerang.

Nada podía ser peor...

Con su devastador documento al hombro, el otrora directivo de Venoco hacía desesperados esfuerzos para dar marcha atrás, y prometía rectificar con un segundo decreto que a esas alturas a nadie importaba. Sin digerir la magnitud del daño infligido al país, con su propio dedo marcaba los teléfonos del comandante del Ejército y de otros oficiales, procuraba hablar con políticos de la oposición, con Carlos Ortega y otros sindicalistas, corría de un lugar a otro tratando de lograr el apoyo que horas antes había despreciado. Y cuando el mundo se le puso pequeño no tuvo más remedio que renunciar; estuvo detenido unos días y fue confinado a su residencia, de donde se fugó para solicitar y obtener asilo en Colombia.

En la mañana del viernes 12, antes del "Carmonazo", en la calle se hablaba de la inminencia de una sesión extraordinaria de la Asamblea Nacional para declarar la ausencia presidencial absoluta y juramentar a Carmona como jefe del Estado. Luis Miquilena podía haber jugado un rol crucial en las negociaciones entre el chavismo y los partidos representados en la AN, porque él controlaba una fracción importante, mientras en la cúspide del Poder Judicial también había gente dispuesta a darle validez legal a los cambios que lucían inminentes. El Presidente del TSJ, Iván Rincón, había optado por renunciar al cargo.

Al circular los primeros rumores sobre las intenciones antidemocráticas de Carmona Estanga, nueve diputados de distintas corrientes fueron a la sede de la Conferencia Episcopal Venezolana (CEV) en solicitud de mediación. Monseñor Baltazar Porras, presidente de la CEV, en un fragmento de sus memorias inéditas relataría detalles de aquella infructuosa encomienda: "Apenas (los obispos José Luis Azuaje y Porras) sí pudimos saludar al doctor Carmona y decirle que un grupo de parlamentarios quería conversar con él para plantearle una salida constitucional y rápida, al vacío de poder. Nos dijo que no nos preocupáramos, que todo estaba en marcha y que en la tarde se harían anuncios importantes en un acto público que estaban convocando. Sin más, luego de comunicarle a los parlamentarios dicha conversación, nos retiramos de nuevo a la sede de la Conferencia Episcopal". Carmona niega que los religiosos le hubiesen transmitido el mensaje y no sabe si ellos acudieron en la tarde de ese mismo viernes al Palacio, pero lo que sí ha dicho, como deslizando una ironía, es que con el propósito de proteger a Chávez, la noche anterior los monseñores estuvieron primero en Televén y luego en el Fuerte Tiuna, donde fueron los únicos testigos no militares de los críticos diálogos que ocurrieron entre el teniente coronel renunciante y los generales.

Los nueve diputados que visitaron la sede de la CEV creían que la autoridad moral representada por el ilocalizable cardenal Ignacio Velasco frenaría los ímpetus del nuevo Presidente, sin sospechar que él se preparaba para asistir a una reunión privada en que respaldaría el decreto. En ese encuentro convocado por Carmona participaron, entre otros, el ministro de la Defensa designado, vicealmirante Héctor Ramírez Pérez; el dirigente sindical de izquierda Alfredo Ramos y varios abogados, que mayoritariamente apoyaron las pretensiones de Carmona.

En los días y semanas previas a los hechos de violencia, el cardenal Velasco había convertido su casa, la quinta *Cotoperí*, en lugar de discusiones que algunos no vacilaban en considerar conspirativas, para terminar convalidando con aplausos y con su firma todo lo que Carmona hacía en Miraflores. Los organismos de inteligencia estaban enterados de cuanto ocurría en *Cotoperí* y desde un lugar próximo filmaban a quienes entraban y salían. Además, les tenían interceptados los teléfonos. Con su candidez extrema, el cardenal había llegado a pensar que en sus manos estaba la escogencia del sucesor de Chávez, y todo indica que cuando le hablaron de candidatos para reemplazarlo, él se inclinó por Carmona y no por otro empresario con más habilidades políticas, Adán Celis, porque éste era un divorciado. Por andar en ese tejemaneje había abandonado incluso sus obligaciones con la Conferencia Episcopal, por lo que un buen día el presidente de ese cuerpo de dirección colectiva le hizo amistosas y respetuosas advertencias sobre los riesgos que implicaban sus posturas políticas, pero él equivocadamente sentía que estaba contribuyendo a los mejores destinos del país[*].

Al examinar retrospectivamente los acontecimientos, nadie podría decir que el dignatario de la Iglesia hubiera sido el único en aplaudir al Presidente pasajero, porque hasta gente bien curtida en política, como el polémico y dos veces candidato presidencial Américo Martín; el entonces gobernador del Zulia y rival de Chávez en las elecciones de 2006, Manuel Rosales; el secretario general de Copei, José Curiel; y la fulgurante María Corina Machado, en aquel entonces lideresa de una organización defensora de los derechos políticos, Súmate, también aplaudían y firmaban.

En fragmentos de sus memorias, el arzobispo Porras recuerda la segunda vez que ese día estuvo en Miraflores, acompañado por monseñor José Luis Azuaje: "Apenas comenzó el acto y ante lo que estábamos oyendo, nos miramos extrañados. Lo mejor, nos dijimos, es que nos vayamos y sigamos escuchándolo por radio. Así hicimos. Eran más las dudas que las respuestas lo que bullía en el interior de cada uno de nosotros. Mientras caminábamos hacia el estacionamiento de la Casa Militar, se desarrollaba el

---

[*] Ver entrevista con Monseñor Baltazar Porras, a la sazón Presidente de la Conferencia Episcopal Venezolana. Capítulo XVIII, Testimonios.

acto, por lo que no presenciamos las cosas que allí sucedieron ni oímos las que se dijeron. Al llegar a la sede de la Conferencia y en la soledad de la acogedora capilla musitamos una oración por la paz y la reconciliación de Venezuela. Lo que estaba sucediendo no daba ninguna garantía de paz y tranquilidad".

Transcurrida una década desde entonces, Carmona no se arrepiente de lo que hizo y menos aún revela los detalles de cómo, cuándo, con quiénes y por qué se le ocurrió desmantelar el Estado de un solo plumazo. No obstante, existen pistas que llevan a la conclusión de que cuando arribó al Fuerte Tiuna ya tenía consigo el texto del decreto, lo que a su vez conduce a pensar que durante semanas o meses había trabajado con otras personas en el proyecto de sustitución de Chávez, cosa que él siempre ha negado. Una de esas pistas proviene del abogado Allan Brewer-Carías, quien se trasladó al Fuerte Tiuna en la noche del jueves 11, llamado por Carmona, y con posterioridad ha dicho que mientras éste estaba reunido con militares, dos jóvenes profesionales del derecho le enseñaron el documento de marras. Otra la da el mismo Carmona al admitir que los abogados Gustavo Linares Benzo y Juan Raffali, además de otras personas, conocieron el documento en la mañana del 12 y le hicieron objeciones de fondo. En algunas ocasiones Jorge Olavarría hizo alusión a un proyecto que circulaba con anterioridad y, de igual forma, Henry Ramos Allup ha asegurado que leyó el referido texto una semana antes de haberse hecho oficial. Carmona rechaza todas esas especies y tiene razones para ello, puesto que de haber sido así, ahí estaría entonces la confirmación de que era parte de una conjura contra Chávez.

La única persona que aparentemente influyó el viernes 12, a último minuto, para que el texto fuera modificado en una dirección incluso más radical, habría sido Cecilia Sosa Gómez, quien, según Carmona, formuló argumentos sólidos para que en la disolución de poderes se incluyera el Tribunal Supremo de Justicia. Ofendida por tales revelaciones, ella entonces ejerció una acción legal contra su ex asesorado por presunta difamación e injuria, por haberse referido a ella en términos que estimaba lesivos a su reputación personal y profesional.

Mientras escribía el presente libro entré en contacto con Carmona Estanga con el deseo de aclarar varios puntos. Aceptó un cuestionario sin permitir repreguntas porque eso podía "parecer más un juicio que una entrevista". Las respuestas, que se anexan en el capítulo Testimonios, lo presentan como una víctima inocente de todo y de todos y no como el primer culpable de la pérdida de una oportunidad para enrumbar a Venezuela. Con sus palabras ratifica que fue escogido por un puñado de militares sin que se escuchara la opinión de ningún sector del país, y que a él mismo tampoco le pasó por la mente lo que para otro habría sido elemental: sondear en forma previa a los partidos, a la CTV o a individuos con experiencia de Estado. Absolutamente a nadie. Y tal como ya lo había dicho en *Mi testimonio ante la historia*[33], admitió que con él también se abría paso a un "breve" período de facto, que justifica poniendo como ejemplo a Roberto Micheletti y su gobierno en Honduras, que siguió al depuesto José Manuel Zelaya.

Carmona da ahora explicaciones e interpretaciones distintas a lo pautado en el decreto. Así, por ejemplo, mientras en el artículo 8 se destituía al Presidente y demás magistrados del TSJ, ahora dice que el Tribunal podía haber continuado en sus funciones, aunque con un nuevo Presidente, ya que Rincón había ofrecido renunciar para allanar el camino a la transición. A su modo de ver, no se corría el riesgo de un vacío o de un caos porque el Poder Legislativo, el Consejo Supremo Electoral el Fiscal, el Contralor General, todas las instituciones, serían designadas en un lapso estimado en 90 días. Contrariamente a lo que había decretado, niega haber tenido el propósito de destituir a los gobernadores y alcaldes.

La falta de apoyo de Carlos Ortega en las horas decisivas fue, en opinión de Carmona, uno de los elementos que debilitaron su gobierno. Ortega, sin embargo, decía que había marcado distancias desde el primer momento al ver el doble juego de Carmona, cuando salió de Venevisión con el pretexto de "tomar un baño" y se dirigió al Fuerte Tiuna. También ha dicho que en la mañana del día 12, cuando fue a Miraflores con sus compañeros de la CTV, antes de la autojuramentación, encontró a altos oficiales del Ejército que esperaban al Presidente para expresar su malestar frente a lo que ocurría. Uno de ellos era Vásquez Velasco, que no emitía opinión y sólo miraba el techo.

El dirigente sindical le recomendó a Carmona que atendiera a los militares, que tenían planteamientos concretos. "Hasta esa hora no había sido posible que los atendiera. Y por supuesto esta gente estaba molesta y disgustada. Recuerdo que la frase que utilicé fue: 'Anda a atender ese mierdero que tienes allí con los militares'... 'Si, sí, sí, yo los voy a atender, los voy a escuchar"[34].

Y algo importante es que aún hoy, después de haber corrido tanta agua bajo los puentes, buena parte de los que visitaban a Carmona en Miraflores o tenían algo que ver con el desaguisado, no quieren ni recordar ni que les vengan a recordar nada. El testimonio de varios de ellos fue solicitado pero prefirieron ignorar el asunto. Uno de ellos fue el entonces diputado Leopoldo Martínez, que había sido designado ministro de Finanzas y presuroso renunció a su condición de dirigente del partido Primero Justicia para desempeñar las funciones ejecutivas sin ataduras políticas. En un correo electrónico dijo: "De aquellos agitados días sólo tengo conocimiento directo de mis vivencias personales, a raíz de acontecimientos que a mí me tomaron absolutamente por sorpresa. Es muy poco lo que puedo agregar con mi testimonio al tema que quieres descifrar, porque para mí es un enigma sobre el cual solamente puedo especular, suponer cosas, de las cuales no tengo ninguna certeza".

El abogado Gustavo Linares Benzo prometió responder las preguntas que se le formularon sobre las conversaciones en las cuales intervino dentro y fuera de Miraflores y sobre sus objeciones al decreto. Nunca las respondió. Alfredo Ramos hizo lo mismo frente a las interrogantes acerca de las dos veces que estuvo en el Palacio, en la segunda de las cuales expuso algunas reservas que Carmona no consideró fundamentales. Otros, como el general Vásquez Velasco, no pudieron ser localizados.

A su regreso, a las cuatro y media de la mañana del 14 de abril, Chávez aseguraba a través de radio y televisión que venía dispuesto a rectificar lo que tuviera que rectificar, e invitaba a "crear mesas de diálogo con respeto y tolerancia para los adversarios", aunque en realidad no creía ni en diálogo, ni en respeto ni en tolerancia. Aquello era sólo una táctica para ganar el tiempo suficiente y consolidarse en el poder. Días más tarde volvería a emprender lo que siempre ha disfrutado: el revanchismo, la persecución política.

VI
EL REINADO DEL ODIO

No a la disidencia

El Socialismo del siglo XXI inventado por Chávez se impuso mediante variados métodos, que han incluido agresiones físicas y sicológicas contra dirigentes políticos, sindicalistas, periodistas, dueños de medios de comunicación, organizaciones religiosas, empresarios, líderes estudiantiles y directivos de ONG, por parte de grupos armados que han actuado con impunidad.

Las violaciones a los derechos individuales han provocado repetidamente las reacciones de personalidades y entes internacionales. Los premios Nobel de la Paz Lech Walesa y Frederick De Klerk, el ex presidente checo Vaclav Havel, el ex presidente de Costa Rica Luis Alberto Monge, el ex primer ministro búlgaro Philip Dimitrov y otras figuras de relevancia internacional, en un comunicado emitido en Praga (el 11 de diciembre de 2008)[35] dijeron que en un clima de aparente libertad y respeto a procesos democráticos, en Venezuela se había deteriorado la imparcialidad de la ley, al tiempo que se establecían limitaciones a las libertades individuales, lo que revelaba la abierta intolerancia del gobierno frente al disenso.

En dos ocasiones el gobierno le impidió al ex líder sindical de Solidaridad y ex presidente polaco Walesa entrar al país para asistir a foros sobre derechos humanos y democracia. El pretexto era que el visitante tenía la intención de participar en actos organizados por la oposición y respaldar "planes desestabilizadores", por lo que el Estado no podía garantizar su integridad física.

En febrero de 2009 la intolerancia también se ponía de manifiesto contra otros visitantes extranjeros. El eurodiputado Luis Herrero, dirigente del Partido Popular español, fue expulsado de Venezuela con procedimientos violentos por haber intervenido en una asamblea de disidentes y criticado el ventajismo electoral y el uso de procedimientos intimidatorios. No hubo consideraciones de ningún género. Ni siquiera se le permitió retirar sus pertenencias del hotel en que se alojaba en Caracas. El Parlamento Europeo condenó en mayo de 2009 el deterioro de la democracia venezolana, al considerar que existía peligro de colapso como consecuencia de la creciente concentración de poder del Presidente de la República.

Las bandas del terror

Una de las organizaciones dedicadas a sembrar el caos era dirigida por Lina Ron, una señora violenta de precaria educación, cuya tarea inicial en el chavismo había sido reclutar voluntarios para los Círculos Bolivarianos y convocar manifestaciones en favor del Presidente. Con sus arengas recorría calles y avenidas, dirigiendo escuadrones cuyas incursiones eran coordinadas con otras bandas similares y, al mismo tiempo, tenía un partido político propio, Unidad Popular Venezolana (UPV), que en épocas electorales era utilizado para alianzas políticas. Su nombre se había hecho conocido por el tráfico de influencias y sus movimientos en los vericuetos gubernamentales eran como los de una rueda suelta, con libertad para entrar y salir en las oficinas, con acceso directo a Chávez, quien una vez la definió como "una mujer buena aunque con tendencia a la anarquía".

Otra banda de la red hamponil ha sido La Piedrita, con base de operaciones en la parroquia 23 de Enero, en el oeste de Caracas. Esta organización, provista de armas de distintos calibres, es de las más peligrosas. Entre los años 2006 y 2009, sus integrantes asumían públicamente los ataques cometidos contra la Nunciatura Apostólica, las sedes nacionales de los partidos Copei, Acción Democrática y Primero Justicia, así como contra Globovisión, el Ateneo de Caracas, la residencia de la periodista Marta Colomina y otros lugares. Los habitantes del sector controlado por esa pandilla han vivido un clima de terror porque les interceptan los teléfonos, no pueden invitar "extraños" a sus casas, tienen que pedir permiso para hacer reuniones sociales y están obligados a pagar "cuotas de protección", mientras a la policía y a la Guardia Nacional les ha sido difícil entrar a la zona -que es vigilada a través de circuitos cerrados de televisión-, porque son repelidas a balazos.

En una entrevista publicada por el semanario *Quinto Día* (en 2009), el fundador de La Piedrita, Valentín David Santana, se autodefinía "lleno de odio hacia los enemigos" y no sin desenfado decía que sus acciones significaban "justicia revolucionaria". Santana es un resentido social dispuesto a liquidar físicamente a quien se declare adversario del Presidente, que en su única aparición pública se atrevió a decir: "Los vamos a seguir atacando cueste lo que cueste. Si conseguimos a Marcel Granier, ahí se va a quedar... Y yo sé que vamos a tener que irnos del país, pero ya basta… Nosotros sabemos dónde vive la gente de la oposición, sabemos qué comen"[36].

Al utilizar esa clase de compañeros de ruta, el Presidente Chávez y el régimen han ido quedando retratados en su intención de degradar la dignidad humana. Pero como el lenguaje presidencial no ha estado exento de dobleces, en una oportunidad utilizó la televisión para ordenarle a la Fiscalía General que detuviera al funesto personaje y formulara cargos en su contra. En agosto de 2009 también hizo apresar a su amiga Lina Ron por haber liderado un ataque no autorizado contra instalaciones de Globovisión.

Chávez pensaba -o por lo menos eso decía- que Santana debía ser llevado a los tribunales, porque no podía ser posible que anduviera por las calles profiriendo amenazas de muerte, "aplicando la justicia por sus propios medios". Con sus palabras insinuaba que los agredidos estaban incursos en delitos. Cuatro días después circularon versiones según las cuales Santana había sido trasladado a La Habana en un avión de PDVSA que habría despegado de la Base Militar de La Carlota, pero la cancillería cubana lo negó una semana después. Desde entonces no ha habido noticias oficiales sobre el paradero del malhechor, pero se sabe que está en Caracas y sigue al frente de La Piedrita.

Lina Ron, por su parte, optó por entregarse a las autoridades, que le prodigaban tratos especiales. Estuvo "presa" varias semanas, en algunas de cuyas noches era vista con sus amigos en ciertos sectores de la ciudad. En ese instante, Chávez parecía descubrir el daño que los actos delictivos de esas agrupaciones le causaban a la imagen del gobierno en el exterior, por lo cual ordenaba limitar sus aparatosas incursiones. Cuando la señora Ron falleció en forma repentina en marzo de 2011, el Presidente la calificó de gran soldada revolucionaria, mujer intachable, inquebrantable, y agregó: "Yo, soldado que te conseguí por estas calles un día y te aprendí a admirar, a querer, a amar, a respetar, aquí vine a decirte no adiós sino hasta siempre, camarada Lina. A decirte como José Martí: me amaste, te amo, te amaré. Amor con amor se paga, este pueblo te amará toda la vida".

José Tomás Pinto, jefe de otra de esas pandillas -Los Tupamaros-, en febrero de 2009 reveló que en la Parroquia 23 de Enero coexistían al menos 70 grupos identificados con el pensamiento del teniente coronel. Y afirmaba que Valentín Santana debía estar preso, pero al mismo tiempo tenía razones para dudar que eso pudiera ocurrir: "Santana dice que le entrará a tiros a quien vaya a buscarlo. Se va a enfrentar al gobierno y matará a mucha gente, porque los miembros de La Piedrita están armados hasta los dientes"[37]. Tanto Los Tupamaros como UPV, de Lina Ron, estaban incorporados al registro de partidos políticos del Consejo Nacional Electoral, lo que les permitía intervenir en consultas populares y tener ciertas prerrogativas.

Hubo un tiempo en que Pinto juraba haber abandonado la lucha armada para dedicarse a la promoción de sus ideas por vías democráticas, pero ciertas situaciones lo desmentían. En septiembre de 2005, en las parroquias 23 de Enero y en San Juan, miembros de La Piedrita y de otros quince grupos expresaban malestar porque sus militantes eran agredidos por Los Tupamaros cuando trataban de proteger sus "territorios". Acusaban a los seguidores de Pinto de haber perpetrado los homicidios de varios "luchadores sociales", entre otros el de Julio César Deaza, un espaldero de Lina Ron que fue acribillado por varios hombres en los primeros días de aquel mismo septiembre.

Henry Agüero, alias "el Chino", miembro del Colectivo José Leonardo Chirino, aseguró (en 2005) que Los Tupamaros se lucraban y actuaban como policías. "Hacen un supuesto saneamiento en la comunidad y cobran 'vacunas' a los narcotraficantes de la zona. Son responsables de los nueve homicidios cometidos durante el fin de semana pasado en el 23 de Enero, asaltan Mercales (mercados populares) y sabotean las misiones sociales del gobierno. Han desatado una ola de terror amparados en una cooperativa de seguridad creada por el Chino Carías y José Pinto"[38].

Una vez el mismo José Pinto sintió la violencia en carne propia. El 18 de septiembre de 2007 estuvo al borde de la muerte, tras recibir varios balazos que ameritaron una intervención quirúrgica de urgencia. Eran apenas las seis de la mañana y había caminado una hora por la playa, como todos los días; se detuvo unos minutos en un quiosco para comprar varios periódicos y emprendió el retorno a su casa, situada en el Barrio El Teleférico, de Macuto, en la zona costera central, cuando dos hombres que se desplazaban en una motocicleta salieron de la nada empuñando armas de fuego. Se aproximaron a él y así, a bocajarro, le dispararon no menos de diez veces, hasta creer que estaba muerto.

Pinto no dudó ni un instante en acusar a su enemigo jurado como autor intelectual del atentado, mientras la reacción de éste era sindicarlo a él de haber urdido el homicidio de su hijo Diego Lenin Santana, de 18 años. La versión del jefe de Los Tupamaros consistía en que las andanzas del muchacho nunca habían sido tan angelicales como Valentín pregonaba: su muerte, en junio de 2006, habría sucedido en un ajuste de cuentas entre delincuentes por el robo de una motocicleta.

Pinto y Santana fueron compinches durante mucho tiempo. Se conocían bien y sabían de lo que cada uno era capaz, por lo que podía decirse que se detestaban con respeto y no se perdían de vista ni un minuto. A mediados de la década de los 90 ambos habían sido miembros de la Coordinadora "Simón Bolívar", en cuyas acciones contra líderes y partidos de la oposición eran diligentes. Más adelante formaron La Piedrita y actuaron juntos una temporada, pero poco a poco fueron surgiendo discrepancias que se volvieron irreconciliables. La vieja relación de complicidad se transformó en odio visceral, tras lo cual Pinto reunió a sus seguidores y montó tienda aparte (Los Tupamaros).

Desde la muerte del joven Diego Santana, a Valentín le ha sido atribuida una ola de asesinatos por venganza, más de diez de ellos cometidos en el 23 de Enero. Entre las víctimas se cuenta uno de los principales cabecillas de Los Tupamaros, Julio César Troconis, acribillado por varios hombres a plena luz del día en una de las salidas más transitadas del Metro de Caracas, en la céntrica Plaza Venezuela. La Guardia Nacional logró capturarlo una vez, pero días después fue dejado en libertad sin que le formularan cargos judiciales.

Santana ha tenido por años un cargo de supervisor de vigilantes en la Universidad Central de Venezuela, donde el sueldo le es depositado en una cuenta bancaria y tiene múltiples beneficios contractuales, cobijándose para ello en certificados médicos de reposo obtenidos de manera cuando menos dudosa. Los compañeros de trabajo están enterados de sus tenebrosas andanzas, pero el temor a represalias les impide hablar del asunto. Es una larga y sórdida historia que no se aleja mucho de aquellas que sirven de guión a películas sobre el hampa organizada.

Las principales organizaciones de ese género que actúan con impunidad en Caracas son Los Tupamaros, La Piedrita, Carapaicas, el Colectivo Alexis Vive, Colectivo José Leonardo

Chirinos, la Coordinadora Francisco de Miranda, la Coordinadora Continental Simón Bolívar, los Quinta Columna y Los Guerreros de La Vega. Casi todas ellas han tenido entre sus miembros a funcionarios policiales, y una de sus actividades lucrativas es el narcotráfico y la extorsión.

La actitud de Chávez frente a esos malhechores siempre ha sido de tolerancia y complicidad. La relación se puso en evidencia el domingo 15 de noviembre de 2009, durante una elección interna de delegados del partido del Partido Socialista Unido de Venezuela (PSUV). En las zonas bajo su dominio en la Parroquia 23 de Enero -adonde el Presidente fue a votar-, miembros del Colectivo Alexis Vive instruían a los votantes y mantenían el orden. Con sus franelas azules y pañuelos con los colores amarillo azul y rojo en el cuello, ese día iban de un lugar a otro, mientras Chávez se veía sonriente conversando con ellos y dándoles la mano.

Mes y medio más tarde, un comando de los Carapaicas armado hasta los dientes lanzaba al voleo un mensaje con advertencias supuestamente moralizadoras, como consecuencia de la descomposición moral del alto gobierno. Se definían como revolucionarios socialistas fieles al Presidente de la República, pero también condenaban las desviaciones de miembros del Gabinete y exigían medidas de depuración.

En los estados Zulia, Táchira, Barinas, Amazonas y Apure, ha habido otras agrupaciones de naturaleza similar que entre los años 2000 y 2009 fraguaban fechorías en connivencia con paramilitares, el ELN y las FARC. Una de las más conocidas era las llamadas Fuerzas Bolivarianas de Liberación Nacional (FBL), que se movía en zonas rurales de Apure y Táchira, así como en los municipios Zamora y Andrés Eloy Blanco, de Barinas, donde la familia Chávez tiene sus haciendas. Las FBL establecieron vínculos con el brazo internacional de la organización terrorista vasca ETA, a varios de cuyos miembros les daban cobertura en territorio venezolano, tal como lo reflejó un informe de la Guardia Civil española en 2008. Con la anuencia y el financiamiento del gobierno, delegados de ETA, las FARC, Hezbolah, Hamas, Movimiento Revolucionario Tupac Amaru,

Ejército Paraguayo del Pueblo, radicales de los Sin Tierra de Brasil y de otros grupos, asistieron al II Congreso Bolivariano de los Pueblos que se celebró en Caracas durante tres días, en diciembre de 2004. El "canciller" de las FARC, Rodrigo Granda, encontró en aquel evento un escenario apropiado para contactar a miembros de grupos subversivos de varios países, aunque para evitar riesgos no se inscribió como participante.

Las luces de alerta sobre las incursiones de ETA en Venezuela se encendieron en marzo de 2010 en España, cuando el juez de la Audiencia Nacional Eloy Velasco acusó al gobierno de Chávez de facilitar las relaciones entre los terroristas vascos y las FARC, frente a lo cual el chavismo reaccionó acusando a los medios de comunicación españoles de haber emprendido una campaña de desprestigio. Una parte de la información en que se basaba el pronunciamiento judicial de Velasco provenía de las computadoras de Raúl Reyes, incautadas por el Ejército colombiano en 2008.

Cuando el magistrado solicitó a las autoridades venezolanas la extradición de José Arturo Cubillas Fontán, uno de los principales cabecillas de ETA en América Latina, empezaron a aflorar detalles de ciertas actividades realizadas en territorio venezolano en combinación con las FARC. Cubillas tenía importantes contactos con funcionarios de alto nivel, especialmente con Elías Jaua, quien durante varios años había sido una de las fichas fundamentales del chavismo en el diseño y ejecución de alianzas estratégicas con movimientos subversivos en el continente.

En esa ocasión el terrorista vasco, sindicado como responsable de tres homicidios y otros hechos, sostuvo conversaciones con Rodrigo Granda y con otros prominentes miembros de la organización guerrillera colombiana. En los años 80, mientras estudiaba sociología en la Universidad Central de Venezuela, Jaua intervenía en las actividades de un partido que se movía al margen de la ley, Bandera Roja, y posteriormente, al enrolarse en el chavismo, estableció relaciones con sectores izquierdistas y de la ultraderecha militar argentina, conocida como "Carapintadas". Por esa razón el presidente argentino de la época, Eduardo Duhalde, rechazó en 2002 el plácet solicitado por el gobierno de Chávez para enviar como embajador de Venezuela en Buenos Aires al joven chavista.

Cuando Jaua asumió el cargo de ministro de Agricultura y Tierras, en febrero de 2006, designó jefa de prensa a la periodista Goizeder Odriozola, esposa de Cubillas. Ella luego ejerció la dirección de relaciones institucionales del ministerio del Deporte y la dirección general del despacho de la Presidencia de la República, mientras su marido tenía un cargo en la dirección de administración del Instituto Nacional de Tierras. España solicitó la extradición de Cubillas, pero el gobierno la rechazó con el argumento de que se trataba de alguien que también tenía nacionalidad venezolana.

El fallo de Velasco consideraba a Cubillas un elemento central en la organización de encuentros entre representantes de ETA y de las FARC en Venezuela, para adiestramiento en la preparación y manejo de cargas explosivas con fines terroristas. El juez poseía información de que entre el 14 de julio y el 12 de agosto de 2003, en uno de esos eventos, un equipo de guerrilleros colombianos había entrenado a cuatro etarras en el manejo de granadas y morteros en la Sierra de Perijá, en el estado Zulia. En diciembre de ese mismo año, Cubillas había tenido que ver con sesiones de entrenamiento con misiles tierra-aire y, luego, en 2007, con los preparativos para ejercicios similares en Apure, cerca de la frontera con Colombia. A fines de 2003, el etarra y Rodrigo Granda habían discutido la posibilidad de un encuentro de líderes de las dos organizaciones, con participación del segundo jefe de las FARC, Raúl Reyes.

Desde el ascenso de Chávez al poder, en sitios boscosos de Táchira, Zulia, Apure y Amazonas comenzaron a instalarse campamentos de las FARC que en determinadas circunstancias tuvieron hasta mil hombres que periódicamente entraban a territorio colombiano para cometer acciones vandálicas. Por la condición de país limítrofe con Colombia, por los vínculos con figuras del Ejecutivo nacional y por la libertad de movimiento que tenían, los jefes del movimiento subversivo encontraban en

Venezuela un lugar ideal para adiestramiento militar y manejo de sus operaciones internacionales.

Hugo Carvajal, un general con larga experiencia en los servicios de inteligencia militar -al igual que Ramón Rodríguez Chacín- durante años fue enlace secreto con las FARC. En mayo de 2006, sostuvo encuentros con Noé Suárez Rojas, quien usaba el nombre de Germán Briceño Suárez (alias "Grannobles"), hermano del prominente y desalmado jefe guerrillero Víctor Julio Suárez Rojas, conocido como el "Mono Jojoy", y con uno de los jefes del Cartel de La Guajira, Hermágoras González Polanco, a quien llamaban "El Gordito", que se desplazaba libremente por el territorio venezolano portando armas y permisos otorgados por la Dirección de Armamento de la Fuerza Armada, firmados por el entonces director, general Gustavo Rangel Briceño. Eso ocurría a pesar de que González Polanco era solicitado por las autoridades de Estados Unidos y de Colombia.

La presencia de González Polanco no pasaba desapercibida porque se desplazaba en carros blindados y con no menos de diez guardaespaldas. Tenía una finca cerca de la población de Caja Seca, en el estado Zulia, y bienes inmuebles en otros lugares. Había desarrollado una red de complicidades con altos oficiales de la Guardia Nacional venezolana y con funcionarios de la DISIP relacionados con el asesinato de un periodista y concejal, Mauro Marcano, autor de una serie de investigaciones y publicaciones sobre los nexos de importantes militares con el narcotráfico. Marcano fue acribillado frente a su residencia el primero de septiembre de 2004 en Maturín, estado Monagas.

Los encuentros de Carvajal con "Grannobles" y González Polanco ocurrían en la hacienda *Corocito*, en la cual Rodríguez Chacín ha tenido cientos de cabezas de ganado y ha realizado cuantiosas inversiones para mejorar la infraestructura del lugar. Y aunque el general se había especializado en inteligencia y contrainteligencia, por exceso de confianza dejaba huellas en el camino. Fue así como en una oportunidad organismos de la lucha antidrogas le interceptaron un diálogo telefónico con un líder colombiano del narcotráfico, en el cual se suministraban detalles de una operación policial-militar que se iba a realizar en una zona limítrofe colombo-venezolana.

A pesar de los señalamientos públicos contra Rodríguez Chacín y Carvajal, sus actividades han tenido protección oficial. Desde el ministerio de Interior y Justicia, Tarek El-Aissami decía que las acusaciones contra los generales Carvajal y Henry Rangel Silva, así como contra Rodríguez Chacín, eran infundadas y sólo perseguían el descrédito. En declaraciones publicadas por la Agencia Bolivariana de Noticias (ABN) el 16 de septiembre de 2008, El-Aissami aseguró que los tres -sindicados en hechos de corrupción y narcotráfico- eran hombres probos, honestos. Rangel Silva, nombrado en enero de 2012 ministro de Defensa, ha adquirido notoriedad por su desenfado al afirmar que la Fuerza Armada no reconocería un eventual triunfo electoral de un rival de Chávez, contrariando lo pautado en la Constitución sobre el rol de los militares.

Hostigamiento al clero

Aunque Hugo Chávez lleva crucifijos en los bolsillos y con frecuencia invoca la protección celestial, sus ofensas no han encontrado freno siquiera ante la Iglesia, que ha sido persistente en sus condenas a la represión y en los reclamos de libertad para los presos políticos. Los venezolanos recuerdan las horas aciagas de abril de 2002, cuando el Presidente lloraba y de rodillas imploraba perdón ante Monseñor Baltazar Porras y el cardenal José Ignacio Velasco. Semanas después Velasco era perseguido, y cuando su vida llegó al final a consecuencia de un cáncer, grupos de chavistas instigados que diariamente se reunían en la "esquina caliente", frente a la Catedral de Caracas, voceaban consignas denigrantes y lanzaban objetos contra el féretro.

En uno de los tantos insultos que en una época lanzaba contra el padre Luis Ugalde, quien ejercía el rectorado de la Universidad Católica Andrés Bello, y contra otros líderes religiosos, el Presidente (el 23 de noviembre de 2007) dijo: "Lo perdoné una vez, pero la próxima irá a parar a la cárcel de Yare, con sotana y todo, al igual que el cardenal Urosa Savino y los demás vagabundos, maleantes, jalamecates[*], estúpidos y retardados mentales de la Conferencia Episcopal"[39]. El pecado cometido en ese momento por ellos era criticar la reforma constitucional que Chávez pretendía aprobar en 2007.

El cardenal Rosalio Castillo Lara tenía una posición de repudio a las violaciones de los derechos individuales. Afirmaba que Venezuela estaba gobernada por un déspota, frente a lo cual la respuesta presidencial se resumía en epítetos: "¡Bandido que lleva el Diablo por dentro! Le queda grande el título de cardenal... Fue un alcahuete de los gobiernos de Acción Democrática y de Copei". Chávez tilda de adecos y copeyanos a sus críticos, pero al mismo tiempo pareciera olvidar que su padre, Hugo de Los Reyes Chávez, era militante activo de Copei y director regional de educación en Barinas en los gobiernos de ese partido. Viejos dirigentes socialcristianos recuerdan al maestro Chávez como un asiduo asistente a las reuniones partidistas, así como sus estrechos lazos con el entorno del presidente Luis Herrera Campins (1979-84).

El teniente coronel también ha pasado por alto el hecho de que durante los gobiernos anteriores, su hermano Adán se arrimaba al poder a través de Copei. Así, por ejemplo, logró participar en la redacción del programa educativo regional del candidato presidencial del partido socialcristiano en 1988, Eduardo Fernández. El hermano mayor del teniente coronel era un diletante de la política, que también se movía entre radicales de izquierda y sectores conspirativos. Luego, ya en su polifacética función al servicio del mandatario, ha actuado como enlace directo con Fidel Castro, presidente del Instituto Nacional de Tierras (INTI), ministro de la Secretaría de la Presidencia y de Educación y gobernador de Barinas.

El cardenal Urosa Savino ha condenado las intenciones presidenciales de perpetuarse en el poder, sosteniendo que "la reelección indefinida no va con el sentir del pueblo

---

[*] "Jalamecate", expresión popular despectiva que se utiliza en Venezuela como sinónimo de adulante, pusilánime.

venezolano... Yo me atengo a lo que dice la Constitución: que una propuesta rechazada por el pueblo en consulta, no se puede presentar otra vez en el mismo período. Eso es claro a pesar de que existen otras opiniones. Tenemos que pensar mucho en eso para evitar una situación que puede llegar a ser muy conflictiva"[40], dijo (el 25 de diciembre de 2008) a un grupo de periodistas. Por esas afirmaciones, Chávez lo amenazó con llevarlo a la cárcel.

En una oportunidad el Presidente venezolano trató de descalificar a Oscar Rodríguez Madariaga, arzobispo de Tegucigalpa, utilizando frases ofensivas en lo personal. Lo calificó de "payaso imperialista", de "loro investido de cardenal". El arzobispo -considerado una referencia moral tanto en Honduras como en toda América Latina- había manifestado por televisión que Chávez se creía un Dios con derecho a atropellar a todas las demás personas, por lo cual a Venezuela le esperaba un gran sufrimiento.

Un año más tarde, cuando el gobierno venezolano intervenía en los asuntos internos de Honduras y el Presidente Zelaya había sido defenestrado, el cardenal Rodríguez le dijo a Joaquim Ibarz, corresponsal de *La Vanguardia*, de España, en América Latina (2009): "Me llama (Chávez) loro del imperio y payaso vestido de cardenal. Los insultos contra mí son lo de menos, peor fue lo que le dijo al pueblo hondureño: que quien no estaba con la Alternativa Bolivariana (ALBA) era un vendepatrias o un idiota. Al presidente Zelaya le hablamos del peligro que suponía la intromisión de Chávez, a lo cual respondió que él no era chavista pero el dinero venezolano le servía. Lo que buscaba el Presidente de Venezuela era controlar a Honduras a través del continuismo de Zelaya"[41].

La hostilidad del jefe de Estado contra la jerarquía católica ha tenido variadas manifestaciones. Mientras Nixon Moreno estaba refugiado en la Nunciatura Apostólica, exaltados chavistas se presentaban regularmente pintando paredes, voceando consignas y lanzando panfletos contra el clero y la oligarquía. Hacían disparos al aire y en dos oportunidades lanzaron bombas lacrimógenas al interior del recinto. Cinco la primera vez, tres la segunda. El 4 de febrero de 2009 el Nuncio Giacinto Berloco dijo que "la Nunciatura Apostólica, frente al gesto vandálico e irresponsable que tiene lugar a pocos días de otro similar ocurrido el 19 de enero pasado, expresa su rechazo e indignación y reitera su llamado a las autoridades competentes para que tomen las medidas necesarias a fin de garantizar la seguridad de esta misión diplomática y de su personal, tal como lo establece la Convención de Viena del 18 de abril de 1961"[42].

Florece el antisemitismo

Los ataques presidenciales no se han circunscrito a los prelados católicos. Como parte de la "lucha anticolonialista", el gobierno ha practicado la política de aproximaciones sucesivas a movimientos anti-israelíes internacionales, a la vez que ha sometido a la comunidad judía venezolana a ofensas y acoso. El 30 de enero de 2009 la sinagoga Tiferet Israel situada en Maripérez, en Caracas, estuvo tomada durante seis horas por unas quince personas armadas que dominaron a los vigilantes, causaron daños a los archivos y muebles, rompieron el circuito cerrado de televisión y se llevaron los videos. En las paredes dejaron consignas antisemitas. Llegaron incluso hasta el fondo de la Sinagoga Mayor, donde profanaron el arca que contenía las sagradas escrituras.

La evidencia de que no se trataba de hampa común es que no hubo hurto de objetos de valor, a pesar de los muchos que había en el lugar. Se tomaron su tiempo para revisar los archivos de las computadoras, luego las dañaron y se apoderaron sólo de la que contenía la base de datos de la comunidad judía en Caracas. Tenían un propósito bien definido. En el programa dominical de televisión Aló Presidente, al igual que en muchos otros escenarios, los mensajes contra Israel se repetían con frecuencia, hasta el punto de que el gobierno rompió las relaciones diplomáticas con Israel en 2009 mientras ocurrían intensos bombardeos israelíes a la Franja de Gaza.

La primera manifestación pública de antisemitismo se le escuchó a Chávez en un discurso que pronunció el 24 de diciembre de 2005, pero antes, a finales de noviembre de 2004, el Centro Social Cultural Hebraica de Caracas había sido allanado en busca de armas y de supuestas pistas de los asesinos del Fiscal Danilo Anderson. Unos 30 hombres vestidos de negro con emblemas de la DISIP, portando armas largas, granadas en la cintura y cascos, llegaron al lugar y desalojaron a cerca de mil niños que asistían a clases. Abraham Levy, director de la Confederación de Asociaciones Israelitas de Venezuela, comentó que tales agresiones reflejaban la actitud del Ejecutivo: "Se ha asumido una posición antijudía... Eso ha venido derivando en el ataque continuo contra nuestra comunidad en los medios oficiales. En el diario *Vea*, en la página Aporrea.com, en la Radio Nacional de Venezuela, siempre hay llamados a la violencia contra los judíos. Se ha creado un clima de inseguridad jurídica en Venezuela. El gobierno está obligado por ley a protegernos y a garantizarnos el ejercicio de culto. Los judíos también somos venezolanos"[43].

La comunidad judía internacional había llegado al convencimiento de que el gobierno buscaba una alianza con organizaciones antisemitas internacionales. En ese sentido, en febrero de 2008 la organización de derechos humanos Centro Wiesenthal, con sede en Buenos Aires, se dirigió al secretario general de la OEA, José Miguel Insulza, para expresar su indignación frente a la escalada chavista. "Bajo la presidencia de Hugo Chávez, la comunidad judía ha sufrido ataques que han sido cuando menos tolerados, si no incitados o promovidos por miembros del gobierno"[44], dijo el rabino Marvin Hier en su carta a la organización continental.

"Injusta" condena a un terrorista

La tradicional posición de neutralidad de Venezuela frente a los históricos e insolubles conflictos del Medio Oriente, se agotó con la llegada de Chávez a la jefatura del Estado, al ponerse en práctica el acercamiento a las tendencias más violentas e irracionales. El equilibrio se perdió cuando el Presidente pasó a defender terroristas antijudíos como el venezolano Ilich Ramírez

Sánchez, conocido como "El Chacal" o "Carlos", que alcanzó gran notoriedad internacional en los años 70 y primeros 80, cuando militaba en la Organización para la Liberación de Palestina (OLP) y luego en el Frente Popular para la Liberación de Palestina (FPLP). Ponía bombas y a sangre fría cometía asesinatos y secuestros. El Presidente lo considera un patriota dedicado al compromiso anticolonial.

Al recibir en Caracas al Presidente de la Autoridad Palestina, Mahmud Abbas, en noviembre de 2009, el teniente coronel comentó que El Chacal "fue un soldado de la OLP y nos representó a todos en sus luchas por la liberación del pueblo palestino. Con la verdad ni ofendo ni temo… Uno va esperando y evaluando, pero llegó la hora de decir lo que pienso, con lo cual no agredo a nadie. Por el contrario, reivindico la condición de un compatriota. Ramírez Sánchez es un revolucionario. Lo llamaron Chacal para satanizarlo, pero es un combatiente revolucionario". Al instalar un congreso de partidos de izquierda en el Teatro Teresa Carreño de Caracas, había dicho que a El Chacal le impusieron una pena injusta después de haber sido secuestrado por la policía francesa en Sudán. El Chacal cumple en París dos sentencias a cadena perpetua, dictadas el 27 de diciembre de 1999. Las manifestaciones de simpatía por el terrorista se iniciaron tan pronto Chávez ascendió al poder, con una carta que pretendía expresar solidaridad con su "causa digna", pero que no pasaba de ser un galimatías.

La tesis presidencial es que el personaje de marras no ha delinquido en Venezuela y, en consecuencia, no tiene cuentas pendientes con la justicia, pretendiendo desconocer que entre los 11 ministros de la Opep secuestrados en Viena en diciembre de 1975 estuvo Valentín Hernández Acosta, figura prominente del primer gobierno de Carlos Andrés Pérez, cuya vida estuvo en peligro porque el grupo terrorista amenazaba con volar la sede de la organización de exportadores de petróleo. A pesar de que entre CAP y el padre de "Carlos", el abogado comunista Altagracia Ramírez Navas, existía una vieja relación amistosa derivada de la condición de paisanos tachirenses y también de la política, al entonces Presidente nunca se le ocurrió hablar en los términos utilizados por Chávez.

Ahora, cuando Ilich dejó de ser el peligroso sujeto de los viejos tiempos para estar confinado a su celda en La Santé, la familia Ramírez Sánchez trata de mover cielo y tierra con la esperanza de que un día la presión del gobierno venezolano pueda ablandar los resortes de la justicia francesa para lograr la repatriación, cosa que seguramente conduciría a un recibimiento de héroe en Caracas.

Irreverencia y desparpajo

La ligereza del Presidente en el uso de las palabras ni siquiera tenía barreras de recato en la etapa de ruptura con su segunda esposa, Marisabel Rodríguez de Chávez. El 13 de febrero de 2000, antes del día de los enamorados, en un programa de televisión exclamó sin rubor: "¡Marisabel, prepárate para esta noche porque te voy a dar lo tuyo!". No mucho tiempo después los medios reflejarían la manera tormentosa en que el matrimonio presidencial se deshacía. *El Impulso*, de Barquisimeto, publicó (el 12 de mayo de 2008) una nota según la cual la ex primera dama se sentía sometida al escarnio. Recordaba una de las ofensas proferidas en su contra en Aló Presidente apenas unas horas antes: "Me ha dicho de todo muchas veces, pero esperar que el padre de mi hija me llamara 'hiena' y comentara esto en su programa, es demasiado"[45]. No obstante, pasado cierto tiempo las relaciones entre ellos parecían haber comenzado a tener un giro favorable y Marisabel hacía esporádicas declaraciones a favor del gobierno y del Presidente.

Chávez lleva la falta de recato a flor de piel. Durante cinco minutos de uno de sus interminables programas transmitidos en cadena nacional, resultaba penoso verlo gesticular y escuchar la narración detallada de los apuros que le causaron ciertos desarreglos gástricos, mientras inspeccionaba los trabajos de construcción de una línea de ferrocarril en los Valles del Tuy, en Miranda.

También ha entendido la lealtad con extravagancia. De allí que entre sus adoradores haya habido gente como Willian Lara - diputado, Presidente de la Asamblea Nacional, ministro de Información y gobernador de Guárico-, que encontraba virtudes excepcionales en el jefe. En una ocasión, mientras dictaba una "clase magistral" a un grupo de estudiantes de primaria, el Presidente escribió de su puño y letra en el pizarrón: "Los que quieran patria, los que quieran libertad, los que quieran felisidad (sic)". También intentó conjugar el verbo "adquerir" (sic). Al día siguiente, el entonces ministro Lara se devanaba los sesos para lucir convincente: no se había tratado ni de errores ni de ignorancia, porque el deseo del Presidente era utilizar el más correcto español de la época de Cervantes.

Devorador de colaboradores

La personalidad autoritaria de Chávez no acepta críticas. Quien no obedezca su voluntad es combatido unas veces por bandas armadas, otras por policías uniformados, otras por el organismo recaudador de impuestos, el SENIAT, que busca o inventa delitos fiscales. Por eso, hasta los colaboradores más cercanos se han visto usados, desechados y expuestos al odio, en lo que constituye un patrón de conducta común entre personajes autoritarios, que de manera permanente denuncian conspiraciones como estrategia para distraer y controlar la opinión pública, tal como lo han expuesto estudiosos de la materia, entre quienes destaca Hannah Arendt.

Es abundante el número de chavistas que ha terminado pagando el precio de discrepar del Presidente. Un ejemplo protuberante es el general Raúl Baduel, quien después de haber sido compañero de Chávez en la carrera militar, compadre, cómplice en sus conspiraciones contra gobiernos legítimos, ministro de la Defensa, apologista del régimen, hombre clave en muchos entuertos militares y factor determinante para el retorno del Presidente durante los hechos tumultuosos de abril del 2002, fue execrado, perseguido, amenazado de muerte, enjuiciado y condenado.

La persecución en su contra con tribunales militares y policías era sistemática, bajo la presunción de que estaba incurso en una serie de delitos, incluyendo la sustracción de unos nueve millones de dólares a la FAN. En los dos años siguientes a su salida del ministerio, la DIM le interceptaba las conversaciones telefónicas, era seguido por hombres que se desplazaban en motocicletas sin placas y en carros con vidrios oscuros. Esa era una manera de intimidarlo y hacer mella en la influencia que muchos le reconocían en la institución militar.

El 29 de enero de 2009, Baduel fue atacado mientras asistía a un foro en la Universidad de Carabobo. Grupos armados disolvieron el evento con bombas lacrimógenas y disparos. Al regresar a su carro, lo encontró con más de 50 perforaciones de bala. Sin embargo, Chávez y el ministro de Interior y Justicia dijeron que el "supuesto atentado" había sido un "show publicitario". En otra oportunidad, mientras iba de Maracay a Caracas, el vehículo en que viajaba fue chocado por otro con vidrios oscuros que lo seguía e intentaba hacerlo salir de la autopista. En mayo de 2010, el ex ministro fue inhabilitado políticamente y condenado a casi ocho años de prisión por el Tribunal Primero de Juicio del Circuito Judicial Militar Penal, con orden de reclusión en la cárcel de Ramo Verde, la misma en que había estado preso el Presidente de la CTV, a quien él había perseguido.

Otras figuras prominentes también han sido devoradas, como le ocurrió a los ex ministros Luis Miquilena y Francisco Usón. Miquilena, hombre de vasta experiencia política que devino en próspero empresario en la Cuarta República, había puesto a prueba su habilidad como arquitecto de la campaña electoral chavista de 1998, para la cual recaudó una gran fortuna. También fue propiciador del acercamiento entre Fidel Castro y Chávez, que con el paso del tiempo se convertiría en una estrecha alianza político-económica.

Miquilena cumplió también el rol de puente para el establecimiento de la relación entre quien había sido su amigo de siempre y compañero de partido en URD, José Vicente Rangel, y el teniente coronel Chávez, cuando este acababa de salir de la cárcel. En ese entonces las columnas de Rangel en varios periódicos nacionales y regionales, además de su programa de televisión, ejercían influencia significativa en la opinión nacional y presentaban al militar golpista como solución a los problemas del país y alternativa frente al pasado que representaban AD y Copei. Sin embargo, JVR creería después que lo productivo era romper lo que parecía una amistad indestructible de casi 60 años con Miquilena, para seguir en el chavismo. Siempre se había dicho que entre ellos existía, incluso, un pacto para entrar y salir juntos del gobierno.

Entre 1998 y finales de 2001, la inteligencia, larga experiencia y habilidad política de Miquilena, jugaron un rol crucial en la concepción e implementación del proyecto político del teniente coronel, pero con el paso del tiempo la criatura que tanto se había esmerado en moldear, alcanzaría vida propia y se levantaría en su contra, después de lo cual sus días y noches servirían sólo para deslizar amargos lamentos.

En noviembre de 2007, en el programa La Hojilla, del Canal 8, el jefe del Estado dejó entrever que el rompimiento había tenido algo que ver con susurros de Castro en La Habana: "Fidel, mi padre político, me alertó sobre las intenciones malignas de Miquilena. Yo estaba confiado. Después de una reunión de varias horas entre los tres, Fidel le hizo preguntas importantes a Miquilena y lo quebró, lo puso a sudar frío. Después Fidel me sugirió en privado no confiar mucho en este hombre. Miquilena fue el primer infiltrado en el gobierno revolucionario. Yo estuve a punto de nombrarlo vicepresidente a comienzos del 2001, y si lo hubiese hecho él habría asumido la Presidencia y el golpe de Estado se hubiese consumado más fácilmente"[46].

La versión del ex ministro era distinta porque no hablaba del supuesto acoso del líder cubano. A su modo de ver, el encuentro se había realizado a instancias suyas en diciembre de 2001 en la isla de Margarita, para discutir el verdadero alcance del concepto revolución. Ambos coincidían en señalar las 41 leyes habilitantes ideadas por el Presidente -sobre todo la de tierras-, como aspecto fundamental del conflicto. Miquilena pronosticaba graves consecuencias negativas en el sistema productivo nacional.

Castro habría aceptado la validez del planteamiento del viejo político y su interpretación de los cambios estructurales implícitos en una revolución, mientras Chávez defendía las virtudes de los decretos-leyes. Molesto por el curso de la conversación, el teniente coronel terminó por abandonar la reunión. Unos días después Miquilena decidió renunciar al gobierno, cosa que no sorprendió al jefe del Estado. Desde hacía unos cuantos meses lo veía venir, pero estimaba que ese instante cargado de enfrentamientos con tantos sectores no era oportuno para la ruptura y, por lo mismo, exploró la posibilidad de neutralizar al todavía ministro con un cargo pomposo, como la Vicepresidencia de la República, con funciones que él podía limitar.

En un discurso pronunciado meses antes en un acto militar, el Presidente había inventado una historia entre amarga y despectiva sobre Miquilena. Al regresar a su silla le preguntó a éste cómo le había parecido la intervención, ante lo cual la respuesta ocurrió con cara de pocos amigos y fuerte tono de voz: "¿Qué quieres que te diga? ¿No me caíste a carajazos como te dio la gana?". Quienes escucharon el áspero cruce de palabras percibieron el mal rumbo de los acontecimientos.

En una larga entrevista que concedió a la socióloga marxista chilena Marta Harnecker en junio y julio de 2002, publicada a manera de libro con el título de *Hugo Chávez, un hombre, un pueblo*[47], el Presidente se refirió a la ruptura con quien había sido el principal asesor en sus primeros años en la política. Admitió el rol fundamental del veterano político en la búsqueda de dinero para la campaña electoral de 1998 y también después, durante el proceso constituyente, pero lo acusaba de haber perdido la visión del proyecto revolucionario. Luego de otras consideraciones, Chávez manifestó: "Amistades, intereses, quizás presiones, la edad, no sé cuantos factores fueron influyendo en aquel ser humano. Terminó una noche diciendo que yo tenía que dar un paso atrás eliminando las leyes habilitantes -una demanda de la oposición-. Yo le respondí: "Tú sabes que no voy a hacer eso, porque esas son las leyes que nos van a permitir entrar en la nueva etapa de aplicación de la Constitución".

Otro funcionario relevante, el general Francisco Usón, ministro de Finanzas durante un par de meses en 2002, fue acusado de difamar a la Fuerza Armada. Estuvo preso e incomunicado por participar en la recolección de firmas para la convocatoria del referéndum revocatorio del mandato presidencial en 2004, así como por rebatir afirmaciones presidenciales sobre un incendio que ocurrió el 16 de abril de ese año, en el cual ocho soldados que estaban arrestados en el Fuerte Mara, en el Zulia, sufrieron quemaduras graves y dos de ellos fallecieron. El gobierno le restaba importancia al siniestro, mientras Usón robustecía la tesis de que había sido provocado con un lanzallamas.

El comandante de la Primera División de Infantería, general Wilfredo Silva, atribuía el origen de las llamas al cigarrillo de un soldado que supuestamente se había dormido, pero el médico forense tenía la convicción de que un hecho fortuito no habría causado quemaduras de tanta gravedad en un tiempo tan breve. Según los bomberos zulianos, las llamas provinieron de la parte externa de la celda, sin que los soldados hubiesen sido socorridos a tiempo, a pesar de los gritos y del humo intenso. Ender Pedreañez, padre del soldado Ciro Pedreañez, reveló que las víctimas estaban castigadas por haber firmado a favor de la convocatoria del referéndum para tratar de revocar el mandato del Presidente de la República. Con quemaduras que abarcaban más de 50 por ciento del cuerpo, la agonía de Ciro se prolongó 35 días.

Cinco de los agraviados fueron llevados al Hospital Militar de Caracas e incomunicados por instrucciones del entonces ministro de la Defensa, Raúl Baduel, a pesar de que habían estado siendo atendidos en una de las unidades de quemados más importantes de América Latina, en el Hospital Coromoto de Maracaibo. Un tío del soldado Manuel Bustamante dijo que el traslado ocurrió sin consultas a los familiares más cercanos.

Transcurrido un tiempo, Chávez asomó la posibilidad de perdonar a Usón, pero éste reaccionó con una carta pública diciendo que él era inocente y como tal no tenía por qué ser indultado. El general salió en libertad condicional en diciembre de 2007 al cumplir ciertos lapsos legales, después de cinco años de prisión. La Corte Interamericana de Derechos Humanos condenó al Estado venezolano por la violación de los derechos del ex oficial de la FAN y ordenó el pago de una compensación económica.

Los fantasmas del Presidente

Los estallidos de violencia son el rasgo fundamental del mandatario venezolano. Lanza objetos, patea el escritorio, le da puñetazos a la pared. Ofende a los más cercanos colaboradores y los culpa de todos los males. Presenta ciclos de euforia en los cuales la megalomanía se le potencia, para luego sumirse en depresiones. Investido con el poder es grande, arrogante, humilla; en situaciones de desventaja se deprime, se vuelve pequeño, huidizo, se arrodilla, llora. Es lo que especialistas denominan desorden bipolar. Incluso en los ratos de aparente felicidad o esparcimiento, se regodea con chistes de mal gusto.

Los delirios de grandeza han impulsado a Chávez a compararse unas veces con Simón Bolívar, otras a mostrarse superior. Hace interpretaciones históricas para culpar a la oligarquía de haber impedido que el sueño de Bolívar se hiciera realidad, para llegar a la conclusión de que la "revolución bolivariana" ahora está en vías de alcanzar la verdadera independencia: "Después de muerto Bolívar se despedazó su proyecto. Todo lo que olía a Bolívar fue destrozado, asesinado, expulsado. Nosotros somos los herederos de esa tragedia. Otra sería la historia del continente, si aquellos viejos vientos hubiesen trascendido a la concreción de su proyecto"[48].

El afán de poder lo ha llevado a descuidar su propia salud, como quedó demostrado cuando a mediados de 2011 debió ser operado de urgencia como consecuencia de un absceso pélvico, y fue entonces cuando los médicos descubrieron que se trataba de un tumor canceroso. Durante meses había tenido algunas molestias abdominales aparentemente pequeñas, pero no les atribuía gravedad porque siempre había sido fuerte y no encontraba razones para someterse a fastidiosos chequeos médicos regulares.

El historiador Elías Pino Iturrieta ha criticado repetidamente la deformación de los hechos y ha advertido que está en riesgo la República: la división de poderes, el refrescamiento de las élites, la elección popular. Ese conjunto de valores que la sociedad fue atesorando y que costó muchas muertes, muchos sacrificios, está al borde del abismo porque todo depende de un monarca sin corona que ni siquiera ha dicho cuál va a ser su programa para manejar el cetro. Según Pino Iturrieta, "en esta década ha vuelto de la tumba el fantasma de los hegemones, que parecían muertos y enterrados en el cementerio de la historia. Es un desfile de personajes como Monagas, Guzmán y Gómez, que se amalgaman para meterse en el pellejo de Chávez. Esa reaparición del césar democrático es otro de los rasgos más deplorables y horrorosos que ha vivido Venezuela".

¡Mugabe, hermano!

En una de sus extravagancias, en febrero del año 2004 Chávez hizo lo que a ningún líder latinoamericano se le había ocurrido: invitó a Venezuela al dictador Robert Mugabe, de Zimbabue, le rindió honores, lo comparó con Simón Bolívar, lo condecoró con la Orden del Libertador y le entregó una réplica de su espada. "¡Para ti, Robert, que como Bolívar, siempre serás un verdadero luchador por la libertad!", exclamó en un acto televisado. Lo llamó hermano, le ofreció un banquete de honor. "Lo que debemos lograr es que este pequeño paso sea seguido por otros, para ir acercando nuestros destinos", comentó.

Desde entonces, el Presidente venezolano le ha hecho varias donaciones en efectivo al país africano, ha suscrito variados acuerdos bilaterales y con frecuencia llama telefónicamente al dictador amigo. Entre ambos fue surgiendo una relación política estable que en cinco años le permitió al dirigente africano visitar dos veces la capital venezolana, además de obtener favores que no habría conseguido en otra parte. Chávez ha condenado la postura de la comunidad internacional frente a Mugabe, por considerarla impulsada por el imperialismo británico-estadounidense, contrario a la independencia y la autodeterminación de los pueblos. El 27 de septiembre de 2009 expresó "reconocimiento" a las luchas anticolonialistas protagonizadas por su amigo: "Le doy todo mi apoyo moral y político a Robert, que se ha convertido en blanco del ataque de distintos entes del sistema mundial y a través de la prensa occidental lo satanizan", subrayó.

De la misma manera, el 31 de marzo de 2009, durante la II Cumbre América del Sur-Países Árabes, en Doha, Qatar, el líder venezolano sostuvo un largo encuentro con el dictador de Sudán, Omar Hasan Al-Bashir, sobre quien ya pesaba una condena y orden de arresto de la Corte Penal Internacional por crímenes de lesa humanidad. Al actuar así ignoraba la campaña de exterminio que se prolongó por meses en Darfur, dirigida personalmente por Al-Bashir, que ocasionó 300 mil muertos y dos millones de desplazados de sus sitios naturales. Un genocidio que se recuerda entre los peores de las últimas décadas y que causó enérgicas condenas de las Naciones Unidas, del Consejo de Seguridad y de múltiples organizaciones humanitarias civiles.

Chávez se preguntaba por qué la decisión de la Corte Penal, que respondía al "cinismo de los países desarrollados", se dirigía contra Al-Bashir y no contra el entonces Presidente George Bush, a quien consideraba genocida por haber ordenado el bombardeo a Irak. Al emitir esos conceptos, el gobernante venezolano no se paseaba por el hecho de que el autócrata sudanés que llegó al poder después de un golpe de Estado en 1989, hubiese alcanzado gran notoriedad, entre otras cosas, por haber sido protector de terroristas árabes.

Su devaneo con personajes de corte primitivo ha sido irrefrenable. El primero de septiembre de 2009, asistió en Trípoli al cuarenta aniversario del régimen de Muammar Gadafi, donde se volvió a entrevistar con su nuevo amigo y aliado político Al-Bashir. Igualmente conversó con el corsario somalí Mohammed Abdi Hassan Hayr, Afweyne, el peligroso terrorista presidente de la asociación de piratas de los mares del Cuerno de África, a quien los secuestros y asesinatos por encargo le permitieron amasar una enorme fortuna. Obnubilado por los asistentes y por los faraónicos festejos que el libio se hizo organizar, Chávez no vaciló entonces en declararle al Canal 8 que la revolución bolivariana, al igual que la de Libia, sería perenne porque los pueblos son perennes.

El día 28 de ese mismo septiembre, Gadafi estuvo entre los asistentes a una cumbre organizada por su colega venezolano en la Isla de Margarita, donde fue recibido con honores especiales y condecorado con la Orden del Libertador. Según un boletín distribuido ese día por la oficina de Prensa de Miraflores, Chávez le dijo a su amigo: "Esta es una joya (una réplica de la espada del Libertador) que los pueblos le regalaron a Bolívar. Ella está viva y anda por América Latina. En nombre de nuestro pueblo, en nombre de la revolución bolivariana, te la entrego a ti, líder de Libia, de la revolución de los pueblos de Africa y líder para los pueblos de América Latina".

En otros momentos Fidel Castro y su hermano Raúl también recibieron la máxima condecoración venezolana y, al igual que Mugabe, Al-Bashir y Gadafi, eran interminablemente bañados en loas. En medio de los destellos de confusión de su pensamiento, el Presidente venezolano expresó en La Habana que su padre político e histórico era Simón Bolívar, pero no tenía problemas en reconocer a Fidel como su mentor revolucionario. Con motivo del 80 cumpleaños del dictador cubano, el Presidente venezolano le regaló una taza y un plato de una vajilla del Libertador, que formaban parte del patrimonio de la República, además de una réplica labrada de su espada.

En lo que la oposición considera batiburrillo intelectual, el teniente coronel venezolano no ha podido contener las palabras a la hora de comparar a Fidel con Bolívar. En la primera promoción del Máster en Educación del Instituto Pedagógico Latinoamericano y Caribeño, en Caracas (el 14de julio de 2009), dijo sin inmutarse que Fidel era como Bolívar: "Uno de los libertadores del siglo XX, uno de los padres de la revolución, padre de los pueblos. Padre de la Patria".

De la misma manera, en un discurso que pronunció el 20 de noviembre de 2009, se atrevió a calificar de gran patriota, nacionalista y revolucionario a Idí Amín, el sátrapa semianalfabeto de Uganda en cuyo régimen fueron asesinadas y torturadas unas 500 mil personas en los años 70, que exhibía crueldad incluso con sus esposas y otros familiares. El jefe de Estado venezolano encontraba muy respetable la lucha antiimperialista de aquella dictadura africana, a pesar de las constantes demostraciones de crueldad que causaban condenas internacionales.

Esos conceptos ocasionaron inmediatos pronunciamientos de repudio en el país africano. El 22 de noviembre de 2009, Tamale Mirundi, secretario del presidente Yoweri Museveni, no pudo más que recordar algunos pasajes de los actos de crueldad que caracterizaron a Amín. Otro alto funcionario, James Kizza Baliruno, se sintió ofendido en sus sentimientos más íntimos, por cuanto todavía recordaba cómo cuando él tenía cuatro años, presenció el cruel asesinato de sus padres a manos de oficiales de aquel régimen. Para Bariluno fue un hecho diabólico que se convirtió en interminable pesadilla. El mismo Amín, en sus prácticas de degradación de la dignidad humana, participaba en violaciones de menores de edad y se divertía torturando.

VII
POLÍTICA Y PERSONALISMOS

Entelequias partidistas

El debilitamiento de los partidos políticos venezolanos, que comenzó años antes de la entrada de Hugo Chávez en la escena nacional, se aceleró con la estrategia gubernamental de copar todos los espacios de la sociedad. A partir de 1999 los candidatos de la oposición a cargos de elección popular han tenido que competir en desventaja, con un Consejo Nacional Electoral parcializado, con la directa intervención del aparato estatal en las campañas electorales, con los medios de comunicación sometidos a acoso y sin instancias judiciales neutrales.

El abuso y la intolerancia oficiales han afectado severamente las estructuras organizativas de los partidos de oposición y, por ende, su capacidad para el cumplimiento de sus funciones, que son esencia del sistema democrático. Esa situación de minusvalía se complica aún más por las ambiciones de partidos y líderes opositores, con lo cual se genera desconcierto y rechazo en determinados sectores democráticos de la población.

Los adversarios del gobierno habrían cosechado mejores resultados en las elecciones regionales y locales del 23 de noviembre de 2008, si las rivalidades no los hubiesen caracterizado. Habrían tenido éxito en estados políticamente importantes -como Bolívar y Barinas- y en alcaldías de gran significación, como las de los municipios Libertador (la parte oeste de Caracas) y Valencia, en el estado Carabobo. En el municipio Libertador, donde se concentra una gruesa parte de la población caraqueña, el ex candidato presidencial y ex dirigente adeco Claudio Fermín optó por dividir la votación a pesar del elevado rechazo popular que las encuestas le atribuían.

Pero ya antes, entre 1999 y 2006, los adversarios del gobierno habían asistido divididos a otras consultas populares. Asimismo, al abstenerse de participar en las elecciones de diputados a la Asamblea Nacional en diciembre de 2005, los opositores fueron víctimas de su gran error. El tiempo se ha encargado de demostrar la existencia de una corta visión política derivada de la ausencia de liderazgo y de mensaje, que ha favorecido el avance de los planes de Chávez. En los rivales del oficialismo siempre ha habido tres claras tendencias: *light*, moderada y radical, pasando por grupos e individualidades que se mueven de acuerdo con las circunstancias. En un extremo están los que buscan soluciones radicales y hasta descabelladas, mientras en el otro están los *light*, con el deseo de acercarse al gobierno para buscar salidas concertadas. En el centro están quienes piensan que la oposición podría estar en vías de alcanzar la unidad perfecta para enfrentar y derrotar electoralmente al teniente coronel.

Pero las debilidades no han sido exclusivas de los opositores: en su deseo de grandeza, el Presidente ha organizado movimientos políticos sin permitirles el desarrollo ideológico natural o la formulación de tesis o programas, ni cuerpos de dirección colectiva autónomos. Menos aún ha podido aceptar líderes con personalidad y criterios propios. Prefiere entelequias meramente electorales, como el PSUV o lo que fueron sus antecedentes: el MVR y el Movimiento Bolivariano Revolucionario-200 (MBR-200). En el PSUV -presidido por Chávez- los "dirigentes nacionales" son designados a dedo en procesos fingidos, en los cuales los candidatos son impuestos y ninguno conserva su posición por mucho tiempo.

En lo que el líder llama "partido de la revolución", un alto porcentaje de militares forma parte de la dirección nacional, cuya estructura organizativa se define en términos castrenses: comandos, batallones, pelotones, patrullas, escuadras. El objetivo fundamental es alabar y obedecer al líder, cuyas órdenes no se consultan o discuten y menos aún se desconocen. Es el partido creado por un hombre y para un hombre, que ni siquiera ha cumplido un rol similar al del Partido Comunista de Cuba en soporte del régimen, porque las definiciones de Chávez son inconsistentes.

Contradictoriamente, el líder venera la figura de Ezequiel Zamora y, simultáneamente, quiere tener en sus manos hasta las decisiones más pequeñas de todos los organismos nacionales, regionales y locales. En lo que se llamó Revolución Federal, que comenzó en 1859, Zamora -acompañado por su cuñado Juan Crisóstomo Falcón- había proclamado en la Venezuela del siglo XIX la idea de "tierras y hombres libres" y se convirtió en uno de los precursores de la descentralización de las regiones. Aquella era la época de las grandes luchas entre caudillos.

En esa misma onda, durante varios años el Presidente venezolano intentó esparcir universalmente la semilla de su "doctrina" del Socialismo del siglo XXI, pero invariablemente el léxico se le atascaba a la hora de explicarla. Parafraseando a Luis Miquilena cuando en sus tiempos de encumbrado chavista ridiculizaba lo que hacía o decía la oposición, podría afirmarse que Chávez "no sabe con qué se come eso".

Con esos mismos propósitos, el Presidente se ha declarado marxista-cristiano-bolivariano. A los venezolanos les recomienda la lectura de *El capital*, por "considerarlo" un libro fundamental para los cambios revolucionarios encaminados a la felicidad plena. Al hablar en esos términos, el líder ha ignorado que Marx calificaba a la religión como el opio de los pueblos, así como el desprecio de Marx hacia Simón Bolívar, plasmado en forma explícita en un ensayo que escribió para *The New American Cyclopedia*[49].

En su mensaje anual a la Asamblea Nacional correspondiente a 2010, difundido en cadena de radio y televisión (el 15 de enero de 2010), el teniente coronel trataba de darle a sus compatriotas una clase tropical de ideología: "Asumo el marxismo, como asumo el cristianismo, el bolivarianismo, el martianismo, el sandinismo, el sucrismo y el mirandismo… El marxismo es sin duda la teoría más avanzada en la interpretación, en primer lugar científica, de la Historia, de la realidad concreta de los pueblos y, luego, el marxismo es sin duda la más avanzada propuesta hacia el mundo que Cristo vino a anunciar hace más de dos mil años: el reino de Dios aquí en la Tierra, el reino de la igualdad, de la paz, el amor, el reino humano... Yo soy no sólo cristiano sino también marxista, porque creo que las dos ideas no son incompatibles... El ministro de Finanzas, Alí Rodríguez, me regaló por navidad *El capital*, de Marx. Confieso que nunca lo había leído, pero ahora he comenzado a hacerlo".

En algunas ocasiones ese mismo Presidente de la República ha asegurado que más de seis millones de venezolanos están inscritos en el PSUV, caudal humano que podría llevar a las urnas electorales hasta diez millones de votos, pero en otras se ha quejado porque el partido está anquilosado, con una "dirigencia" apoltronada. Sin embargo, no acepta que el problema es de su propia cosecha, al tener un partido de acólitos y para acólitos, sin libertad de pensamiento ni capacidad para dirigir. Nunca ha concebido colaboradores o aliados con capacidad crítica, lo que condena al PSUV a tener una vida tan larga o tan corta como la del líder único.

Alberto Müller Rojas, primer vicepresidente del PSUV hasta finales de marzo de 2010, en algunas oportunidades hablaba en público sobre la realidad del partido y admitía que los denominados batallones socialistas -estructuras de base de la militancia- sólo se movían con el estímulo de prebendas, mediante cargos burocráticos y con dinero en efectivo proveniente de organismos estatales. En un programa de televisión (en 2008) dijo que el PSUV era un partido que no existía. Aceptó que en esos batallones no había discusión. "Vamos a colocar el partido en la realidad: un partido pagado no sirve para nada, es un partido de mercenarios"[50]. Asimismo reveló que por aquellos días se estaban formando en Cuba cuatro mil jóvenes desde el punto de vista doctrinario, para ser incorporados al PSUV.

En ese mismo momento también estaba en curso una negociación con los partidos comunistas de China y de Vietnam para tratar de aliviar las dificultades organizativas, que nunca han sido subsanadas porque el PSUV está minado por la corrupción; se exploraba un acuerdo para crear un instituto de formación política marxista-leninista en Venezuela. Los detalles técnicos y financieros para el desarrollo del proyecto fueron abordados durante una visita que el secretario general del Consejo Teórico del partido vietnamita, Nguyen Viet Thong, hizo a Caracas en las primeras semanas de 2009. Chávez discutió después en Pekín el tema con el entonces vicepresidente Hu Jintao, una de cuyas responsabilidades era la rectoría del centro de estudios para la formación de los dirigentes del Partido Comunista chino. Entre los primeros acuerdos hubo uno para el envío de un contingente de jóvenes a Pekín para su adoctrinamiento.

El general Müller Rojas había escalado a esfuerzo propio hasta alcanzar el círculo íntimo de Chávez, lo que le garantizaba una oficina en el Palacio de Miraflores, carros oficiales e influencia suficiente para enchufar a sus amigos en la burocracia. Pero como todo en la vida tiene su final, una vez observó con inquietud los inequívocos signos de marchitez de sus privilegios. El teniente coronel lo había ido apartando progresivamente, hasta que nunca más lo recibió en el despacho presidencial y ordenó quitarle la oficina, los carros oficiales y otros beneficios.

Cuando Müller se sintió montado en el aire, sin sustento alguno, dijo en una entrevista periodística (el 29 de marzo de 2010) que la revolución atravesaba una situación crítica. "Lo que está pasando no es sano para el proceso revolucionario... Tenemos que hablar de socialismo, no de personas, no de etiquetas... Estamos cambiando un internacionalismo, que es la característica de las revoluciones, por un nacionalismo pequeño burgués que no representa las expectativas de la sociedad"[51]. Había llegado la hora de la desilusión.

Al destruir las bases del sistema de partidos, Chávez descargaba sus denuestos incluso contra quienes se presumían aliados, como el Partido Comunista y Patria Para Todos. Les exigía que se disolvieran para dar paso a un gran partido de Estado. Pero no lo consiguió. A pesar de los reiterados desplantes presidenciales, la fidelidad del PPT al chavismo duró 12 años, desde las elecciones de 1998, cosa que era posible gracias a tajadas clientelares que beneficiaban a algunos jefes de la organización. Ya casi en la recta final de las elecciones legislativas de 2010, el ciclo de tensiones culminó con la ruptura definitiva, cuando el gobernador del estado Lara, Henry Falcón, renunció al PSUV para incorporarse al PPT.

La conducta del PPT no estaba exenta de ligerezas. En una ocasión, por ejemplo, la cúpula pepetista se aproximó a la organización política del despiadado Kim Jong Il –el Partido del Trabajo de Corea del Norte- para firmar en abril de 2009 un penoso acuerdo de amistad que contemplaba una activa cooperación en las esferas económico-culturales, ciencia, tecnología, salud y deporte. Igualmente, se comprometían a mantener la relación en el área política internacional. En su deseo de ganar indulgencias y beneficios, el PPT fingía desconocer el desafío de la dinastía norcoreana a la paz mundial y la opresión a su propio pueblo.

Incluso después de haber roto la alianza con el teniente coronel, esa organización seguía proclamando su apoyo al proceso de cambios revolucionarios que estaban en curso. Al actuar de esa manera, dejaba abierta la puerta a la posibilidad de acuerdos políticos ulteriores para respaldar a Chávez en la Asamblea Nacional después de las elecciones de 2010, pero los cálculos electorales le fallaron de manera estruendosa al obtener solo dos diputados. Así se inició el tránsito del PPT hacia la oposición.

En una de las tantas alocuciones, Chávez se declaró abierto a la idea de aceptar (el primero de diciembre de 2008) que cada quien eligiera el camino más conveniente: "Ese es mi mensaje a los partidos supuestamente aliados de Chávez y del PSUV… Hay actitudes que uno nunca comprenderá en esos partidos. Ellos ahora tomarán sus decisiones, pero deberán entender que no hay disidencia chavista. Está demostrado que quien traiciona a Chávez se muere políticamente"[52].

Culto a la personalidad

Dado que la pretensión de Hugo Chávez ha sido perpetuarse en el poder, el culto a la personalidad es una de sus herramientas esenciales. Todo en manos del líder, tal como lo ha descrito la historiadora Margarita López Maya: "Estamos caminando hacia el mismo autoritarismo socialista del siglo XX, con el modelo cubano de fondo, en el que todas las decisiones y los poderes están concentrados en manos de un caudillo fuerte y de un Estado-gobierno-partido que son lo mismo, tal como lo estamos viendo en Venezuela"[53].

La radio y la televisión son instrumentos de cada día en la promoción del mito vivo. Ha habido semanas y meses en los cuales el Presidente ha hecho transmitir a diario los discursos pronunciados con cualquier pretexto. Ha llegado a acumular hasta 90 horas de transmisiones en un solo mes. Antonio Pasquali, profesor universitario e investigador de los procesos de la comunicación, reveló que hasta el 11 de mayo de 2008 Chávez había hablado 2.544 horas por radio y TV, equivalentes a 318 días laborables, es decir, año y medio hablando ocho horas diarias.

El deseo de meterse en los tuétanos de los venezolanos ha hecho que las calles, avenidas y otros sitios públicos sean adornados con sus fotografías en distintas poses, acompañadas de pensamientos que se repiten interminablemente. A los trabajadores del sector público se les ordena usar franelas rojas con logos del PSUV e imágenes de Chávez y del Ché Guevara, asistir a actos proselitistas y cantar himnos revolucionarios. Los ministros usan camisas, chaquetas y gorras rojas y, como si fuera poco, andan repitiendo los lemas del líder.

El Presidente se declara admirador de Mao Tse Tung y de Fidel Castro, pero también se define bolivariano, zamorano. En una oportunidad se confesó seguidor de la Tercera Vía, del británico Anthony Giddens; en otra mostró respeto y admiración por la brujería. En Cuba ha participado en ritos de santería. Repetidamente expresa simpatías por la nefasta acción del dictador peruano Juan Velasco Alvarado.

En una mesa redonda organizada por Analitica.com, el 16 de junio de 2009 el profesor Pasquali sostuvo la tesis de que el Presidente ha ido avanzando desde los tiempos iniciales de grandes vacíos de conocimiento político e ideas encontradas, hacia una definición comunista derivada de la profunda influencia cubana. Agregó que "la destrucción de la sociabilidad y de la sociedad venezolana es quizás el mayor daño que Hugo Chávez está haciendo. Esto me preocupa, sobre todo porque una situación así puede terminar en anomia y anarquía... En este momento estamos en eso, con el agravante de que Chávez ha declarado que los ricos son bestias disfrazadas de seres humanos. Con esto ha llegado a un punto de nazismo puro, socialismo y comunismo puro"[54].

Los esquemas empleados por Chávez con fines autocráticos han sido similares a los de grandes dictadores de otros tiempos. La diferencia está en que para su proyección nacional e internacional, él no ha desperdiciado las posibilidades ofrecidas por el desarrollo tecnológico de su tiempo: radio y televisión satelital y por cable, internet, redes sociales, telefonía celular y cine, además de las formas tradicionales de la comunicación impresa. Y aunque ha demostrado no poseer ni la inteligencia ni la cultura de Benito Mussolini o de Fidel Castro, ha tenido audacia y el dinero para tratar de influir en sus conciudadanos y en los latinoamericanos en general para proyectarse como el hombre carismático.

Con frecuencia se ha comparado su liderazgo con el de Juan Domingo Perón. Al observar la arrogancia y el deseo infinito por el culto a la personalidad, se encuentra en ellos el rasgo común del populismo, del carisma, pero al mismo tiempo se observan diferencias importantes: en la dictadura peronista la economía argentina registró avances significativos en un momento dado, mientras en el mandato chavista la estructura económica venezolana ha tenido un deterioro constante, y se ha hecho cada vez más dependiente de las exportaciones petroleras y de las importaciones de alimentos y productos elaborados.

A diferencia de aquella época argentina, los momentos de crecimiento de la economía venezolana han tenido que ver únicamente con altos precios dél petróleo. Además, mientras Perón tenía a los trabajadores y a las organizaciones sindicales como aliados, Chávez ha gobernado solo y ha concentrado todo el poder en sus manos. Perón estimulaba el movimiento sindical y se apoyaba en su mujer, mientras el caudillo venezolano ni siquiera ha llegado a eso.

El teniente coronel no se ha detenido en consideraciones para usar los dineros nacionales en la proyección de su imagen. De esa manera, por ejemplo, se sintió impelido a contratar al actor y productor de cine norteamericano Oliver Stone para hacer un documental sobre su vida y obra, con el título de *Al sur de la frontera*. El controversial Stone lo visitaba con frecuencia en el Palacio de Miraflores durante la realización de la película, viajaba con él a pueblos del interior, lo filmaba en poses paternalistas en los barrios, en actos de masas, en reuniones variadas. Chávez se ocupó personalmente de los arreglos para que Stone obtuviera los testimonios de Luiz Inácio Lula da Silva, Evo Morales, Cristina Kirchner, Rafael Correa y otros, para tratar de proyectar la idea de un sólido movimiento regional con Chávez como líder. Los asesores presidenciales habían explorado con anterioridad la posibilidad de hacer el film con otros productores norteamericanos, pero las negociaciones nunca llegaron a buen puerto porque el gobierno estaba interesado en apologías y ponía condiciones.

VIII
TRUCULENCIAS DE LA JUSTICIA

Ministerio Público de papel

El número de funcionarios enriquecidos a la sombra del erario público es amplio y la red de interpuestas personas es aún mayor, tal como quedó en evidencia en el juicio realizado en Miami en 2008 sobre el caso del maletín con 800 mil dólares que Chávez le envió a Cristina Kirchner, donde salieron a relucir los nombres de un grupo de prominentes millonarios chavistas, así como los procedimientos por ellos utilizados. Pero, como generalmente ocurre en situaciones de ese género, los Kirchner y Chávez negaban haber tenido algo que ver con el asunto. La Fiscal General de la República, Luisa Ortega Díaz, en vez de abrir investigaciones para determinar las responsabilidades de altos funcionarios nacionales en el juicio, repetía el libreto del Presidente Chávez: declarar *a priori* la inocencia de los acusados y lanzar al voleo el argumento de la confabulación antirrevolucionaria.

Comprometida en la defensa de los intereses presidenciales y nunca con el estado de Derecho, Ortega había conseguido el cargo con el padrinazgo de su antecesor, Isaías Rodríguez. En una entrevista televisada en 2008, ella no tuvo dudas al expresar que "los venezolanos que quieren a su país no deben dar crédito a este caso (del maletín con 800 mil dólares para Cristina Kirchner). Todas las pruebas que se han evaluado en este mal llamado juicio han estado dirigidas a inculpar a funcionarios y no a esclarecer la responsabilidad de este señor (Franklin Durán, uno de los involucrados)"[55].

En el lapso enero-septiembre de 2009, según la página web de la Fiscalía General, 2.220 ciudadanos fueron sometidos a procesos judiciales por intervenir en protestas callejeras. Eso venía a demostrar que si bien la Constitución de la República consagra el derecho a participar en manifestaciones pacíficas, quienes las organizan muchas veces son obligados a presentarse periódicamente ante los tribunales, y les prohíben declarar a los medios de comunicación sobre sus causas e intervenir en nuevas protestas.

El chavismo de la fiscal Ortega Díaz se ha exacerbado a la hora de inventar fórmulas para acallar a los opositores. Así, por ejemplo, en julio de 2009 introdujo a la Asamblea Nacional un proyecto de ley de delitos mediáticos para restringir la libertad de expresión, con penas de hasta cuatro años de prisión tanto para los periodistas como para todo aquel que se atreviera a "atentar contra el Estado y la seguridad de la nación", a través de los medios de comunicación. Las definiciones de las infracciones eran lo suficientemente vagas como para que cualquiera pudiera ser encarcelado por emitir una opinión. El texto fue rechazado incluso por voceros chavistas en la AN y en pocos días pasó al olvido, pero lo importante era la intención. A propósito del proyecto, Frank La Rue, relator especial para la libertad de expresión de la ONU, recordó que este tipo de normativa tenía cabida sólo en regímenes fundamentalistas.

De la misma manera, en la Defensoría del Pueblo, creada por la Constitución de 1999, se han desempeñado epígonos del Presidente con objetivos distintos a los deberes y responsabilidades legales. Eso ha ocurrido a pesar de su obligación de velar por el respeto y la garantía de los derechos humanos, consagrados en la Constitución y en los tratados internacionales[56].

La actual Defensora del Pueblo, Gabriela Ramírez, ha sido muy activa para descalificar los pronunciamientos de la Comisión Interamericana de los Derechos Humanos (CIDH) y otros organismos, sobre la conducta del gobierno. En una rueda de prensa, el 25 de febrero de 2010 afirmó que Venezuela desconocía a la CIDH como organismo imparcial porque estaba "sesgada hacia determinados intereses". Ramírez ha seguido los pasos de su antecesor, Germán Mundaraín, con sus actuaciones orientadas a favorecer el gobierno.

Asesinatos por encargo

Con vocación de servicio al Presidente, el abogado Isaías Rodríguez aceptó desde temprano cada una de las tareas que le iban siendo encomendadas desde el Palacio de Miraflores. El Fiscal General (2000 y 2007) parecía andar acompañado de una rica capacidad política, pero sus limitaciones comenzaron a aflorar en la medida en que iba ocupando posiciones de mayor relevancia. Cada vez que luchaba y pedía ayuda para salir de un trance, otro se le venía encima para ponerlo en apuros todavía mayores.

Su carrera política en las filas chavistas comenzó en las elecciones de 1998, en las cuales obtuvo una senaduría por Aragua y, un año después, fue elegido miembro de la Asamblea Constituyente. Luego alcanzaría la Vicepresidencia de la República y la Fiscalía General; llegó a ser conjuez de la Sala Constitucional del Tribunal Supremo de Justicia -elegido por la Sala Plena a proposición de la presidenta del TSJ, Luisa Estela Morales- y embajador en España y luego en Italia. En los cuarenta años anteriores era conocido en pequeños círculos de AD y del Movimiento Electoral del Pueblo (MEP) en Aragua, donde ejercía su profesión en el área laboral y escribía poemas de modesta factura.

A su paso por el Ministerio Público, Isaías Rodríguez iba dejando una estela de errores, omisiones y alteraciones intencionales de la verdad. Hizo archivar más de 300 denuncias de funcionarios gubernamentales incursos en presuntos hechos de corrupción, al tiempo que se pusieron en marcha averiguaciones contra no menos de 500 opositores, dirigentes políticos y de ONG, sindicalistas, empresarios y periodistas.

El caso más sonoro de sus irregularidades fue el de forjamiento de pruebas y uso de testigos falsos en la investigación sobre el escandaloso asesinato de su amigo Danilo Anderson, un Fiscal de Ambiente con competencia nacional. El homicidio y todas sus incidencias policiales y judiciales mantuvieron en vilo al país por mucho tiempo, en un proceso cargado de denuncias de corrupción y chantaje, en el cual la administración de justicia exhibió sus múltiples debilidades y quedó en entredicho.

La muerte de Anderson ocurrió a las 11 de la noche del 18 de noviembre del 2004 en la urbanización Los Chaguaramos de Caracas, minutos después de haber asistido a las clases del postgrado que cursaba sobre criminalística, al estallar una bomba de alto poder en la camioneta que manejaba en dirección a su residencia. Era un hombre polémico con muchos enemigos de distinto calibre dentro y fuera del gobierno, acostumbrado a una vida de rutinas que desafiaba cualquier norma de elemental seguridad, lo que tal vez facilitó el trabajo del homicida u homicidas. En su apartamento se encontraron cantidades importantes de dinero en efectivo, armas y hasta una máquina de contar billetes.

Todos sabían que él servía de mano derecha al Fiscal General de la República en las actuaciones contra los adversarios del chavismo, entre quienes estaban los firmantes del célebre decreto emitido por Pedro Carmona Estanga en sus pocas horas como Presidente de la República, en abril de 2002; contra el entonces Alcalde de Baruta, Henrique Capriles, contra políticos, banqueros, empresarios, sindicalistas y directivos de la ONG Súmate.

En sus funciones en el Ministerio Público, era acusado de ser miembro de una red de abogados conocidos como "los enanos", coaligados con funcionarios judiciales, que se dedicaban a extorsionar a empresarios y banqueros. Semanas después de su muerte, una hermana de Anderson salía llorosa en televisión, asegurando que detrás del hecho había habido personas poderosas que movían grandes sumas de dinero, mientras otra la desmentía y la instaba a mantener ecuanimidad.

Testimonio tarifado de un hampón

Un año después del asesinato, el Fiscal General Isaías Rodríguez anunciaría (7 de noviembre de 2005) en un programa especial de VTV la existencia de un "testigo estrella" que venía con un cargamento de elementos fundamentales para la pronta solución del caso. Lo describía como un médico psiquiatra colombiano de nombre Geovanni Vásquez, que, según sus afirmaciones, había sido obligado a atender paramilitares y había presenciado tres reuniones de planificación del asesinato.

Haciendo esfuerzos por lucir imperturbable, el Fiscal General sostenía la tesis de que los paramilitares colombianos tenían confianza en Vásquez, lo que le había permitido ver y escuchar todo cuanto ocurría en las reuniones de planificación del crimen. Según el relato, el supuesto testigo siempre había expresado desacuerdos con el macabro plan e intentaba persuadir a los culpables. Rodríguez aseguraba haberlo recibido en su oficina y haber escuchado la narración de las incidencias del caso.

Con especial gravedad en el tono de voz para que cada palabra tuviera más solemnidad que la anterior, Isaías Rodríguez atribuía una significación nacional trascendental al proceso judicial, en el cual adivinaba dimensiones aleccionadoras que lo obligarían a solicitar la transmisión de las audiencias por televisión en tiempo real. Decía no abrigar temores frente a la posibilidad de preguntas embarazosas porque estaba convencido de la objetividad de las investigaciones y, además, el "médico" tenía en sus manos todos los detalles. Sus palabras sonaban demoledoras.

Rodríguez soñaba despierto, se imaginaba apuntando con el dedo acusador a algunos enemigos del Presidente Chávez ahora sentados en el banquillo… Mentalmente recitaba los artículos del Código Penal que poco a poco iría esgrimiendo como arma implacable, mientras desde el Palacio de Miraflores era observado con beneplácito. Esos enemigos presidenciales serían obligados a confesar los delitos que se les endilgaran, para luego ser condenados con todo el peso de la ley y expuestos al odio público.

Pero, a pesar de esa seguridad y eficiencia que el representante del Ministerio Público intentaba proyectar, prontamente quedaría al descubierto que el "testigo" Geovanni Vásquez no era médico y menos aún psiquiatra, que tenía prontuario policial por varios delitos comunes cometidos en Colombia y que sus narraciones incriminatorias eran falsas y elaboradas por la Fiscalía General. Se comprobó que era imposible que Vásquez hubiese presenciado las reuniones relatadas en las actas judiciales, por cuanto él estaba en una cárcel colombiana mientras los supuestos hechos ocurrían.

En el proceso salieron a flote las actas de cinco versiones distintas de los interrogatorios hechos al "testigo estrella" ante el fiscal octavo nacional, Gilberto Landaeta, y otras tres de lo que en términos abogadiles se definía como pruebas anticipadas, realizadas ante el juez 19 de control del Area Metropolitana de Caracas. Todas estaban suscritas tanto por el declarante como por el fiscal y otros funcionarios. Landaeta admitió la existencia de tales documentos, pero dijo que se trataba de materiales de desecho sin valor procesal.

El mismo día en que Rodríguez hablaba *in extenso* sobre el tema en el Canal 8 (VTV), un ex concejal amigo de Danilo Anderson, Carlos Herrera, afirmaba en rueda de prensa que el Fiscal General había cambiado once veces sus versiones sobre el asesinato, y que el banquero Nelson Mezerhane había sido involucrado en el caso como uno de los presuntos autores intelectuales para tratar de evitar que Globovisión difundiera unos reportajes con motivo del primer aniversario del homicidio. Entre los accionistas principales de la televisora estaba Mezerhane, quien además era dueño del Banco Federal, del complejo turístico del teleférico del Ávila y de muchas otras empresas que a la postre fueron intervenidas y expropiadas por el gobierno. Las imputaciones contra la periodista Patricia Poleo también eran una venganza política.

El ex concejal aseguraba que en alguna ocasión Anderson le había narrado una conversación suya con el vicepresidente José

Vicente Rangel, en la cual éste le pedía abstenerse de formular cargos contra un grupo de banqueros, porque eso entorpecería un negocio importante que iban a hacer con el gobierno. Tobías Nóbrega, a la sazón ministro de Finanzas, había intercedido de forma similar a favor de miembros de una familia de apellido Gamma, y el diputado Calixto Ortega lo habría hecho por el empresario petrolero Hugo Raffali. A juzgar por las declaraciones del amigo del occiso, todo era un enredo de complicidades y corrupción en proporciones mayúsculas.

Transcurridos ya varios meses, Geovanni Vásquez admitió haber sido contratado para participar en la farsa, y solicitó que se imputara al ex Fiscal Rodríguez como responsable último del forjamiento de las pruebas, en combinación con un grupo de miembros del sistema judicial. Afirmó que el gobierno venezolano se había comprometido a pagarle dos millones de dólares por testificar falsamente, pero sólo le dieron medio millón por partes. Poco a poco las evidencias salían a flote. Las contradicciones crecían cada vez más e Isaías Rodríguez y el gobierno quedaban al desnudo.

Para aliviar el escozor que el escándalo causaba al Poder Ejecutivo y a la Fiscalía General, se ingenió entonces la fórmula de prohibir a través de un juez que el nombre del "testigo" Vásquez se mencionara en los canales de televisión, con el argumento de que la vida de éste corría peligro y las investigaciones aún estaban en etapa sumarial. Durante el proceso judicial, también fue utilizado otro testigo falso, Alexis Peñuela, quien después de transcurridos varios años dijo haber sido contratado por 7.500 dólares del Ministerio Público para declarar lo que se le ordenara.

Ya en su condición de ex Fiscal, Isaías Rodríguez todavía hablaba sin inmutarse, sin presentar ninguna señal de mejoría en su capacidad imaginativa. El 8 de abril de 2008, comentó ante varios reporteros de televisión que las informaciones que circulaban sobre el caso Anderson formaban parte de una campaña de Estados Unidos en época electoral, que con la ayuda de transnacionales de la comunicación pretendían desprestigiar a la administración venezolana.

El Estado al servicio del crimen...

El 13 de noviembre de 2008 un ex fiscal del Ministerio Público que había participado en las investigaciones, Hernando Contreras, explicó en una larga entrevista transmitida por Globovisión, cómo Isaías Rodríguez había urdido la trama. Recordó que varios fiscales habían acusado a Danilo Anderson de ser parte de una poderosa red de extorsión, pero el Fiscal General desestimaba los señalamientos por considerarlos parte de una campaña orquestada por la CIA y por la oligarquía criolla.

Contreras aseguraba que un día después del homicidio, había habido una reunión con asistencia del entonces Ministro de Interior y Justicia, Jesse Chacón; del director de la DISIP, Miguel Rodríguez Torres; del director del Cuerpo de Investigaciones Científicas, Penales y Criminalísticas (CICPC), Marcos Chávez; y de los Fiscales del Ministerio Público Gilberto Landaeta y Yoraco Bauza, en la cual se tomó la decisión de asesinar a un grupo de presuntos autores materiales del crimen: Yohan Humberto Peña, Pedro Wladimir Lander, Otoniel Guevara, Rolando Guevara, Juan Bautista Guevara, Juan Carlos Sánchez y Antonio López Castillo, casi todos vinculados a organismos policiales.

En una llamada telefónica anónima aparentemente recibida por el CICPC, esas siete personas habrían sido mencionadas como implicadas en el homicidio de Anderson, pero había quienes consideraban extraño que la policía científica no hubiese hecho el rastreo de la comunicación, ni hubiese verificado la información que supuestamente le había sido suministrada. Sánchez, un detective privado, y López Castillo, un abogado en ejercicio libre de la profesión, fueron acribillados a balazos en lo que las versiones oficiales definían como enfrentamientos con funcionarios policiales. En ambos casos todo era confuso y hasta contradictorio, pero la Fiscalía General de la República no hacía mayores esfuerzos para aclarar los hechos. Nunca hubo pruebas concluyentes de que Sánchez y López hubiesen estado involucrados la muerte de Danilo Anderson.

Pocas horas antes de su desaparición, Sánchez había visitado su casa paterna y conversado con varios familiares sobre distintos temas y, como siempre lo hacía, se sentó a ver televisión, comió, lavó su ropa y el carro, pero en ningún momento habló de planes o razones para salir de la ciudad. Según la policía, a él lo mataron el jueves 25 de noviembre del 2004 en un motel de Barquisimeto, a 400 kilómetros de Caracas, al enfrentarse a balazos a una comisión de funcionarios.

En la mañana de aquel mismo día, los Sánchez recibieron una llamada telefónica del CICPC, en la cual se les informaba que Juan Carlos había sido arrestado para interrogatorios relacionados con un caso policial sobre el cual no se dieron detalles. Ellos querían saber de qué se trataba, pero solo les dijeron que no se preocuparan, que el detenido estaba bien de salud. Ni siquiera hicieron referencia al lugar en que presuntamente lo tenían. En la tarde los volvieron a llamar, esta vez para decirles que estaba muerto, sin hacer mención a la presunta causa.

Para José María Sánchez, el padre, las explicaciones policiales comenzaron a despertar sospechas desde el primer momento, con aquellas llamadas telefónicas. En el cadáver no se percibían signos convincentes de que se hubiese tratado de un enfrentamiento a tiros con la policía. Tenía heridas y escoriaciones en las manos, señales inequívocas de haber estado amarrado. En los pómulos y en otras partes de la cara había rastros de golpes, pero el informe del forense que participó en el levantamiento del cuerpo sólo hacía referencia a los tres balazos en el pecho.

Con posterioridad, los familiares del occiso consignaron ante los tribunales un documento que citaba el expediente del CICPC 021-04, sustanciado por la Fiscalía 39 con competencia nacional, que contenía el acta de la autopsia número 8700-152-1044-04 firmada por el médico Ismael Chirinos, según la cual había habido laceración del hígado, el páncreas, asas intestinales y vasos mesentéricos, hemotórax bilateral, hemoperitoneo y riñón izquierdo. Según los Sánchez, era evidente que esas lesiones fueron ocasionadas por torturas infligidas a Juan Carlos mientras estaba preso en la DISIP, y en ningún caso podían haber sido consecuencia de los tres balazos.

Hubo además otras versiones publicadas por la prensa. Una de ellas se refería a un comentario de Juan Bautista Guevara durante una audiencia en los tribunales, conforme al cual él había reconocido la voz y los gritos de Juan Carlos Sánchez mientras era torturado en la DISIP. Entre Sánchez y Guevara existían viejos lazos de amistad. Otra se refería a dos miembros de la DISIP que dijeron haber visto a Sánchez mientras estaba preso, lo que ponía en tela de juicio las explicaciones de las autoridades.

Cerca del mediodía del martes 23 de noviembre del 2004, es decir, dos días antes del asesinato del detective Sánchez, las emisoras de radio y televisión suspendieron sus programas regulares para dar la noticia de una balacera en las inmediaciones de la céntrica Plaza Venezuela, en la que, de acuerdo con las versiones policiales, acababa de fallecer uno de los implicados en la muerte del Fiscal Anderson. Se trataba del abogado Antonio López Castillo, quien manejaba su vehículo con dirección al bufete al cual estaba asociado. Sus padres -a quienes no les permitieron ver el cadáver- supieron que tenía 14 perforaciones y un tiro de gracia entre la barbilla y el cuello. Los periodistas que vieron el carro dijeron que tenía más de 30 perforaciones causadas por proyectiles. En esa balacera también murió un inspector del CICPC, Alberto Pabón, que, según el abogado de la familia López, fue víctima de un disparo de uno de sus compañeros.

Los padres del abogado muerto, los esposos Haydée Castillo de López y Antonio López Acosta, ampliamente conocidos por su trayectoria profesional y por su honorabilidad como servidores públicos, fueron arrestados, maltratados y públicamente humillados. Uno de los hombres que allanaron su residencia les dijo: "Matamos a su hijo como a un perro". En el expediente se llegó a decir incluso que en el sótano de la residencia de la familia López fue hallado un cañón, pero quienes lo instruyeron ni siquiera se percataron de que en ese lugar no había sótanos.

En el juicio a los Guevara nunca se llegó a citar el nombre de López Castillo. En la sentencia sólo se decía que un abogado había recibido en La Guaira una cantidad del explosivo C-4 y minas para la fabricación de la bomba utilizada para matar a Anderson, pero sin alusiones concretas. En un proceso judicial de varios años -en el cual se tomaron en cuenta las declaraciones del "testigo estrella" Geovanni Vásquez y otras pruebas que resultarían descalificadas-, Juan Bautista Guevara fue condenado a treinta años de presidio y Otoniel y Rolando Guevara a 27 años, como autores materiales de la muerte de Anderson.

En el extenso relato transmitido por Globovisión, el ex fiscal Hernando Contreras aseguró que el fiscal Gilberto Landaeta le había informado los detalles de la reunión en que altos miembros del gobierno y del Ministerio Público tomaron la decisión de cometer los asesinatos de Sánchez y López Castillo, así como de los otros que no pudieron ser eliminados físicamente. En el momento en que Landaeta hacía el escabroso relato, Contreras se encontraba en compañía de las también fiscales del Ministerio Público Turcy Simancas y Sonia Buznego.

"Cada vez que se preparaba un acta con la supuesta declaración del 'testigo' Vásquez, el Fiscal General Isaías Rodríguez se ocupaba de llevarla al alto gobierno para su revisión. Cada vez que había una modificación, se llamaba al testigo y se le decía lo que tenía que declarar"[57], subrayó Contreras. En el curso de las investigaciones, Isaías Rodríguez le había revelado a los fiscales del caso que el propio Chávez había ordenado excluir de las actas procesales los nombres de María Corina Machado y Alejandro Plaz, directivos de la ONG Súmate.

En un acto político realizado el martes 18 de noviembre de 2008 en El Poliedro de Caracas, cuando ya se cumplía el cuarto aniversario del asesinato del Fiscal Danilo Anderson, Hugo Chávez lo recordó como "un verdadero revolucionario de moral indomable". Lamentó que hubiese transcurrido tanto tiempo sin que los organismos de investigación policial hubieran podido esclarecer la autoría intelectual del crimen, a pesar de que los "autores materiales" estaban identificados y en prisión. Aquel mismo día, Teodoro Petkoff sostenía en el editorial del diario

TalCual que "la Fiscalía de la República, bajo la responsabilidad personal (y penal, por cierto) de Isaías Rodríguez, fabricó una patraña dirigida a 'encangrejar'* el caso, para así proteger a los verdaderos autores intelectuales e incluso materiales del homicidio. De hecho, podríamos estar ante un crimen de Estado, que ha podido permanecer impune hasta ahora porque las instituciones judiciales han sido confiscadas y anuladas por Hugo Chávez". Petkoff remataba su artículo con frases contundentes: "Anderson fue eliminado porque sabía demasiado. Era peligroso para más de uno. ¿El Estado, pues, al servicio del crimen?".

En una declaración rendida el 8 de abril de 2008 ante los fiscales del Ministerio Público Susana Churión y Harrison González, el "testigo estrella" Vásquez lanzó acusaciones directas contra el segundo hombre en la estructura de poder del gobierno, José Vicente Rangel, como autor intelectual del homicidio de Anderson. El ex concejal Herrera y otras personas habían hecho señalamientos del mismo tenor pero, como era lógico suponer, el Ejecutivo y el sistema judicial los dejaron pasar desapercibidos.

Vásquez dijo: "Al ser expulsado o sacado de las investigaciones del caso, no sé, Gilberto Landaeta me citó en Caracas, donde nos vimos en mi carro, en una camioneta. Y es cuando él, con una gran rabia, me cuenta que todo fue un engaño y (que) me utilizaron. Y con palabras textuales de él, que son las que voy a repetir ahora, ya que no tengo pruebas de eso, y que solicito se pongan en mayúsculas y negrillas, me cuenta que José Vicente Rangel (entonces Vicepresidente de la República), el Fiscal General, los fiscales Yoraco Bauza, Danilo Anderson y otros fiscales que no quiso nombrarme, tenían una red de extorsión. Al parecer hubo problemas entre ellos porque Danilo quiso extorsionar a (Ignacio) Salvatierra y a José Vicente Rangel no le gustó. Danilo amenazó con decir lo que estaba pasando y entonces José Vicente lo mandó a matar"[58]

---

* Encangrejar, en lenguaje policial venezolano: Introducir elementos extraños en las investigaciones de un caso para impedir o torcer su solución.

Al haber transcurrido dos años desde la muerte del abogado Antonio López, su madre, ministra de Fomento del primer gobierno de Rafael Caldera, ex Presidenta de la Cámara de Diputados, ex Senadora y ex vicepresidenta de Copei, publicó (el 21 de noviembre de 2006) un conciso artículo de opinión en Analitica.com, con una serie de preguntas que ponían en entredicho la seriedad de los procedimientos de los organismos oficiales:

"¿Quiénes y por qué mataron a nuestro hijo? El juicio contra sus asesinos ni siquiera se ha iniciado. ¿Será verdad que lo confundieron con el general González González y por eso lo cosieron a balazos el 23 de noviembre de 2004 en las inmediaciones de la Plaza Venezuela? ¿Por qué la policía se niega a entregar a la Fiscalía las fotos de la autopsia? ¿Será para esconder que tenía un tiro de gracia debajo de la barbilla? ¿Será entonces verdad que el asalto a nuestra casa, la siembra de armas y explosivos y nuestra detención, incomunicados en hacinados calabozos colectivos de un retén policial mientras robaban nuestra residencia, fue para tapar la negligencia y alevosía de su asesinato? ¿De qué nacionalidad son los funcionarios que varios días después del asesinato realizaron 383 llamadas a Cuba por el teléfono celular de Antonio, que junto con otros objetos personales decomisó la policía en el lugar del crimen? ¿Por qué la insistencia en involucrar a Antonio en el asesinato de Danilo Anderson cuando en el juicio a los presuntos autores no se le nombró ni una sola vez? ¿Será porque él, como abogado, acompañó a la señora Guevara a la Fiscalía a denunciar la desaparición de su esposo cuando estaba secuestrado? ¿Dónde está la denuncia por intento de extorsión que contra un funcionario del CICPC introdujo Antonio en la Fiscalía de Los Teques seis meses antes de su asesinato y cuya copia se llevó la DIM cuando allanó su oficina? ¿Por qué ni a los fiscales, ni a nosotros, ni a nuestros abogados, nos dejaron ver el automóvil que, según algunos periodistas que estuvieron en el lugar del suceso, tenía más de 30 perforaciones de bala?", señalaba la ex parlamentaria, para agregar después que "algún día habrá justicia y se sabrá la verdad." [59]

El gobierno manejaba el caso como una novela por entregas, hasta que el tiempo se encargó de agotar el libreto y todo quedaría para que en contadas ocasiones aparecieran algunas menciones oficiales.

IX
CADA VEZ MÁS PODER

No hay derrotas

Chávez fue elegido en diciembre de 1998 para un período constitucional de cinco años sin reelección inmediata, pero tan pronto llegó al Palacio de Miraflores empezó a buscar fórmulas para aferrarse indefinidamente al mando. Un año después de aprobada la nueva Carta Magna se celebraron comicios para lo que se definía como relegitimación de poderes, con lo cual fue elegido para un lapso de seis años con derecho a una reelección inmediata, que lograría en diciembre de 2006, es decir, hasta el 2013.

En junio del 2007 presentó a la Asamblea Nacional un proyecto de reforma constitucional que contemplaba extender su mandato a siete años y la posibilidad de la reelección indefinida, que con eufemismos prefería llamar continua. La reforma -que incluía cambios en el régimen de propiedad privada para formalizar el modelo socialista, en el sistema educativo y en la organización de la Fuerza Armada, y de paso le daba facultades casi ilimitadas al Jefe del Estado- fue rechazada en un referéndum efectuado en medio de gran tensión, el 2 de diciembre del 2007.

Para el Presidente fue un resultado inesperado. Las encuestas mostraban el sentimiento popular adverso a las intenciones de Chávez, pero él había sobreestimado su capacidad de convocatoria. El Consejo Nacional Electoral se vio obligado a emitir en la madrugada un boletín no definitivo con cifras adversas al gobierno, cuando los ánimos populares daban síntomas de efervescencia y había rumores de malestar en sectores militares. A las dos de la madrugada el ex ministro de la Defensa Raúl Baduel había aparecido en televisión con severas advertencias. Frente a la posibilidad de que el país se desbordara a esa hora, Chávez prefirió admitir la derrota para disipar los presagios. Pero aún así, luego de casi un año no se conocían los resultados oficiales definitivos.

Dos días después de la consulta popular, el Alto Mando Militar ofreció una conferencia de prensa en Miraflores por instrucciones presidenciales, para desmentir las especulaciones relacionadas con el reconocimiento del revés y sobre las amenazas de golpe militar. Chávez no podía contener sus ímpetus, que lo llevaron a presentarse en la sala y a tomar el micrófono para hacer un prolongado análisis escatológico de los resultados electorales. Entre otras cosas expresó: "Sepan administrar su victoria, porque ya la están llenando de mierda. ¡Esa es una victoria de mierda! Llamen la nuestra una derrota, pero es una derrota de coraje, de dignidad".

Daba la impresión de que el vocabulario se le agotaba hasta para rebatir una crónica publicada el día anterior por Hernán Lugo Galicia en *El Nacional*. En ese instante hizo referencia a los escudos de armas que adornan la entrada del Fuerte Tiuna, sede del ministerio de la Defensa, señalando que a veces tenían una suerte de herrumbre que se explicaba por sus dos componentes: sangre y mierda. "¡Toma nota Lugo Galicia, porque lo tuyo es mierda!". Era ese un largo examen político lleno de adjetivos impulsados por la ira, que lo llevaban a anunciar que en cualquier momento volvería con su reforma, con lo cual dejaba flotando en el aire una pregunta: si la decisión era imponer su voluntad a como diera lugar, ¿para qué o por qué se hizo el referéndum?

En la extensa rueda de prensa, el ministro de la Defensa del momento, general Gustavo Rangel Briceño, hacía aportes folklóricos y hasta ingenuos frente a lo que su jefe se esmeraba en denunciar como una agresiva campaña de descrédito: "Hay quienes dicen que la FAN presionó al Presidente de la República, pero al Presidente no se le presiona porque él es impresionable (sic)".

Un año más tarde le llegaría otro resultado adverso al líder de la revolución. El 23 de noviembre de 2008 sería derrotado en las elecciones de gobernadores en zonas densamente pobladas, que representaban casi la mitad del país (en Zulia, Miranda, Carabobo, Táchira y Nueva Esparta), al igual que las correspondientes a la Alcaldía Metropolitana de Caracas. De esa manera, a Chávez le llegaba el inicio de un momento crítico, puesto que su popularidad comenzaba a mostrar signos de erosión. A pesar de largos meses de esfuerzo físico y económico, de ventajismo de todo tipo, de violaciones a leyes elaboradas por él y para beneficio propio, no había logrado el cometido. La combinación del descalabro electoral y las perspectivas de bajos precios del petróleo, lo llevaban a la conclusión de que era impostergable incorporar la reelección indefinida al texto constitucional.

En las cinco semanas previas a ese 23 de noviembre, las manifestaciones demagógicas del Presidente le habían costado al país 1.753 millones de dólares de las reservas internacionales, sin que se hubiesen realizado pagos de la deuda externa o hubiese habido alguna contingencia especial. En los barrios se repartían lavadoras, neveras, licuadoras, televisores, radios, relojes y dinero en efectivo. Gente que nunca había pagado las cotizaciones exigidas por la ley, era incorporada a las listas de pensionados del Instituto Venezolano de los Seguros Sociales (IVSS). Las jornadas presidenciales del segundo semestre de 2008 daban la sensación de ser agotadoras.

Transcurridas 24 horas desde las elecciones regionales de noviembre, volvía a emprender una agresiva campaña de radio y televisión, con transmisiones diarias en cadena nacional, con el pretexto de asistir las juramentaciones de los gobernadores y alcaldes chavistas. Comenzó en el municipio Libertador, en Caracas, donde el ex vicepresidente de la República Jorge Rodríguez fue elegido alcalde, y siguió con otros a lo largo y ancho del país, para replantear las pretensiones reeleccionistas.

En sus arengas le ordenaba a la Asamblea Nacional la perentoria aprobación de una enmienda del artículo 230 de la Constitución, que sería sometida a referéndum el 15 de febrero de 2009. Y, entretanto, las presidentas del Tribunal Supremo, Luisa Estela Morales; del Consejo Electoral, Tibisay Lucena; y de la Asamblea Nacional, Cilia Flores, de manera solícita anunciaban que la voluntad presidencial era legal, que todo estaba listo para organizar el evento y no habría demoras legislativas. Sin rubor, el Presidente confesaba que en el supuesto (que consideraba negado) de perder la nueva consulta popular, intentaría por tercera vez la enmienda o convocaría una nueva Asamblea Constituyente.

Hasta ese momento había defendido la tesis de la reelección solo para el jefe del Estado, pero de manera súbita comprendió que la mejor forma de ampliar su base de respaldo era modificando la propuesta para que todos los funcionarios de elección popular pudieran aspirar indefinidamente. Fidel Castro, al decir de algunos miembros del PSUV, había examinado la situación política y, con su innegable perspicacia, le había aconsejado a Chávez la mejor manera de comprometer el mayor número de funcionarios en la campaña electoral.

En el discurso que pronunció apenas un año antes (el 15 de agosto de 2007) ante la Asamblea Nacional, al presentar el proyecto de reforma constitucional que fue rechazado en el referéndum de diciembre del mismo año, Chávez había afirmado que "aquí no podemos seguir aceptando o generando situaciones sobre las que se van formando caudillitos o caudillos, que pretenden ser presidenticos de republiquetas o republiquitas"[60], a pesar de lo cual hizo redactar una pregunta que ocultaba la verdadera intención:

"¿Aprueba usted la enmienda de los artículos 160, 162, 164, 194 y 230 de la Constitución de la República, tramitada por la Asamblea Nacional, que amplía los derechos políticos del pueblo con el fin de permitir que cualquier ciudadano o ciudadana, en ejercicio de un cargo de elección popular, pueda ser sujeto de postulación como candidato o candidata, para el mismo cargo por el tiempo establecido constitucionalmente, dependiendo su posible elección exclusivamente del voto popular?".

Entretanto, los miembros de la Sala Constitucional del Tribunal Supremo, encabezados por la doctora Luisa Estela Morales, aprovechaba la gran fiesta del décimo aniversario del gobierno -el 2 de febrero de 2009-, para emitir un fallo diciendo que la reelección indefinida no era violatoria del principio de la alternabilidad en los cargos de elección popular. Antes, en enero de 2002, un fallo de la Sala Electoral del mismo Tribunal había dicho exactamente lo contrario: que la alternabilidad debía ser entendida como "el ejercicio sucesivo de un cargo por personas distintas, pertenezcan o no a un mismo partido político".

En medio del ventajismo electoral impuesto por los órganos del Estado, con todos los recursos económicos disponibles, con amedrentamiento y persecución contra los dirigentes de la oposición, la figura de la reelección presidencial indefinida fue instaurada en Venezuela, mediante el referéndum realizado el 15 de febrero de 2009.

Una familia de malas costumbres

Desde los primeros días de la administración chavista, en cualquier sitio y a cualquier hora, muchos han criticado la impunidad frente a los desaguisados de figuras prominentes del régimen, mientras el Contralor General de la República (2000-2011), Clodosvaldo Russián, consideraba preferible entrenarse en habilidosas destrezas para halagar al Presidente. Con un pasado relacionado con la extrema izquierda, Russián no guardaba siquiera las apariencias en el cuidado de los asuntos del Estado para satisfacer a Chávez.

Un cable difundido por la agencia AP (el 17 de noviembre de 2008) describía muy gráficamente el ambiente creado en la era chavista: "Los adversarios dicen que la familia se ha enriquecido y ha adquirido fincas ganaderas, mientras el gobernador de Barinas (padre de Chávez) ha utilizado frecuentemente decretos de emergencia para proyectos de obras públicas, permitiéndole al gobierno evadir los reglamentos de licitaciones abiertas y ha escogido directamente a los contratistas". En la misma información se citaba una frase lapidaria de Rafael Simón Jiménez, un ex diputado que desde la niñez conocía a los Chávez: "Es una dinastía corrupta".

En el año 2000 el gobernador Hugo de Los Reyes Chávez desvió el equivalente a 400 millones de dólares de la partida correspondiente a sueldos de empleados públicos, para destinarlos a la campaña electoral que estaba en curso. En 2004 se presentaron denuncias de violación de procedimientos administrativos por parte de la gobernación, al demorar el pago en moneda nacional de unos 3 millones 300 mil dólares a los miembros de la caja de ahorros con el propósito de cobrar ilegalmente intereses bancarios. Y cuando la deuda fue cancelada, se descubrió una nómina fantasma de 112 "maestros" que cobraban sin presentar las órdenes correspondientes y sin firmar recibos.

El gobernador emitió en noviembre de 2005 el decreto de emergencia 754, con la finalidad de adjudicar contratos a dedo por casi 7 millones de dólares para mejorar la infraestructura educativa del Estado. Otros trabajos por más de 70 millones de dólares fueron asignados con procedimientos similares, con evasión de los requisitos que establecía la Ley de Licitaciones. Todo con el propósito de favorecer a contratistas amigos. Un informe del contralor regional de la época, Enrique Parra, hacía referencia a obras de baja calidad cobradas en 2004 por montos superiores a lo convenido. El padre de los Chávez estuvo en el cargo casi una década, hasta finales de 2008, cuando entregó el mando a su hijo Adán.

Los señalamientos de la rapiña han sido muchos, pero aún mayor ha sido la persecución contra quienes se han atrevido a denunciarlos, tal como le ocurría a Wilmer Azuaje, quien como diputado por Barinas en el período 2005-2010 investigaba las irregularidades de los Chávez. Su casa fue atacada a tiros varias veces. Dos personas que lo acompañaban en un acto político fueron asesinadas y, después, su hermano menor, César Azuaje, y un amigo murieron a balazos en un hecho que él atribuía a sicarios.

El entonces parlamentario sindicaba al gobernador Adán Chávez –el elegido en 2008- de haber instigado el asesinato de su hermano, al exclamar con insistencia "¡muerte al enemigo!", mientras la reacción de la justicia no se hacía esperar: el Tribunal Supremo se declaró competente para decir que había méritos para enjuiciar a Azuaje, basándose en una demanda por presunta difamación incoada por Narciso Chávez, otro de los hermanos del Presidente. Posteriormente un tribunal penal lo hizo apresar por agresión verbal contra una funcionaria pública.

Narciso y Argenis Chávez eran señalados por Azuaje como compradores de *La Malagueña*, una hacienda de más de 581 hectáreas situada en el municipio Obispo, en Barinas, utilizando como persona interpuesta a un campesino, Néstor Izarra. Al momento de la transacción, el único capital de Izarra era una cuenta equivalente a 1.500 dólares en el Banco Sofitasa. No mucho tiempo después de haber sido vigilante en la finca *La Chavera*, propiedad de los padres del Presidente, aquel hombre figuraba en la lista de contratistas del Estado.

Basándose en una investigación de la contraloría estatal de Barinas, el ex dirigente del PSUV denunció corrupción en compras de vehículos para las unidades educativas, por el equivalente a 1,5 millones de dólares, mientras la secretaría de planificación del Estado incumplía la obligación de controlar la ejecución presupuestaria. Cuando esas situaciones salían a relucir públicamente, en marzo de 2009 un informe de la Comisión de Contraloría de la Asamblea Nacional exoneró a los miembros de la familia presidencial de hechos ilícitos. "En el proceso de investigación, de recolección de información y en las comparecencias ante la Comisión, se demostró la legalidad del origen de los bienes adquiridos por los familiares del Presidente, y eso se puede comprobar en cualquier instancia legal", dijo el entonces presidente de la referida Comisión, diputado Julio Moreno.

En su condición de gobernador, Hugo de los Reyes Chávez había comprado -según documentación exhibida por Azuaje- unos diez bienes inmuebles para revenderlos con sobreprecio a la gobernación de Barinas, para luego asignarlos a una escuela de música, al ateneo, a la Procuraduría estadal y a otros entes oficiales, en operaciones que le dejaban "ganancias" superiores a un millón de dólares. "El Presidente es cómplice de la corrupción de su familia, razón por la cual también debería ser investigado y enjuiciado", dijo Azuaje al salir de la Fiscalía General el 15 de abril de 2009 luego de presentar un legajo de imputaciones.

El apetito económico de los Chávez ha crecido a medida que el tiempo ha ido avanzando y, simultáneamente, se han fraguado complicados mecanismos de ingeniería financiera. Aún así, no les ha sido fácil mantener indefinidamente el secreto de las irregularidades, porque al dejar cabos sueltos pierden el control de la información sobre su fortuna. Era de ese modo como sindicaban a Adán Chávez de haber desarrollado una red de negocios con el banquero Ricardo Fernández Barrueco, surgido en los años de gobierno chavista.

Fernández Barrueco (FB) había alcanzado notoriedad como dueño de cuatro de los ocho pequeños bancos intervenidos por el gobierno en noviembre y diciembre de 2009 -Confederado, Canarias, Bolívar y Provivienda-, en los cuales se utilizaban recursos de entes oficiales y de particulares para enriquecimiento ilegítimo. El jefe del Estado aseguraba que esas entidades, que manejaban aproximadamente 0,5 por ciento del sistema financiero nacional, funcionaban como centrífugas para multiplicar la fortuna personal de FB, que con el dinero de un banco compraba otro y así sucesivamente, hasta poseer un formidable conglomerado económico en apenas 7 años.

Aquellas actividades marchaban como si el dinero cayera del cielo. De propietario de un gimnasio que funcionaba en un local alquilado y de concesionario del estacionamiento del Hotel Caracas Hilton, pasó a poseedor de una de las más grandes fortunas en América Latina: primer proveedor de la red de mercados populares del gobierno (Mercal), dueño de atuneras, almacenadoras, tomateras, procesadoras de alimentos, aviones, cargueros de gasoil, una fábrica de harinas de maíz, casas de bolsa, de un aserradero y del diario *De Frente*, en Barinas. Una de esas empresas (ATA), llegó a tener cuatro mil camiones que prestaban servicios a Mercal y a PDVAL, compañías estatales creadas para monopolizar la distribución de alimentos.

Las propias versiones oficiales admitían que el despegue de la fortuna de Fernández había ocurrido en 2002, durante la huelga general que paralizó al país por varias semanas y puso en apuros al gobierno. El diputado Julio Montoya acusaba a FB de haber obtenido un préstamo de 1.800 millones de dólares del Banco Industrial de Venezuela, para importar alimentos. El monto del préstamo estatal suponía la autorización del Presidente de la República y, además, resultaba extraño que el beneficiario careciera del respaldo económico indispensable para una transacción de esa envergadura.

En una de sus últimas audacias, el banquero estuvo a punto de comprar la tercera compañía venezolana de telefonía celular e internet, Digitel, en una operación por 720 millones de dólares que fue abortada por un rival de armas tomar en las disputas por parcelas económicas, Diosdado Cabello, a la sazón ministro de Infraestructura y presidente de la Comisión Nacional de Telecomunicaciones (CONATEL). Luego de un largo silencio, en una entrevista que concedió a *El Universal* (el 19 de septiembre de 2010) desde su celda en la Dirección de Inteligencia Militar, el detenido rechazaba las imputaciones de corrupción, asegurando no haber incurrido en tráfico de influencias o pago de comisiones.

En el entorno de Fernández Barrueco se hablaba de comprar compañías quebradas en Cuba, en negociaciones respaldadas por el vicepresidente Carlos Lage y el canciller Felipe Pérez Roque - para reactivarlas en la era post Castro-, pero eso fue sólo un sueño que se desvaneció con la caída de las otrora fulgurantes figuras de la élite cubana. Entre chavistas circulaba el rumor de que Fidel había advertido a Chávez los peligros de la bola de nieve que comenzaba a rodar con aquel mago de los negocios, razón suficiente para que el Presidente venezolano ordenara meterlo preso e interviniera su tinglado económico. No obstante, en la calle prevalecía la sospecha de que se trataba de peleas entre millonarios surgidos al calor de Miraflores.

Los restantes cuatro bancos intervenidos en el lapso enero-septiembre de 2009 eran Central, Baninvest, Real y Banorte, pertenecientes a Pedro Torres Ciliberto, Arné Chacón y José Zambrano, igualmente considerados testaferros de la elite chavista. Torres Ciliberto -estrecho amigo del ahora ex vicepresidente José Vicente Rangel- era accionista mayoritario de Central, Baninvest y Real. En Baninvest y Real estaba asociado con Arné Chacón, hermano de uno de los hombres de confianza de Chávez, el entonces ministro Jesse Chacón.

Era un rumor a voces que Arné actuaba llevado de la mano por Jesse Chacón, quien después de su etapa golpista había sido ministro de Interior y Justicia, Información, Secretaría de la Presidencia y de Ciencia y Tecnología, y se le atribuía una sólida fortuna amasada en los últimos años. Al igual que Fernández Barrueco, Arné estuvo un tiempo en el círculo de amigos de los hermanos Adán y Adelis Chávez. También había sido buen amigo de Diosdado Cabello, de quien comenzó a distanciarse a medida que el ritmo de la danza del dinero se hacía vertiginoso. José Zambrano, también relacionado con círculos del gobierno, era dueño de un pequeño banco, Banorte, cuyas dificultades financieras eran un secreto a voces. A pesar de que Banorte tenía apenas 0,38 por ciento de los depósitos a nivel nacional, su dueño estaba en negociaciones para comprar otro que poseía 3,09 por ciento de tales captaciones.

Después de una larga y paciente investigación, un diputado proveniente del chavismo, Ismael García, acusó en diciembre de 2009 a Adán Chávez de utilizar a Fernández y a Arné Chacón como testaferros. Arné, al igual que su hermano Jesse, había sido un militar de baja graduación implicado en los alzamientos de 1992. Al comenzar el régimen formaba parte de una cooperativa de taxistas y recorría las calles de Caracas como conductor de una de las unidades afiliadas. Con la llegada de Jesse al gobierno, las virtudes gerenciales del taxista comenzaron a producir rápidos frutos, hasta acumular una riqueza estimada en dos mil millones de dólares. El propio Presidente una vez se atrevió a poner en tela de juicio los orígenes de ese capital y recordó la época que Arné era "un pata en el suelo".

En pocos años ese hombre había llegado a ser dueño de dos plantas procesadoras de leche en polvo que pertenecieron a la firma italiana Parmalat, al tiempo que adquiría fama de propietario de una de las mejores cuadras de caballos del Hipódromo La Rinconada, en Caracas y, al igual que el Presidente Chávez, era visto con llamativos relojes de pulsera y extravagantes anteojos con montura de oro. Los domingos por la tarde se dejaba fotografiar en la entrega de premios del hipódromo. Después de haberse movido como pez en el agua en los vericuetos de las partidas presupuestarias de ministerios y empresas del Estado, repentinamente Arné se encontraba preso en la DISIP, acusado por seis fiscales del Ministerio Público que le imputaban de aprovechamiento fraudulento de fondos del Estado.

Sus primeros pasos en la carrera del dinero habían sido como empleado del SENIAT, luego en asignaciones especiales de la Vicepresidencia de la República, director de Banfoandes y más tarde alto funcionario del Banco Industrial de Venezuela. Mientras era funcionario del SENIAT, en 2002 obtuvo la representación del Kino Táchira para el Area Metropolitana de Caracas y casi simultáneamente la presidencia de Baninvest, con un elevado sueldo.

Entre aquel amigo de José Vicente Rangel llamado Pedro Torres Ciliberto y Arné Chacón, había ido creciendo la estrecha relación que en un santiamén le permitía a este último jugosas ganancias a través de Baninvest. En un destello de ingenuidad, Arné le confesó al semanario *La Razón* (el 13 de noviembre de 2005) que sin tener dinero había comprado 49 por ciento de las acciones del banco, e insinuó que sus planes consistían en pagar la deuda con las utilidades provenientes de los depósitos de entes del Estado.

Después de la mala jugada que el Presidente le deparó a la prosperidad de Arné, el ministro Jesse Chacón renunció al ministerio de Ciencia y Tecnología y se notaba quejoso, descontento con el gobierno y con algunos de sus viejos amigos. Sus allegados decían que estaba resentido porque el mandatario había expuesto a su hermano al escarnio público, dejándolo a él también con plomo en un ala. Aún así, prefería conservar los vínculos chavistas y dedicarse a una empresa encuestadora que siempre ha colocado la popularidad del jefe del Estado en niveles récord.

X
FARSA DE UNA POLÍTICA SOCIAL

La salud en emergencia

Entre 1999 y 2010, Venezuela tuvo ingresos superiores a 900 mil millones de dólares, de los cuales casi 93 mil millones llegaron en 2008 por concepto de exportaciones de petróleo y derivados. Gran parte de ese dinero se derrochó, se malversó, cuando pudo haberse destinado a la construcción de hospitales y a mejorar los existentes, a modernizar el sistema educativo, al desarrollo del sistema de infraestructura vial, a garantizar la seguridad ciudadana, a darle dignidad al sistema penitenciario, a inversiones rentables. Una porción del ingreso fue asignada a planes diseñados y organizados por cubanos -con el nombre de misiones-, que en su etapa inicial eran eficientes en las áreas de salud y educación, pero dado que los fines eran esencialmente electorales, en corto tiempo se han convertido en pesados aparatos burocráticos.

Los recortes que a partir de 2009 se profundizaron en los planes sociales y en las limitadas obras de infraestructura, pudieron haber sido menores si se hubiese evitado el enorme gasto militar, la corrupción, el alto número de empleados públicos, y el oneroso aporte a los regímenes de Cuba,

Nicaragua, Bolivia, Ecuador y Argentina, y a organizaciones desestabilizadoras. Un trabajo del periodista Javier Brassesco (*El Universal*, 4 de noviembre de 2008), describía el deterioro general de los servicios médico-asistenciales.

En noviembre del 2008, un papel adherido a la puerta principal de la Maternidad Concepción Palacios -otrora la más importante del país y una de las mejores de América Latina- rezaba: "Cerrado el servicio de emergencias por falta de médicos". Nelson Ortiz, director de salud de la Alcaldía Metropolitana de Caracas, constató el 2 de enero del 2009 que ese centro asistencial solo contaba con dos especialistas en terapia intensiva y el servicio de emergencias no funcionaba desde hacía semanas. Ese mismo día el Alcalde Mayor, Antonio Ledezma, observó una "situación pavorosa" en el Hospital "Pérez de León", en Petare, donde no había ni pediatras ni anestesiólogos.

El antecesor de Ledezma había sido Juan Barreto, un extraño personaje con inquietudes intelectuales, sin interés en los problemas de los caraqueños pero sí en negocios en los cuales la corrupción saltaba a la vista. En su carrera política había sido diputado, ministro de Información y miembro de la dirección nacional del partido del Presidente (el MVR, que luego se transformó en PSUV). Ledezma reveló parte de una lista de irregularidades cometidas por Barreto, entre ellas la compra de una vivienda de 3.800 metros de construcción por el equivalente a más de 2 millones 650 mil dólares; otro inmueble por más de 968 mil dólares; y un terreno situado en el Parque Nacional El Ávila, de 15,9 hectáreas, que se pagó por más de un millón 534 mil dólares. Barreto también tenía un acuerdo de compra de otro terreno situado en el mismo Parque Nacional por más de 3 millones 581 mil dólares, para destinarlo a un cementerio. En las 24 horas siguientes a la derrota electoral de las elecciones regionales de noviembre de 2008, hizo gastos y pagos por más de 140 millones de dólares. "Raspó la olla", sentenció Ledezma.

El deterioro de las misiones Barrio Adentro, Barrio Adentro II y Barrio Adentro III ha sido cada vez mayor, al tiempo que las quejas por mala atención han pasado a ser constantes. Según las estadísticas del ministerio de Salud, esas organizaciones han tenido hasta 40 mil cubanos que generan pasivos laborales que en buena medida son cubiertos con endeudamiento público. Fernando Bianco, Presidente del Colegio de Médicos del Distrito Metropolitano -dirigente gremial chavista- no ignoraba la situación, como dijo el 25 de enero de 2008: "Desde siempre estuvimos de acuerdo con la implementación de estos núcleos y con la presencia de médicos cubanos, pero lamentablemente debo admitir que el maravilloso plan se vino abajo. Los módulos se transformaron en simples puntos de atención"[61].

El Colegio de Médicos solicitaba audiencias a Chávez para presentar informes sobre el funcionamiento del sistema de salud y para formular recomendaciones, pero él optaba por mostrar los resultados color de rosa preparados por sus cercanos colaboradores, según los cuales entre 2003 y 2008 se realizaron 278 millones de consultas que supuestamente permitieron salvar 74.473 vidas, 10 millones de consultas oftalmológicas y 32 millones 471 mil consultas odontológicas. Sin embargo, eran innumerables las quejas por falta de medicinas, sobre todo de aquellas requeridas para tratamientos de tuberculosis, mal de Chagas, Alzheimer y problemas de tiroides. Y reaparecían aquellas enfermedades que se consideraban erradicadas, como malaria, dengue, parotiditis, viruela, tuberculosis y mal de Chagas.

La pésima atención médica se ha reflejado incluso en las estadísticas oficiales. El Boletín Epidemiológico semanal número 53 de 2008 del ministerio de Salud informaba que durante ese año se registraron 200.707 casos de parotiditis, lo que representaba un aumento alarmante en relación con 2007, cuando los afectados fueron 19.142. En ese mismo lapso hubo 113.446 casos de varicela, mientras el año anterior se diagnosticaron 79.260. Se reportaron 4.221 enfermos de tuberculosis, 1.404 de hepatitis B, 44.220 de dengue y 8 mil de malaria. Las estadísticas nacionales del Boletín número 38 de 2009 daban cuenta de 33.899 casos de dengue y 24.082 de paludismo hasta el 26 de septiembre.

El proyecto de presupuesto nacional para el 2009 incluía partidas de aproximadamente 9.700 millones de dólares para la

Misión Barrio Adentro, además de 5.500 millones de dólares a través de los entes dependientes del ministerio de Salud, mientras las partidas de ese ministerio eran casi 14 por ciento en relación con el año anterior, lo que ocasionaba repercusiones negativas en los planes asistenciales.

Chávez reconoció una vez la grave situación, pero lo hizo con ardides para diluir las responsabilidades. Durante un Consejo de Ministros televisado, el 19 de septiembre de 2009, dijo que más de dos mil módulos de Barrio Adentro estaban abandonados, para luego anunciar la llegada de un contingente adicional de más de dos mil médicos cubanos. Y cuando apenas habían transcurrido cinco semanas, el 25 de octubre dijo que la salud de los venezolanos mejoraba de manera significativa, como consecuencia de lo cual se producía un aumento del índice de obesidad: "Ahora aquí no hay nadie que no coma tres veces por día".

Otro tema sensible para los venezolanos ha sido la inseguridad personal, que aumenta vertiginosamente. Un informe confidencial del CICPC (cuya función es precisamente la lucha contra el delito) publicado por *Últimas Noticias* el 11 de enero de 2009, reveló que desde el inicio del gobierno habían ocurrido 101.141 homicidios en el territorio nacional, lo que equivalía a un promedio de 10.114 por año. Uno por hora. Un día después, *El Universal* publicó una información según la cual, a pesar de los planes de seguridad oficiales, los funcionarios de la Policía Metropolitana sólo disponían de siete motocicletas y cuatro patrullas para custodiar una zona densamente poblada y de alto índice delictivo, comprendida entre La Yaguara y Las Adjuntas, en el oeste de Caracas. 51 de los 164 módulos de la PM situados en barrios caraqueños estaban operativos a medias.

Roberto Briceño-León, miembro del Laboratorio de Ciencias Sociales y profesor universitario, sostenía que en 2008 Venezuela había pasado a ser uno de los países con más elevados índices de violencia en el continente, con una tasa de 52 homicidios por cada cien mil habitantes, mientras la de Brasil era de 20, la de México 17 y, a pesar de la guerra interna, la de Colombia de 35. El cambio dramático se podía observar al comparar las cifras de

2008 con las registradas en los años 80, cuando los asesinatos en Venezuela eran 8 por cada cien mil habitantes.

Las estadísticas nacionales eran conservadoras porque, según Briceño-León, correspondían únicamente a investigaciones realizadas por el CICPC. La mayoría de los casos registrados en 2008 como homicidios se referían a una persona, e incluían asesinatos múltiples como si se hubiese tratado de casos individuales. Además, tampoco se contemplaban las variables de "resistencia a la autoridad" y averiguaciones de muerte por causas desconocidas, que podían haber sido homicidios.

Desde el comienzo de la era chavista, el hampa ha crecido al influjo del verbo presidencial, con infortunadas declaraciones presidenciales como la del 4 de febrero de 1999, en un acto oficial de conmemoración de su golpe militar, cuando en el Paseo Los Próceres, dirigiéndose a la Presidenta de la Corte Suprema de Justicia y sin que ella se inmutara, dijo: "Si mis hijos tuviesen hambre, yo también asaltaría un banco". Esa apología del delito adquiría dimensiones escandalosas en boca del jefe del Estado.

La inmensa masa de dinero percibida por la administración chavista ha sido utilizada para crear una sensación artificial de bienestar social y económico entre los venezolanos, pero no ha habido políticas estructuradas, con planificación a corto, mediano y largo plazo. Se ha tratado solo de parches, como lo prueban las misiones sociales, que cuatro años después de su comienzo ya presentaban deficiencias, porque estaban diseñadas con fines clientelares y no para perdurar. La "cooperación internacional" ha consumido más de 35.000 millones de dólares en una década, mientras los cinturones de miseria saltan a la vista.

En su mensaje anual a la Asamblea Nacional correspondiente a 2008, el Presidente hacía alardes de su capacidad administrativa, para lo cual intentaba ilustrar sus logros con cifras controversiales. Según él, hasta ese momento el gobierno había sacado de la pobreza a 2,19 millones de venezolanos, pero el director del Instituto de Investigaciones Económicas y Sociales de la Universidad Católica Andrés Bello, Luis Pedro España, no creía que eso fuera exacto y advertía discrepancias en las estadísticas de los organismos oficiales. En su opinión, ha habido un uso deliberado de las estadísticas sociales con fines propagandísticos y con un efecto perverso, porque se ha gobernado a ciegas, sin instrumentos.

Los hechos han ido demostrando que en teoría, con el denominado Socialismo del siglo XXI, Venezuela comenzó a "nadar hacia el mar de la felicidad" de la Revolución Cubana. En la práctica, las desigualdades sociales y económicas se han multiplicado. La clase media, que se había consolidado en el país en los años 70 y desde entonces hacía aportes significativos a la economía nacional, fue liquidada por la administración chavista, mientras el sector productivo ha sacado del país la parte gruesa de sus capitales.

XI
DISPENDIO COMO POLÍTICA DE ESTADO

Improvisación a cada paso

La época de las vacas flacas le llegó de manera sorpresiva a la administración Chávez en 2009, a pesar de que la economía mundial mostraba signos de agotamiento desde hacía casi un año. En 2008 los elevados precios del petróleo habían frenado el consumo de energía en los mercados internacionales, lo que aunado al funcionamiento irresponsable del sistema bancario de Estados Unidos -con préstamos sin garantías y desmedidos sueldos para sus altos ejecutivos-, creó una situación insostenible que desembocó en la más severa recesión internacional desde la Segunda Guerra Mundial.

En el primer año de gobierno de Chávez (1999), cuando todavía se sentían los coletazos de un prolongado período de depresión en los precios del petróleo, las importaciones venezolanas eran de 14 mil millones de dólares y el malestar económico se palpaba en las calles. Ya en 2006 alcanzaban a 32 mil millones de dólares y después, en 2008, durante el boom petrolero, saltaron a 48 mil millones. Las importaciones de alimentos pasaron de 1.900 millones de dólares en 2005 a 5.840

millones en 2007, lo que representaba un aumento de 208 por ciento en dos años, lo que evidencia que en la "revolución bolivariana" ha aumentado la dependencia económica del exterior.

A comienzos de 2002 los precios de los productos alimenticios se disparaban, mientras el fracaso de la política de control de precios estaba a la vista. En esa época comenzó a observarse la escasez de harinas, aceites comestibles, azúcar, pastas, café, leche, sal, papel higiénico, sardinas enlatadas, quesos y otros renglones, hasta transformarse en una situación crónica que la población aceptaría con resignación. A eso contribuían las estatizaciones de empresas de todo tipo, con el argumento de que los medios de producción debían democratizarse.

La incidencia de tales políticas ha sido desastrosa en los niveles de vida de esa población por la cual el Presidente dice "dar la vida". El tradicional grupo de empresas Polar, poseedor de 30 plantas industriales en el país, generador de 30 mil empleos directos y 180 mil indirectos, gran productor de aceites comestibles, pastas, harina precocida, cervezas, refrescos y otros rubros, fue sometido a hostigamiento. Al ser expropiadas las redes de supermercados Éxito y Cada, Alimentos Polar les aumentó el volumen de sus suministros, pero aún así el Presidente tenía pretextos para actuar contra esa organización.

En uno de sus diarios discursos, Chávez se refirió el viernes 18 de febrero de 2010 al mayor accionista de Polar en los términos siguientes: "Ciudadano Mendoza, no se le ocurra volver por los antiguos caminos... No olvide cuando cerró la fábrica de maíz (sic)... Como seres humanos todos tenemos nuestros intereses: usted tiene los suyos y yo los míos con el pueblo, porque usted es un ricachón. Cuidado Mendoza, porque si usted sigue así yo puedo tomar una decisión con respecto a toda la Polar".

La incapacidad y la corrupción han sido evidentes en el gobierno chavista, tal como lo ha demostrado la escasez de productos de consumo masivo. Sin embargo, a mediados de 2010 surgió el gran escándalo por la enorme cantidad de alimentos podridos que desde hacía tres años se habían acumulado en los patios de Puerto Cabello. Había 2.927 contenedores con 96.600 toneladas de cereales, carnes, harinas, vegetales, huevos y muchos productos importados por PDVAL, Mercal y CASA. Y a pesar de haber sido compras realizadas por organismos oficiales y estaban en instalaciones controladas por el Ejecutivo, Chávez y el ministro Rafael Ramírez descargaban las culpas en la oligarquía nacional.

Tales transacciones se hacían mediante empresas y personajes impuestos por el presidente de PDVSA, que repetidamente han sido denunciados por corrupción. Uno de ellos era Antonio Rivero, contra quien hubo acusaciones de haber formado parte de una madeja de negocios turbios desde que se desempeñaba en la Presidencia de CITGO, en Houston. Contra él pesaban señalamientos de fraude con un cargamento de tres mil toneladas de leche china podrida, contaminada con melanina, no apta para consumo humano. Para efectuar esas transacciones, Rivero utilizaba una empresa denominada Exim Brickell, así como un préstamo por 80 millones de dólares otorgado por banqueros privados afectos al régimen. Se estimaba que el Estado desembolsaría por esa transacción unos 180 millones de dólares.

Antes, en 2002, cuando las alarmas de la capacidad productiva nacional comenzaban a sonar y los precios se disparaban como consecuencia de la escasez, el Presidente creía que la solución podía estar en el resurgimiento de los conucos, así como en una red de gallineros verticales que las familias tendrían en los techos de sus casas, en los balcones de los apartamentos, en cualquier rincón. "Vamos a llenar a Venezuela de gallineros verticales. Así solucionaremos el problema de la escasez de carne de pollo, de huevos", proclamaba con insistencia el Presidente.

Otro elemento de aquella política tropical de "autoabastecimiento" era el desarrollo de los "huertos hidropónicos urbanos": "Hemos comenzado en Caracas. Se trata de un proyecto integral para producir alimentos en cualquier espacio libre. Para dar el ejemplo, nosotros podemos sembrar zanahorias en las jardineras de la Plaza Bolívar… Esta es otra forma original de combatir la escasez de alimentos", dijo por televisión en 2003. La ineficiencia quedaba expuesta en toda su magnitud con un anuncio presidencial hecho en 2002 para resolver el problema del desempleo: en la carretera hacia la zona oriental del país, en el estado Miranda, se construiría la Ruta de la Empanada, que contemplaba la construcción de alrededor de 200 módulos gastronómicos con una imagen unificada, en los cuales se expenderían las populares empanadas, con un plan destinado a generar 600 empleos directos y 2.700 indirectos, con financiamiento estatal para las familias pobres.

Transcurridos ya varios años, nadie ha vuelto a tener noticias sobre las insólitas cosechas de zanahorias en la Plaza Bolívar, ni sobre los gallineros verticales, ni sobre la producción masiva de empanadas que supuestamente alcanzaría para la exportación, como tampoco sobre otros muchos planes y proyectos. Esas y muchas otras ideas han pasado a formar parte de lo que alguien en alguna ocasión definiría como cuadernos de burla de la obra presidencial. En Aló Presidente –cuya duración normal es de 5 ó 6 horas- o en los interminables discursos transmitidos en cadena, se han ido tomando decisiones de acuerdo con las ocurrencias del líder, sin consultar a nadie y sin estudios de ningún tipo.

En 2008, en medio de un severo déficit de alimentos, Chávez ordenó a las plantas industriales privadas modificar sus patrones de producción para dedicar el 95 por ciento de su capacidad a las variedades sometidas a control de precios. El Ejecutivo obligaba a las cadenas de comercialización a vender arroz, aceites vegetales, azúcar, café, quesos, sardinas y salsa de tomate, con márgenes de ganancia que desestimulaban al sector empresarial. El resultado de esas políticas era la caída de la capacidad productiva y la fuga de capitales.

A fines de 2008 el Presidente sostenía que la economía venezolana podía tener un buen desempeño con ingresos de 55 dólares por barril de petróleo, pero las cifras oficiales lo delataban: en 2007, cuando el precio promedio del crudo venezolano era de 65 dólares por barril, el déficit fiscal estaba en 2,6 por ciento del PIB. En enero de 2009, la voracidad fiscal lo impulsó a ordenar la transferencia de 12.500 millones de dólares de las reservas internacionales al torrente del gasto, además de decretar una emisión de bonos y letras del Tesoro por 2.650 millones de dólares para financiar proyectos y pagar deudas.

Las decisiones del Ejecutivo para enfrentar la contingencia no se diferenciaban de las impuestas por el Fondo Monetario Internacional a las naciones urgidas de asistencia, basándose sobre todo en severas reducciones del gasto oficial y aumentos del Impuesto al Valor Agregado (que pasó de 9 a 12 por ciento). Adicionalmente se iniciaron gestiones en Brasil, China, Japón y Europa para contraer un descomunal endeudamiento, con prácticas comprometedoras de los intereses nacionales, de ventas de petróleo a futuro. Para paliar la crisis económica, el gobierno se veía obligado a aumentar la deuda externa en más de 20 mil millones de dólares en 2009 y los primeros meses de 2010. Al comenzar 2012 la deuda interna y externa se había elevado a más de 120 mil millones de dólares, con la intención de disponer dinero para asegurar la reelección presidencial.

Expropiaciones sin sentido

La administración de Chávez ha multiplicado el número de empleados. Según el Instituto Nacional de Estadística (INE), entre mayo de 2005 -cuando comenzaron las expropiaciones- y diciembre de 2009, los funcionarios pasaron de un millón 625 mil a más de dos millones 411 mil. Una parte de esa nueva burocracia ha tenido su origen en la política clientelar y la otra en las incontables empresas expropiadas, entre ellas la telefónica (CANTV), las de servicios complementarios de la industria petrolera, las eléctricas, la Siderúrgica del Orinoco (SIDOR), productoras de cemento, metalúrgicas y otras del sector del hierro, lácteas, papeleras, mineras, agrícolas, agroindustriales y hasta centros comerciales.

La presión sobre la economía venezolana ha sido cada vez mayor por las demoras en el pago de indemnizaciones a los antiguos propietarios de las compañías estatizadas, estimándose que al terminar el primer semestre de 2010 la deuda por ese concepto superaba los 15.000 millones de dólares. El ex accionista extranjero de SIDOR -el consorcio argentino Techint-

no tuvo más remedio que apelar a los buenos oficios de la presidenta Kirchner para tratar de concretar el convenio de pago, pero aun así, la cosa resultaba complicada. Y cuando finalmente se llegó a un acuerdo sobre el precio (1.970 millones de dólares) y el gobierno venezolano se comprometió a honrar la deuda, otras empresas del mismo grupo (TAVSA, MATESI y COMSIGUA) fueron estatizadas, lo que desató protestas de sectores políticos, empresariales y sindicales argentinos.

Los accidentes de trabajo en SIDOR aumentaron en 2008 como consecuencia del deterioro de los sistemas de seguridad industrial, mientras la producción de acero líquido bajaba 16,9 por ciento en relación con el año anterior. Pedro Acuña Grahan, director principal de la junta directiva de SIDOR, decía que durante el período en referencia se produjeron 3 millones 503 mil toneladas de acero, lo que representaba una caída de 729 mil toneladas (*El Universal*, 11 de enero de 2009). Acuña no vacilaba en calificar de errático el desempeño de la compañía.

La crisis de la empresa se profundizó en la última semana de 2009 y en 2010, cuando fueron apagados tres de los cuatro hornos que estaban en funcionamiento, tras lo cual la producción de acero líquido se redujo en 1.215 toneladas diarias. El pretexto era la necesidad de ahorrar 200 unos megavatios de electricidad. Otras seis plantas de planchones habían sido paralizadas con anterioridad y, en total, más de 600 trabajadores fueron obligados a tomar vacaciones por tiempo indeterminado. Las protestas de obreros de las filiales de la estatal Corporación Venezolana de Guayana (CVG) en la Zona del Hierro, en el estado Bolívar, como consecuencia de los retrasos en el pago de pasivos laborales y por el deterioro de las instalaciones industriales, eran cada vez más frecuentes.

Las transnacionales Exxon, ConocoPhillips y CEMEX tuvieron que apelar a vías judiciales para la defensa de sus intereses. La mexicana Cemex alegaba que desde el inicio de la expropiación de sus plantas cementeras en Venezuela, se violaban normas constitucionales y principios del derecho internacional, pero aún así la compañía mantenía el diálogo para tratar de llegar a un acuerdo sobre el precio de los activos. En marzo de 2009 otra cementera, la suiza Holcim, demandó a Venezuela ante el tribunal de arbitraje internacional del Banco Mundial, para obtener la indemnización económica por su subsidiaria, que había operado en el país durante treinta años. Invepal -una compañía productora de papel que reemplazó a la expropiada Venepal- acumulaba pérdidas, porque los planes para mejorar los niveles de producción solo iban de fracaso en fracaso. Hilanderías Tinaquillo, transformada en Industria Venezolana Textil, y la antigua Constructora Nacional de Válvulas, entre otras, nunca pudieron correr mejor suerte.

Un ejemplo de la irresponsabilidad administrativa también era Pequivén -filial de PDVSA especializada en el área petroquímica- cuyos balances presentaban saldo rojo incluso durante la bonanza de 2008. En ese ejercicio económico, las cuentas por pagar a trabajadores y proveedores aumentaron en 195 por ciento en relación con 2007, al pasar de 1.300 millones a 3.300 millones de dólares. La explicación oficial le atribuía las pérdidas a subsidios otorgados por el Estado al suministro de fertilizantes. La deuda de la petroquímica con instituciones financieras pasó de 27,5 millones de dólares en el año 2007, a 188 millones de dólares en el ejercicio fiscal siguiente, sin que los balances reflejaran inversiones rentables.

El hato *Charcote*, en el estado Cojedes, producía gran parte de la carne que se consumía en el país hasta que fue invadido y expropiado. Durante varios años la empresa propietaria -el grupo británico Vestey- hizo reclamos al Ejecutivo Nacional, con apoyo del gobierno de su país, pese a lo cual el arreglo económico fue largo y lleno de marchas y contramarchas. El deterioro del hato rápidamente comenzó a hacerse palpable como consecuencia de la negligencia oficial, así como por la incapacidad de las cooperativas que asumieron la administración. Se secaron los pastos de calidad, se abandonaron los programas de investigación y se perdió gran parte del ganado.

Y como el Estado no ha tenido freno para abarcarlo todo incluso en los momentos más críticos, el líder de la "revolución" anunció en enero de 2009 la expropiación del hato *Piñero*, una compañía nacional que por décadas había tenido elevados niveles de productividad, cuyas sabanas servían para estudios biológicos. El Presidente aseguraba que en ese hato se pondría en marcha un gran centro de desarrollo de sus productos para el pueblo de Cojedes y de toda Venezuela, sin enriquecer minorías oligárquicas.

El clima de desamparo legal promovido en la era chavista se ilustra con las estadísticas de la Asociación de Propietarios de Inmuebles Urbanos: hasta febrero de 2009, 153 edificios habían sido invadidos y 241 expropiados en el área metropolitana de Caracas, a lo cual se agregaba un gran número de galpones y terrenos en situación similar. A mediados del 2008, un buen día el Presidente anunció la estatización del Banco de Venezuela, uno de los más grandes del país, propiedad del Grupo Santander de España. El ministerio de Finanzas inició con avances y retrocesos las discusiones para fijar el precio, mientras los depósitos del público mermaban por el temor causado y el personal calificado del banco migraba a otras empresas. Pero, como era de esperarse, cuando las cuentas presupuestarias oficiales dieron los primeros síntomas de agobio, el gobierno optó por estancar las negociaciones. Después, en mayo de 2009, las partes anunciaron un acuerdo por 1.050 millones de dólares, que el gobierno se comprometía a pagar en siete meses.

La pérdida de productividad de las empresas estatizadas ha sido más notoria en las eléctricas y en la telefónica, dado su impacto en la vida diaria de los consumidores. Los desajustes en el servicio y en la capacidad gerencial de la Electricidad de Caracas (EDC) -que por muchos años había producido ganancias- comenzaron a afectar rápidamente a la población. En 2008, primer año bajo control del gobierno, los balances de la compañía reportaban pérdidas equivalentes a más de 140 millones de dólares, a pesar de haber tenido un aumento de 2,5 por ciento en las ventas. El resultado negativo era atribuido a las contribuciones oficiales a los programas sociales, pasando por la recompra de bonos, revisiones salariales e inversiones en planes de expansión. Las ganancias del año anterior habían sido cercanas a 60 millones de dólares.

El desquisiamiento del servicio eléctrico se aceleró cuando Chávez le regaló a Nicaragua tres de las cuatro plantas generadoras que EDC tenía en Guarenas para garantizar suministros de emergencia. Mientras la población venezolana sufría los embates de las fallas de la energía, el gobierno le otorgaba financiamiento a Cuba para construir una planta termoeléctrica.

Para miligar las deficiencias, el teniente coronel tuvo la idea de designar un ministro de energía eléctrica, además de culpar a los ricos de robarle electricidad a los pobres, amenazar a los centros comerciales con suspensiones del servicio y pedir a los venezolanos que se bañaran solo con agua fría y durante no más de tres minutos. Cuando el ministro todavía no había cumplido dos meses en el cargo, intempestivamente lo reemplazó por el titular de la cartera de Finanzas, Alí Rodríguez. El caos se apoderaba de las ciudades: los dueños de supermercados y frigoríficos se quejaban por las pérdidas provocadas por la falta de electricidad durante 10 y 12 horas consecutivas, las neveras en las casas comenzaban a producir malos olores. Los quirófanos se quedaban a oscuras y su temperatura aumentaba, convirtiéndose en focos de infecciones. La gente protestaba porque ni siquiera podía ir al cine y, por supuesto, el hampa hacía de las suyas al amparo de la oscuridad.

Otros números del desastre

Con el conocimiento privilegiado del déficit de las cuentas de la República, uno de los directores del Banco Central, Armando León, no podía ocultar su preocupación (el 25 de enero de 2009) frente a los desaciertos presidenciales. A pesar de su estilo siempre mesurado, esta vez no edulcoraba sus palabras: "El Estado tiene que revisarse. No podemos adquirir empresas que a la vuelta de tres meses serán un desaguadero y arrojarán pérdidas, empresas que ni siquiera tendrán capacidad para pagar sus nóminas o para cancelar las cotizaciones del Seguro Social... El peor negocio que puede hacer el Estado es salir a comprar un banco, sobre todo instituciones con conexiones internacionales y cuya casa matriz pudiera tener problemas"[62].

Sin embargo, el Presidente y su equipo fingían ignorar los efectos de la debacle económica y preferían hablar de la "exitosa" administración de los dineros nacionales, al tiempo que la Asamblea Nacional participaba del coro aprobando créditos adicionales para ejercicios militares con aviones y barcos rusos. Asimismo, Raúl Castro hacía una visita oficial a Caracas en abril de 2009, como parte de su primer viaje internacional en su condición de jefe de Estado, y revisaba con su colega 311 proyectos de cooperación binacional previstos para ese año.

En sus visiones imaginarias de la realidad, Chávez siempre ha alimentado a las masas con estadísticas y hechos tergiversados. Eso se notaba cuando, por ejemplo, los precios del petróleo venían en caída libre en octubre de 2008, pero él pregonaba a los cuatro vientos que la economía venezolana era pujante. En su revolución -aseguraba- se había creado un sólido conjunto de relaciones internacionales que garantizaban la estabilidad económica, sobre todo como consecuencia de los bondadosos entendimientos estratégicos suscritos con Rusia, Irán, Brasil, Cuba, Irán, Nicaragua, Bielorrusia, China y Argentina, que prometían un paraíso terrenal.

Como la característica esencial del Presidente ha sido hablar mucho y contradecirse, dos meses después de aquellos halagüeños discursos, el 23 de diciembre de ese año, admitiría por radio y televisión la "caída estrepitosa" de los precios del petróleo (más de cien dólares por barril), para luego decir que Venezuela sufría las consecuencias de la debacle económica mundial porque no era un país aislado: "Si la crisis nos llegara a afectar, tengan la seguridad de que yo me pondría al frente del pueblo para vencerla… Como revolucionario haré lo que tenga que hacer".

Ya en la segunda quincena de mayo de 2009, cuando el mercado internacional del petróleo daba signos de recuperación, miembros del alto gobierno hablaban con alborozo sobre el ritmo ascendente del gasto público. No obstante, 18 calificados académicos y economistas -entre ellos D. F. Maza Zavala, Héctor

Malavé Mata, Héctor Silva Michelena, Sary Levy, Pedro Palma y Francisco Faraco- advertían la profundidad de las distorsiones nacionales.

"Algunos creen -sostenían- que este cuadro se resolvería automáticamente con solo elevarse el precio del petróleo. No comprenden la gravedad del daño estructural causado a la economía venezolana. Tampoco consideran la desviación de esfuerzos y de recursos desde las áreas productivas de mayor impacto económico hacia aquellas que se favorecen de las distorsiones generadas por las políticas públicas, entre ellas la marcada apreciación cambiaria"[63].

En ese momento se aceleraba la tendencia estatista en el país. Al comparar las estadísticas oficiales del primer semestre de 2008 con las del mismo período del año anterior, se percibía un aumento de 3,9 puntos del PIB en la participación del sector público en la economía nacional, mientras la del privado -que por años había sido el gran generador de empleo a través de la pequeña y mediana industria- decrecía en igual proporción.

En su campaña electoral de 1998, Chávez había prometido diversificar la economía, pero doce años más tarde los resultados decían lo contrario: se había acelerado la tendencia del país como monoproductor, así como la concentración estatal de la economía. Las cifras del Banco Central de Venezuela -organismo al que le fue arrebatada su independencia- revelaban que el volumen total de las exportaciones de 2008 había sido de 99.923 millones de dólares, de las cuales el 93 por ciento estaba representado por petróleo y derivados, lo que quería decir que las exportaciones no petroleras solo habían sido 6.994 millones de dólares. Un año después las no petroleras -según el mismo BCV- habían caído en 44.7 por ciento, al llegar a 3.326 millones de dólares, lo que ponía en evidencia el agotamiento del aparato productivo.

Un vistazo a los récords oficiales era suficiente para ver lo que venía ocurriendo. A pesar de los efectos de la huelga general de 2004, ese año el Instituto Nacional de Estadísticas (INE) reportó ingresos de 11.682 millones de dólares por exportaciones no petroleras, cifra superior en 8.356 millones de dólares a lo registrado en 2009 por el mismo concepto. De la misma manera, el presidente encargado del Banco Central, José Manuel Ferrer, en su informe de fin de año correspondiente a 2008, afirmaba que la composición institucional en los sectores público y privado de ese período había sido 95,2 por ciento y 4,8 por ciento respectivamente, a la vez que atribuía el aumento de la participación del sector público al control accionario decretado por el gobierno en las empresas que de la Faja Petrolífera del Orinoco. Y aunque los comentarios reflejaban la posición oficial del BCV, Ferrer parecía lanzar sugerencias sobre la necesidad de diversificar el aparato productivo y reducir la vulnerabilidad externa de la economía: "El contexto internacional nos impone grandes desafíos a los hacedores de política y acentúa la importancia de actuar de manera coordinada con los poderes públicos y las instituciones reguladoras del sistema financiero, a fin de sostener en los próximos años el crecimiento de la economía venezolana"[64].

No mucho tiempo antes de la asunción de Chávez al poder, el ingreso per cápita venezolano había rondado los 400 dólares como consecuencia del bajo nivel de los precios del petróleo. En 2008, muy por el contrario, esa cifra era de 3.800 dólares per cápita, lo que daba una idea del aumento de la masa de recursos manejados por su administración.

Otro indicador económico significativo ha sido el de las inversiones extranjeras, que en la época chavista ha disminuido tanto por la inseguridad jurídica como por complicaciones burocráticas para la repatriación de capitales y utilidades. En 2008 la caída en ese sector se hizo tan alarmante, que la Superintendencia de Inversiones Extranjeras (SIEX) dejó de publicar sus estadísticas con los correspondientes desagregados. Ya antes, ese organismo había dicho en su página web (www.siex.gob.ve) que en 2007 habían ingresado 480 millones de dólares, lo que ponía de manifiesto el clima de desconfianza y la pérdida de atractivos para el capital foráneo.

Las estadísticas de Unctad señalaban, entretanto, que las inversiones extranjeras en Venezuela en 2007 fueron de apenas 400 millones de dólares, mientras las de Colombia superaban los

8.600 millones de dólares. Sin embargo, frente al hecho irrefutable de la ausencia de inversiones extranjeras, las reacciones de Chávez siempre han sido fanfarronas, desechando la importancia del capital externo como fuente generadora de empleo, elemento inevitable para dinamizar la actividad productiva.

El Economista de México publicó (el 27 de agosto de 2008) una información con declaraciones en las cuales el Presidente decía que "no queremos ni necesitamos la inversión envenenada, que llega no para impulsar el desarrollo sino para saquear el país. A esa más bien la estamos echando… Esa inversión extranjera que trajeron (gobiernos anteriores), que no pagaba impuestos, que no tenía responsabilidad ambiental… Gracias a los gigantescos ingresos petroleros, ahora Venezuela acumula reservas que superan los 40 mil millones de dólares. Somos inversionistas en otros países, en Estados Unidos, en Europa y pronto en China".

El año siguiente se diseñaba una política basada en el concepto presidencial excluyente. El entonces ministro de Comercio, Eduardo Samán, anunciaba una selección de capitales, para permitir solo la entrada de aquellos que garantizaran la transferencia tecnológica y buenos beneficios para el país. El discurso chavista procuraba dar la sensación de prosperidad, pero las cifras oficiales revelaban que en 2009, mientras la economía mundial decrecía 1,1 por ciento y la latinoamericana 1,8 por ciento, la nacional se había desplomado en 2,9 por ciento.

XII
PETRÓLEO, CORRUPCIÓN, INEFICIENCIA

Rafael Ramírez, super ministro

En los años 90 los precios del petróleo atravesaban un período de depresión porque, entre otras cosas, los miembros de la OPEP no respetaban las cuotas de producción establecidas por la organización y Venezuela no era la excepción. En el afán por encontrar solución a los requerimientos fiscales, el país exportaba cantidades de crudos superiores a las oficialmente declaradas. El doble discurso de la administración del presidente Caldera permitía mayores ingresos a la vez que contribuía a mantener la erosión del mercado petrolero.

Poco después del ascenso de Chávez a Miraflores, los países de la OPEP lograron un acuerdo para limitar la producción y pronto empezaron a sentirse los efectos positivos en los precios del crudo venezolano, que nueve años después llegaron a 120 dólares por barril. En los cuarenta años anteriores, Petróleos de Venezuela había sido considerada un modelo organizacional entre las grandes corporaciones energéticas del mundo, pero Chávez la transformó en herramienta política, degradando en corto tiempo la eficiencia gerencial, técnica y de investigación. Los costos de producción se dispararon, se perdió el personal altamente calificado y la moral se horadó.

En medio de esas circunstancias surgió un ambiente de malestar general la corporación y los conflictos laborales se multiplicaron. La peor de esas situaciones duró dos meses, con la huelga petrolera que se inició en diciembre de 2002. El Presidente de la República hizo lo que a nadie más se le podía ocurrir: despidió 20 mil gerentes, profesionales, técnicos y obreros calificados. Ni siquiera permitió el pago de los beneficios que les correspondían de acuerdo con el contrato colectivo y con la ley del trabajo. Luego prohibió a las empresas extranjeras que operaban en el país contratar a los despedidos, so pena de sanciones económicas, lo que significaba desconocer el principio constitucional del derecho al trabajo y otras disposiciones legales. Gran parte del personal altamente especializado de PDVSA, en cuya formación el país había invertido tiempo y mucho dinero, fue a parar entonces a transnacionales en distintas partes del mundo. En su condición de Presidente de PDVSA, Alí Rodríguez Araque, flamante figura en todos los años chavistas, asumió la responsabilidad del despido masivo.

Recuerdo que mientras trabajaba como periodista para *El Nacional*, muchas veces conversé con Rodríguez durante el gobierno de Rafael Caldera, tanto en su oficina parlamentaria como en el viejo y discreto Café Viena, situado a mitad del Pasaje Zingg de la Avenida Universidad, así como también con sus amigos Bernard Mommer y Bernardo Álvarez. En aquella época, Rodríguez y Álvarez disfrutaban de la inmunidad de congresistas, primero en la bancada de la Causa R y después en Patria para Todos (PPT), además de los pasaportes diplomáticos y otras prerrogativas que el sistema les ofrecía.

Al llegar la administración de Chávez, Rodríguez se convirtió en ministro de Energía y Minas, después en presidente de la OPEP, presidente de PDVSA, ministro de Relaciones Exteriores, embajador en Cuba, ministro de Finanzas y, finalmente, ministro de Energía Eléctrica. En la etapa de Caldera, mientras reunía información para un trabajo periodístico sobre algunos aspectos controversiales de la industria petrolera que era dirigida por Luis Giusti, Rodríguez Araque me puso en contacto con el matemático Mommer, que entonces llevaba vida académica en Oxford. Rodríguez elogiaba a Mommer de manera aparentemente sincera, pero este no tenía una sola palabra o frase que lo correspondiera.

En la campaña electoral de 1998, Mommer cumplió un papel importante al promover en el Reino Unido la idea de que Chávez era un militar de izquierda moderada con una visión moderna del país, que venía con las alforjas llenas de proyectos. Académicos, políticos y hombres de negocios de Oxford y Londres parecían electrizados por el enigmático oficial que de la noche a la mañana había saltado a la fama con dos palabras ("por ahora"), utilizadas al admitir el fracaso de su golpe de Estado. La flemática élite británica acudía presurosa a escuchar sus palabras en el Canning House, a pocos pasos de la estatua de Bolívar que alguna vez había inaugurado Rafael Caldera.

El matemático profesor -definido por quienes lo conocen como un frío calculador- había contribuido a la redacción de las ofertas electorales de Caldera en 1993. Como premio consiguió un cargo ejecutivo en PDVSA, al cual renunció para iniciar un período de denuncias contra la administración que había contribuido a formar. Altos ejecutivos de PDVSA sostenían que Mommer había intervenido en la parte inicial del diseño de la política de apertura, pero él lo negaba. Luego, en el gobierno de Chávez ha sido Jefe de la oficina de PDVSA en Londres, viceministro de Energía y Petróleo y gobernador ante la OPEP, posiciones en las cuales ha quedado al descubierto como uno de los planificadores del desmantelamiento de la estructura gerencial de la industria petrolera y de proyectos estratégicos, como el de la orimulsión.

En PDVSA y en el ministerio de Energía, Rodríguez fue reemplazado por Rafael Ramírez, quien se ha sentido orgulloso de que la industria petrolera sólo utilice personal chavista y que los proveedores o contratistas nacionales sean afectos al régimen. Públicamente ha advertido que quienes no se identifiquen políticamente con la revolución, tienen que ser "echados a carajazos (golpes) de PDVSA, porque esta debe ser roja rojita". Ramírez adquirió fama como uno de los personajes que más se han enriquecido, con un sueldo equivalente a 35 mil dólares mensuales, abultados gastos de representación, bonos anuales por varios millones de dólares y pólizas internacionales de seguros. Su sueldo no es elevado si se compara con los existentes entre los ejecutivos petroleros en el mercado internacional, pero su caso tendría que examinarse en el contexto nacional por tratarse de un empleado público que, por un lado, pregona la igualdad en la "revolución" y, por el otro, practica la discriminación política entre los trabajadores y contratistas de PDVSA.

El teniente coronel depositó plena confianza en él, ignorando el conocimiento público de sus desaguisados y las acusaciones en su contra por hechos de corrupción. En una rueda de prensa ofrecida el 9 de diciembre de 2009, el secretario general de Acción Democrática, Henry Ramos Allup, afirmó que Chávez no se atrevía a destituir al ministro por la importancia de la información que poseía y porque era quien le manejaba "el pote", con lo cual lanzaba al voleo el señalamiento sobre las irregularidades que salpicaban las puertas del despacho presidencial.

Ramírez hizo del conglomerado estatal el primer violador de una ley que establecía la obligación de cambiar divisas a la tasa oficial en el Banco Central. Petróleos de Venezuela vendía grandes cantidades de dólares en el mercado paralelo a través de intermediarios, con la anuencia del Presidente de la República y del entonces ministro de Finanzas, Alí Rodríguez. El flamante ministro de petróleo estaba en el centro de esas transacciones generadoras de dinero fácil, en las cuales su cuñado Baldo Sansó era uno de los principales gestores.

De manera casi simultánea, George Kabboul, quien se desempeñó como presidente de Barivén -otra filial del *holding* estatal-, era señalado como responsable de innumerables negocios irregulares de la empresa PDVSA Alimentos y de importaciones de insumos para la principal industria del país. Tales desafueros han sido posibles porque PDVSA, al igual que toda la administración chavista, ha escapado a los controles administrativos y las auditorías sólo revelan verdades parciales. Muchas compras han ocurrido incluso con grandes cantidades de dinero en efectivo y a través de empresas de maletín.

La PDVSA que en otros tiempos era modelo de eficiencia administrativa, empezó a partir del último trimestre de 2008 a aumentar sus deudas con compañías nacionales y extranjeras por concepto de bienes y servicios. A fines de enero de 2009 había quejas porque en los últimos cuatro meses no había honrado sus compromisos económicos con los contratistas. Empresas venezolanas pequeñas y medianas eran empujadas a la quiebra por falta de flujo de caja para financiar sus actividades, mientras otras acudían a la banca para tratar de sobrevivir mediante préstamos con altos intereses. El 18 enero de ese año, el director de finanzas de PDVSA, Eudomario Carruyo, había admitido ante un grupo de corresponsales extranjeros la existencia de un "atraso importante" en los pagos, y dijo que la corporación atravesaba "una situación financiera muy dura, similar a la de otras compañías petroleras en distintos países".

El presidente de la asociación nacional de industriales metalúrgicos y de minería, Eduardo Garmendia, advertía que las deudas con proveedores nacionales por suministro de recipientes de presión, tanques, válvulas y tuberías, equivalían a 70 millones de dólares. Las acreencias con 220 compañías empleadoras de unas 25 mil personas del estado Zulia superaban los 600 millones de dólares, tras lo cual se veían en dificultades para pagar sueldos y forzadas a reducir sus nóminas. En marzo de 2009 las deudas de PDVSA con firmas nacionales y extranjeras ya superaban los tres mil millones de dólares.

Entre las corporaciones extranjeras afectadas estaba la texana ENSCO, que paralizó un taladro de su propiedad en el campo Corocoro, en el Golfo de Paria. PDVSA, a través de su filial Petrosucre, asumió entonces el control del equipo, con el argumento de que la firma extranjera había abandonado sus responsabilidades y esgrimiendo causas de utilidad pública e interés social, mientras Ensco denunciaba el atraso en los pagos por sus servicios de perforación. Después de meses de infructuosos intentos por recuperar el taladro y de reclamación de la deuda, la firma estadounidense se veía obligada a rescindir su contrato con PDVSA y a plantear un litigio.

Según los planes anunciados por el gobierno, a mediados de 2007 la producción de Corocoro debía ser de 75 mil barriles de petróleo por día y 120 mil barriles para 2009. Sin embargo, después de inversiones superiores a las inicialmente proyectadas, de corrupción y negligencia por parte de PDVSA, a finales de 2008 solo se extraía un poco más de 12 mil barriles diarios, es decir, diez por ciento de lo programado por el Ejecutivo. En junio de 2009 el ministro de Energía aseguraba que la producción de ese campo era de 33 mil barriles por día.

Los resultados obtenidos en ese campo constituían una muestra de ineficiencia. La empresa que lo operaba ordenó a Samsung Heavy Industries, en Corea del Sur, la construcción de un buque tanquero de doble casco (*Nabarima*) sin motor, ni timón, ni posibilidades de autopropulsión o autonomía, para ser utilizado como facilidad de almacenamiento, con capacidad para 1,3 millones de barriles de petróleo, que nunca fue utilizada a plenitud porque la producción era insuficiente. El inadecuado mantenimiento terminó por causar daños en uno de los dos sistemas de bombeo, tras lo cual pasó a ser fuente de repuestos. Al expropiar el *Nabarima* -que era operado por la compañía Exterran-, el gobierno dijo que en el primer trimestre de 2010 entraría en funcionamiento un buque con mayor capacidad de almacenaje, para atender los planes de aumento de la producción. Otras instalaciones de Exterran también fueron expropiadas sin compensación económica inmediata.

De igual forma, en febrero de 2009 la firma Helmerich & Payne se vio forzada a suspender las operaciones de sus taladros en suelo venezolano por atrasos de PDVSA en la cancelación de una deuda de cien millones de dólares. En junio de 2010 el gobierno procedió entonces a expropiar once taladros de la transnacional norteamericana que estaban en campos del estado Anzoátegui, acusándola de negarse a negociar las tarifas de sus servicios. Lo mismo le ocurrió a la petrolera Williams, que desde Tulsa confirmaba que el Estado venezolano había estatizado activos de su propiedad en Monagas, en la zona oriental del país, donde poseía y operaba dos plantas de inyección de gas (Pigap II e IGF El Furrial) y otra de compresión. La expropiación ocurría después de atrasos de PDVSA en el cumplimiento de sus obligaciones contractuales, lo que impulsaba a la compañía extranjera a considerar la posibilidad de apelar a un arbitraje internacional.

Las irregularidades en Petróleos de Venezuela habían comenzado con la llegada de Chávez a Miraflores. En febrero de 1999, el Presidente ordenó que la empresa Earth Tech y Tyco International fuera tomada en cuenta en las contrataciones relacionadas con infraestructura ambiental e ingeniería, con lo cual se violentaban los procedimientos establecidos por PDVSA. Nadie podía presumir que el jefe del Estado hubiese actuado con ingenuidad o ignorancia al dar una orden de ese tipo, de lo cual quedó constancia escrita firmada por Raúl Baduel, a la sazón secretario privado del Presidente.

En esa época fueron aflorando prácticas irregulares que luego se transformarían en casos de corrupción evidente, como el traslado de un taladro a Bolivia sin que existiera contrato alguno. A mediados de 2008, el equipo pasó a manos de una compañía creada de manera fraudulenta (denominada Sipsa), luego de habérsele cambiado el nombre a otra (Full Industry) que estaba en virtual situación de quiebra y que, a su vez, había sido comprada por la firma petrolera del Estado boliviano (YPFB). El domicilio de Sipsa en Santa Cruz era la residencia de Santos Ramírez, un ex alto ejecutivo de YPFB, muy conocido por sus nexos en las altas esferas del gobierno de Evo Morales y de PDVSA. Ramírez ya se había visto envuelto en escándalos de corrupción.

Muchas filiales de PDVSA, tanto en Venezuela como en el exterior, han sido carcomidas por negocios igualmente turbios. Así, hubo un tiempo en el cual Monómeros Colombo Venezolanos S.A. era acusada de hechos ilícitos que se cometían con el pretexto de "atender planes y programas sociales". El 16 de abril y el 18 de junio de 2008 esa empresa, a través de una tercera de su propiedad (Ecofértil S.A.), hizo sospechosas donaciones por el equivalente a más de 300 mil dólares a las fundaciones Pilares del Futuro (FPF) e Iberoamericana para el Transporte Sostenible (FITS), tras lo cual las autoridades financieras de Bogotá abrieron una investigación que dejaba en evidencia una madeja de complicidades con las FARC y con narcotraficantes.

El 6 de junio de 2009 *El Espectador* de Bogotá, que seguía la pista del caso, reportó que cuando los organismos oficiales examinaron los movimientos bancarios de Monómeros, Ecofértil y las referidas fundaciones, se descubrió que dos personas de FITS, beneficiarias de cheques provenientes de esas asignaciones, tenían vínculos con empresas del narcotraficante Hernán Prada Cortés, a quien llamaban "Ramazote", "Humberto" o "Papito", que poseía intereses económicos en Chile, Ecuador, Colombia, Panamá, Estados Unidos y otros países. "Ramazote", que había adquirido la nacionalidad ecuatoriana mediante un decreto del Presidente Lucio Gutiérrez, y cuyos nexos con las actividades ilegales eran conocidos desde hacía mucho tiempo, fue extraditado a Estados Unidos. En cuanto a la Fundación Pilares del Futuro, era sospechosa la celeridad con que fue tramitada y aprobada una supuesta donación de 150 mil dólares a su favor. El 17 de junio de 2008, la compañía estatal venezolana hizo el desembolso cuando apenas habían transcurrido 24 horas desde la presentación de la solicitud de ayuda.

Esos hechos ocurrían cuando Monómeros Colombo Venezolanos estaba involucrada en un escándalo político en 2008, por el financiamiento de actividades que se presumían relacionadas con acuerdos humanitarios para la liberación de secuestrados por las FARC, pero ningún órgano del Estado venezolano llegó a investigar el asunto. En ese tiempo la senadora liberal Piedad Córdoba -de estrecha relación con el Presidente venezolano y receptora de sus ayudas económicas-, participaba activamente en campañas publicitarias.

XIII
PARA ATERRORIZAR A LOS MEDIOS

Mensaje hegemónico

Uno de los objetivos oficiales ha sido crear una hegemonía comunicacional, para que los medios sean y actúen como cajas de resonancia del mensaje político del mandatario venezolano. Con ese propósito se han utilizado las pautas publicitarias para premiar o castigar a las empresas periodísticas, que muchas veces son "visitadas" por agentes del ente recaudador de impuestos para encontrar o inventar delitos fiscales. El gobierno ha otorgado y cancelado concesiones de frecuencias de radio y televisión, dependiendo de la actitud complaciente o crítica de los empresarios.

Las agresiones físicas y el chantaje a periodistas y medios de comunicación han sido denunciados ante la Comisión Interamericana de los Derechos Humanos y otros organismos. Esa situación fue bien explicada en noviembre de 2008 en un comunicado de la junta directiva del Sindicato Nacional de Trabajadores de la Prensa (SNTP), según el cual en los diez meses anteriores los ataques habían continuado perpetrándose como en los 9 años previos: "Hemos recorrido casi toda la gama de agresiones y amenazas que se pueden hacer contra quienes tienen el rol de informar en forma verídica y oportuna".

Frente al deterioro del ambiente de trabajo en el país, el Colegio Nacional de Periodistas (CNP), el Sindicato Nacional de Periodistas, la ONG Espacio Público y el Círculo de Reporteros Gráficos acordaron luchar de manera conjunta contra las violaciones de los derechos humanos de los afiliados, para lo cual crearon la Comisión Nacional de Protección de Periodistas (Conapro), organización que en su informe correspondiente al último trimestre de 2008 denunciaba 31 casos de ataques a la libertad de expresión cometidos por funcionarios o simpatizantes del gobierno. Ese año hubo 10 agresiones de bandas armadas contra los medios y 8 contra reporteros y fotógrafos y directores de empresas periodísticas. Entre 2002 y 2008, el CNP contabilizó 21 muertes de periodistas en asuntos relacionados con el ejercicio profesional y 1.310 denuncias de agresiones.

Cuando se cumplió una década de régimen chavista, Human Rights Watch censuró la conducta oficial atentatoria contra la libertad de expresión: "El gobierno de Chávez ha aplicado políticas con frecuencia discriminatorias que han afectado el derecho a la libertad de expresión de los periodistas, el derecho a la libertad de asociación de los trabajadores y la capacidad de la sociedad civil de promover los derechos humanos en Venezuela"[65]. En el mismo pronunciamiento se advertía que al expandir y endurecer las penas por presuntas violaciones a la regulación de los medios, Chávez y sus partidarios habían creado incluso mecanismos de presión para que los opositores se autocensuraran, además de incoar procesos judiciales contra periodistas.

En el afán de controlar el mensaje, el Presidente creó una red estatal de televisoras nacionales, regionales y locales, hasta tener seis canales de alcance nacional con señal abierta: Venezolana de Televisión (VTV), TVES, Telesur (el brazo internacional de la televisión oficial), Ávila TV, ANTV y Vive TV. El único de esos canales con cierto nivel de sintonía es VTV, que actúa como matriz para la transmisión de las cadenas presidenciales y tiene los noticieros y programas de opinión de mayor influencia en la población chavista.

Hasta finales de 2009, CONATEL había otorgado 794 nuevas concesiones de radio FM a particulares chavistas. Dos cadenas radiales AM de alcance nacional -Radio Nacional de Venezuela (RNV) y YVKE Mundial- estaban en poder del Estado, 472 emisoras comerciales estaban en manos de chavistas y 243 eran comunitarias. Se habían creado 73 periódicos comunitarios de tendencia oficialista que, junto con el diario *Vea*, capitalizaban gran parte de la publicidad estatal. *Vea* es una empresa de propiedad familiar, fundada por Guillermo García Ponce, un comunista ortodoxo a quien se le atribuía haber planificado y ordenado en 1962 la masacre de siete guardias nacionales en el tren turístico El Encanto, en el estado Miranda.

En julio de 2009, el entonces ministro de Infraestructura y presidente de CONATEL, Diosdado Cabello, aseguraba ante la Asamblea Nacional que 154 emisoras de radio funcionaban de manera ilegal porque incumplían disposiciones oficiales y que, en consecuencia, sus frecuencias serían reasignadas. Tales afirmaciones reflejaban, por supuesto, la intención de estabecer el dominio total de los medios radioeléctricos.

Para justificar la postura hostil contra los medios, el Ejecutivo venezolano ha utilizado incluso el Tribunal Supremo de Justicia, que ha fraguado decisiones complacientes. Así, la Sala Constitucional del TSJ emitió un fallo (en 2009) según el cual el gobierno podía sacar del aire radioemisoras y televisoras por razones de interés nacional, de orden público o de seguridad, sin que ello se pudiera entender como violación a la libertad de expresión[66]. El único magistrado disidente, Pedro Rafael Rondón Haaz, no tenía otro camino que deplorar la ausencia de una conducta acorde con la supremacía y eficiencia de normas y principios constitucionales.

Después de haber cerrado en mayo de 2007 la televisora más antigua y de mayor sintonía en el país, Radio Caracas TV (RCTV), Chávez advertía que Globovisión tampoco escaparía al control estatal. "¡Escuchen bien: dejaré de llamarme Chávez si eso no se acaba!", proclamó en una de sus acostumbradas cadenas de radio y televisión. Sin embargo, el cumplimiento de la amenaza no le ha resultado fácil. Ha tomado tiempo y diversas formas de intimidación.

Al rescindir la concesión de RCTV, el gobierno esgrimía el argumento de que no se trataba de una sanción sino del vencimiento de la licencia. Y dado que su intención era "democratizar la propiedad de los medios de comunicación", la frecuencia sería reasignada y puesta al servicio del pueblo representado por el Estado. No obstante, en meses anteriores Chávez había calificado al presidente de la empresa, Marcel Granier, de oligarca enemigo del pueblo y del gobierno, conspirador, golpista, traidor y sinvergüenza, con lo cual quedaba en evidencia que la medida era fruto de retaliaciones políticas y personales.

Tanto la señal abierta de RCTV como los equipos incautados en mayo de 2007 pasaron a una nueva televisora estatal, TVES, creada con fines propagandísticos. El gobierno gastó miles de millones de bolívares para ponerla en marcha, pero los resultados siempre han sido pobres: un día el Canal 2 dejó de ser RCTV para convertirse en parte de la red estatal de medios. Así, después de haber tenido la mayor audiencia nacional con una programación que no escapaba a serias críticas por falta de calidad, el canal pasó a tener escasa sintonía.

El nombre de la compañía presidida por Granier fue cambiado por RCTV Internacional. Compró nuevos equipos e inició sus transmisiones a través del sistema de cable, lo que reducía la influencia de su mensaje y el volumen de sus ingresos. Sin embargo, el Ejecutivo procedió a establecer un conjunto de regulaciones para los canales comercializados por cable y satélite, con el propósito de controlar tanto a Globovisión como a RCTV Internacional.

Otra demostración de las intenciones oficiales contra lo que representaba RCTV, ocurrió el 11 de julio de 2009, cuando CONATEL publicó en su página web (www.conatel.gov.ve) un decreto que en 7 artículos y dos disposiciones transitorias compelía a los productores nacionales de televisión por cable y satélite a incluir en sus transmisiones los mensajes y alocuciones oficiales. Aunque parecía una norma de carácter general, era una medida con destinatario específico. Así consiguió sacar del aire a RCTV Internacional en febrero de 2010, cuando ésta se negó a formar parte de las cadenas presidenciales. Granier tramitó luego su inscripción en CONATEL como productor nacional independiente, pero el permiso de funcionamiento nunca fue aprobado.

Tres años después del cierre de RCTV, el 27 de mayo de 2010, la gerencia de comunicaciones de lo que había sido el canal de señal abierta emitió una declaración conforme a la cual "el régimen buscaba una absoluta hegemonía comunicacional para tapar sus ineficiencias... Nos cerraron para callar las protestas del pueblo, ocultar la corrupción y eternizarse en el poder... Hemos llegado hasta aquí por decisión del régimen de Hugo Chávez Frías y gracias a las complicidades de muchos que, creyendo salvarse, actuaron como verdugos. Ellos también tienen su número en la espalda".

Al hablar de "complicidades" y "verdugos", aquella declaración atacaba por mampuesto a Gustavo Cisneros y a Venevisión. Se refería al pacto que el dueño del canal 4 y Hugo Chávez fraguaron el 18 de junio de 2004 con la mediación de Jimmy Carter, tras un largo período de tensiones. Después del encuentro Chávez-Cisneros ocurrido en esa fecha, Venevisión suprimió varios programas de entrevistas y los noticieros incómodos, para actuar como cuando quería complacer a los gobiernos de AD y COPEI a cambio de significativos beneficios. Las pautas publicitarias empezaron entonces a ser mejores y las amenazas oficiales en su contra cesaron. Pero el gran ganador con el entendimiento fue Chávez, puesto que logró neutralizar con facilidad al empresario de la televisión venezolana con mayor acceso a los grandes centros de poder en el mundo, dueño de medios radioeléctricos en todo el Continente, que entre sus socios contaba nada más y nada menos que con Rupert Murdoch, el hombre que después estaría en el centro de escándalos por el uso de reprobables métodos para obtener informaciones en Gran Bretaña. El gobierno tuvo un respiro al transformar en aliado a un potencial agente desestabilizador, mientras la oposición perdía un compañero circunstancial.

La empresa estatal que reemplazó a RCTV, con la denominación de TVES, seguía con bajos niveles de sintonía dos años después de fundada, mientras las acusaciones por irregularidades administrativas estaban a la orden del día. Esteban Trapiello, director general de la televisora, renunció al cargo para denunciar presuntos casos de corrupción de los dos primeros presidentes del canal. Una de las irregularidades se refería a la compra de más de dos millones de dólares en programas importados con dinero de PDVSA, a pesar de que el acta constitutiva del canal establecía taxativamente que la programación debía ser producida en el país.

La primera presidenta del canal, Lil Rodríguez, fue acusada de utilizar el equivalente a 83 mil dólares de los recursos oficiales para pagar durante meses una habitación de un hotel en Caracas para uso personal, con la excusa de que su residencia estaba situada en Casarapa, estado Miranda, a casi una hora del sitio de trabajo. En adición a eso, la irresponsabilidad de los directivos de la televisora llegaba al extremo de ordenar la transmisión de películas y series sin pagar los derechos correspondientes, razón por la cual se presentaron conflictos legales.

Después del cierre de RCTV, los ataques del chavismo se concentraron contra Globovisión, empresa que de manera regular ha desafiado al gobierno con sus apasionadas campañas contra el Presidente. Al producirse las amenazas de Chávez contra el canal en noviembre de 2007, el Bloque de Prensa convocó a los venezolanos a la defensa del canal, "a reafirmarnos en el camino de la paz y los valores democráticos, a usar la fuerza ética y la Constitución contra los atropellos del régimen y a seguir trabajando con fe por un futuro mejor para la Patria". La residencia, las oficinas y otras propiedades del empresario Guillermo Zuloaga, presidente y mayor accionista de Globovisión, eran repetidamente allanadas por funcionarios policiales, bajo la presunción de que estaba incurso en acaparamiento de vehículos con fines especulativos. La jueza 13 de control, Alicia Torres, a cargo de las investigaciones, denunció haber sido objeto de presiones del chavismo para que actuara contra Zuloaga.

Durante los últimos años la televisora ha sido multada, funcionarios de CONATEL la han inspeccionado con cualquier pretexto y le han confiscado equipos. Hasta 2009, los grupos armados comandados por Lina Ron le hacían frecuentes ataques. En una ocasión los relatores de las Naciones Unidas y de la Comisión Interamericana de los Derechos Humanos para la libertad de expresión emitieron una declaración (el 22 de mayo de 2009) en la cual manifestaban preocupación por las amenazas contra Globovisión, frente a lo cual las reacciones del Ejecutivo consistían en insultos.

En uno de los intentos por cambiar la línea editorial de la televisora, el director general de la empresa, Alberto Federico Ravell, poseedor del 10 por ciento de las acciones, en septiembre de 2010 fue obligado a separarse del cargo. El vocabulario presidencial, siempre aderezado con términos militares y de armas, describía a Ravell como "un loco con un cañón". A Nelson Mezerhane, también accionista, le expropiaron el complejo turístico Ávila Mágica, situado en la cúspide del cerro El Ávila, sin pago de indemnización. Le intervinieron el Banco Federal y otras sociedades mercantiles, hasta que finalmente lo hicieron huir del país. A Guillermo Zuloaga le dictaron auto de detención y también se vio forzado a escapar.

La Asociación Internacional de Radiodifusión (AIR) y otras organizaciones internacionales han repudiado varias veces las acciones intimidatorias contra los medios de comunicación. A propósito de esa situación, el 12 de agosto de 2009 Koichiro Matsuura, director general de la Unesco, también hizo sentir su voz de desagrado, señalando que "la población tiene derecho a una multitud de perspectivas en los reportajes y en los análisis de los eventos que le conciernen. Y no puede haber libertad de expresión, ni siquiera democracia, sin pluralismo mediático". Entretanto, el ministro de información, Andrés Izarra, ha definido esas prácticas oficiales como una política de hegemonía comunicacional, es decir, un sistema para imponerse con la difusión exclusiva de temas de interés para el Presidente y para el PSUV.

En una entrevista publicada por *El Nacional* (el 3 de enero de 2009), el director del Instituto de Investigaciones de la Comunicación de la Universidad Central de Venezuela, Gustavo Hernández Díaz, definió a Venezolana de Televisión como "un canal que distorsiona la concepción filosófica de lo que deben ser los servicios públicos de comunicación. No es independiente, no respeta la universalidad de las concepciones ni la diversidad cultural y no cumple con el principio de desgubernamentalización de las comunicaciones porque es evidente que está al servicio del PSUV. Establece vasos comunicantes solo con la audiencia que está muy ligada con la doctrina que predica el gobierno actual".

Antes y después, la Comisión de Participación Política y Financiamiento del Consejo Nacional Electoral había realizado estudios que reflejaban el sesgo de los medios estatales. Uno de ellos señalaba que durante la campaña del referéndum aprobatorio de la enmienda constitucional para establecer la reelección presidencial indefinida, dicha Comisión encontró que VTV había transmitido 60 horas de propaganda a favor de Chávez y sólo 31 minutos a favor de la oposición, sin que esto incluyera las interminables cadenas de radio y televisión y el gasto millonario en otras formas de publicidad. Al examinar el tiempo consolidado de propaganda de los medios audiovisuales, se observó que 90 por ciento estaba a favor del chavismo. Sin embargo, ni la Comisión ni sus informes tenían fuerza alguna para frenar el desbalance. Las violaciones a la privacidad de las comunicaciones telefónicas también han demostrado la ausencia de mecanismos para crear un equilibrio institucional.

En la primera semana de febrero de 2009, cuando Chávez cumplía una década en el poder, el gasto publicitario era descomunal. Copaba todos los espacios de radio, prensa y televisión y utilizaba diversos portales de internet para difundir los mensajes oficiales. El teniente coronel participaba en actos de masas en compañía de los presidentes Evo Morales, de Bolivia; Rafael Correa, de Ecuador; Daniel Ortega, de Nicaragua; y

Manuel Zelaya, de Honduras; así como del vicepresidente cubano José Ramón Machado, que se deshacían en elogios al anfitrión.

En uno de los actos transmitidos en cadena de radio y televisión en aquella ocasión, el entonces Presidente hondureño - receptor de importantes contribuciones en dinero efectivo y más de 50 tractores iraníes donados por Chávez semanas antes- no atinaba a contener los elogios: "¡Este es el momento más importante de la historia venezolana! Esta es una revolución por la justicia y la paz. Hugo es indispensable para el avance de esta revolución social"[67]. Esa era la época en que Manuel Zelaya pretendía desconocer las disposiciones constitucionales y las leyes de su país, para mantenerse en el poder siguiendo el modelo venezolano.

Educación y cultura derrotadas

El balance de la administración chavista en materia de educación y cultura ha sido negativo. El uso sistemático del lenguaje soez a través de los medios de comunicación, la discriminación en el empleo de maestros y profesores y la eliminación de entes culturales con arraigo en el país, ha significado un retroceso cultural que solo podrá ser revertido con esfuerzos de varias generaciones.

Se han creado universidades públicas con bajos niveles de exigencia académica, orientadas a dar cabida a los rechazados por el sistema tradicional de educación superior, con programas que incluyen asignaturas políticas destinadas a crear profesionales propagandistas del régimen. La educación básica se ha copado con Escuelas Bolivarianas (EB) cuya intención es formar nuevas hornadas de ciudadanos con tendencia ideológica marxista-leninista, con una filosofía adoradora del líder único. Algunas zonas educativas, como las de Táchira y Miranda, se han atrevido a incluir en los calendarios escolares fechas para exaltar figuras como Carlos Marx y el Ché Guevara.

José Luis Farías, un ex diputado que presidió la Comisión de Educación de la Asamblea Nacional, consideraba paradójico (*El*

Universal, el 8 de enero de 2007) que las Escuelas Bolivarianas, creadas con el supuesto de elevar la calidad de la enseñanza, tuviesen los peores niveles de rendimiento: "Una propuesta académica no puede ser sólo números en cuanto a inversión y a supuesta ampliación de la matrícula. Las deficiencias de esas escuelas pueden ser mayores que en 2003, como consecuencia de las desviaciones del proyecto. Inicialmente se trataba de un proyecto con 500 escuelas públicas, pero de la noche a la mañana todas se convirtieron en bolivarianas, atropellando un proceso educativo que iba por etapas".

Al examinar la educación venezolana en un artículo publicado en Analítica.com (10 de octubre de 2008), el entonces Rector de la Universidad Católica Andrés Bello, el padre Luis Ugalde, presentó un panorama desolador: "La educación venezolana, más allá de la propaganda, está siendo derrotada. La Constitución Bolivariana nos compromete a producir educación de calidad, gratuita y obligatoria para todos hasta terminar la secundaria; pero la realidad que tenemos es de calidad lamentable y con la mitad de años de escolaridad. La escuela de la mayoría de los pobres es vergonzosa y discriminatoria. No es diferente el cuadro en la educación superior"[68].

"Tenemos -dijo después- un gobierno millonario que no aplica a la educación el dinero que se necesita para multiplicar los centros educativos, elevar la calidad y los años de escolaridad, y para garantizar mejores ingresos a los trabajadores de la educación. No hay ninguna política coherente para promover, estimular, apoyar la formación de los miles de maestros que se necesitan en física, química, matemática, biología y otras asignaturas y no se están formando ni la mitad de los jóvenes educadores que el país requiere".

Desde el referéndum de febrero de 2009, la arremetida del gobierno ha afectado las distintas expresiones culturales. Las importaciones de libros fueron restringidas al fijar topes al otorgamiento de dólares para ese sector. Los textos con ideas contrarias a la "filosofía" del régimen comenzaron a ser retirados de las bibliotecas públicas, suplantándolos por otros orientados a exaltar a Chávez y su revolución, así como a desarrollar el concepto del hombre nuevo para una sociedad nueva.

En dos meses 65 mil libros fueron convertidos en pulpa de papel, con el argumento de que hongos y polillas los habían deteriorado. Esto ocurrió en bibliotecas públicas del estado Miranda, mientras Diosdado Cabello gobernaba la entidad. Virginia Betancourt, quien dirigió la Biblioteca Nacional durante 25 años, dijo (*El Universal,* el 4 de mayo de 2009) que "la biblioteca pública es la biblioteca detestada por todos los regímenes totalitarios o dictatoriales. Lo que quiero plantear es que todo esto forma parte de un proyecto mucho más complejo. Y no creo que se trate solamente de destruir unos libros o quemarlos o convertirlos en pulpa de papel. Implica cambiar la naturaleza de la biblioteca pública, no solamente de la colección sino de su función". Entre los volúmenes eliminados de la Biblioteca Pública Don Luis y Misia Virginia, de Guatire, en el estado Miranda, había 107 sobre el ex Presidente Rómulo Betancourt (padre de Virginia), fundador del partido Acción Democrática, el dirigente demócrata más influyente del siglo XX en Venezuela. Esa cantidad incluía obras escritas por él.

XIV
UNA COFRADÍA DE AUTÓCRATAS

Populismos de moda

Los planes de "cooperación internacional" puestos en práctica por Hugo Chávez, han hecho que muchos le concedan el beneficio de la duda a sus actuaciones y lo vean como un dirigente bueno y necesario. No obstante, los hechos hablan por sí solos: desató una alocada carrera armamentista que ha provocado preocupación entre los vecinos, ha intervenido abiertamente en los asuntos internos de muchos países, se ha asociado estratégicamente con regímenes y movimientos terroristas. Ha confesado simpatía por las más feroces dictaduras y comprado opiniones de gobiernos para evitar la calificación de dictador.

La imagen paternalista del Presidente venezolano se ha alimentado del ingreso petrolero. Su "solidaridad" ha llegado a Cuba, Argentina, Uruguay, Paraguay, Perú, Bolivia, Ecuador, Colombia, Costa Rica, El Salvador, Nicaragua, Guatemala, a las naciones del Caribe y a otras. En ciertos casos los beneficiarios han sido gobiernos, candidatos y partidos afectos, en otros han sido movimientos subversivos. La lista incluye a algunos que no comparten sus métodos y hasta han confesado repulsión por él, pero que no han escapado a las caricias de la mano dadivosa a cambio de silencios.

Su chequera ha tenido efectos milagrosos incluso a muchas millas de distancia. Así, en agosto de 2007 logró impedir un inminente corte del suministro de gas ruso a Bielorrusia, al concederle un préstamo en condiciones generosas al dictador Alexander Lukashenko para cancelar una deuda pendiente con la empresa Gazprom, por el equivalente a 460 millones de dólares. Agradecido, Lukashenko se esmeró en elogios y en llegar rápidamente a acuerdos para proveerle sistemas de armas a Venezuela. La amenaza rusa había provocado preocupación en varios países europeos, cuyo suministro de gas dependía de una tubería que atraviesa territorio bielorruso.

El 24 de julio del 2008, con motivo de la tercera visita del mandatario venezolano a la capital bielorrusa, Minsk -donde encontró manifestaciones de afecto- , le fue otorgada la Orden "Amistad de los Pueblos". "Desde nuestra independencia, ningún otro presidente había hecho tanto por nosotros como Hugo Chávez. ¡Tus palabras son órdenes para nosotros! Hugo, nadie merece este reconocimiento tanto como tú. ¡Hugo, cuídate, por favor!". Eran loas muy comprensibles por provenir, precisamente, de alguien a quien le ha estado negada la posibilidad de visitar Estados Unidos y la Unión Europea por sus fraudes electorales y por flagrantes violaciones a los derechos políticos y civiles de su pueblo.

Los elogios eran motivo de regocijo para Chávez, quien, a su vez, se extendía en felicitaciones para su colega por conducir a su país como lo venía haciendo. Así, entre otras cosas dijo que la solidaridad con Bielorrusia era un asunto de dignidad, porque pocos pueblos eran tan agredidos por el imperio. Al comparar lo que había visto en dos horas con lo que apreció unos meses antes, alabó los "grandes avances" de la dictadura: "Si todo esto lo hemos logrado tan rápidamente, qué no lograremos en los 20 años o más que nos restan de gobierno".

A Chávez le han interesado las elecciones presidenciales en cualquier lugar de América Latina y con su bolsillo se ha hecho parte en ellas. En ningún caso se ha tratado de generosidad o de solidaridad verdadera, sino de una estrategia para crear una cofradía de autócratas interesados en perpetuarse en el poder, con mecanismos de protección y solidaridades automáticas. En ese camino, los petrodólares y la mano suelta de Chávez facilitaron la pronta aparición de aliados como Evo Morales, Rafael Correa y Daniel Ortega, con la coordinación de los hermanos Fidel y Raúl Castro.

Los presidentes peruanos Alejandro Toledo y Alan García se resistían a ser parte del proyecto populista internacional del jefe de la "revolución" bolivariana y lo criticaban desembozadamente, lo que los hacía objeto de insultos de variado tenor. Desde Caracas se intentaba imponer líneas políticas, sobre todo durante la campaña electoral de 2006, cuando Ollanta Humala aspiró por primera vez a la Presidencia de la República del Perú y no ocultaba sus simpatías por el venezolano. A través del territorio peruano fue creada una red de casas de la Alternativa Bolivariana de los Pueblos (ALBA), financiadas por el gobierno de Chávez como parte de una supuesta lucha contra la globalización representada por el ALCA, la Alianza de Libre Comercio para las Américas que impulsaba Washington. Miraflores negaba todos los señalamientos, pero la administración de Alan García tenía la convicción de que la intervención ocurría a través de Bolivia y de la embajada venezolana en Lima.

En un programa de televisión desde Tiahuana, en Bolivia, el 29 de mayo del año 2006, Chávez había dicho que Alan García era un "bandido e irresponsable, ladrón de cuatro esquinas y corrupto de siete suelas". Además advirtió que si el entonces candidato aprista llegaba a ganar las elecciones, Venezuela no tendría relaciones diplomáticas con Perú. "¿Cómo va uno a tener relaciones diplomáticas ni nada con un gobierno dirigido por un vagabundo como ese?", agregó.

Al llegar la campaña electoral presidencial de 2011, Humala comenzó a marcar distancias del proyecto político venezolano y escuchó el consejo de algunos como Luiz Inácio Lula, lo que le permitió vencer los temores de amplios sectores que veían con antipatía a Chávez. De esa manera pudo superar en la segunda vuelta a su rival Keiko Fujimori. Durante el primer año de gobierno, las promesas de su Hoja de Ruta -pluralidad de ideas y respeto a la Constitución- parecían estar cumpliéndose, a pesar de la perdida popularidad como consecuencia de algunas medidas económicas. Al escribir estas líneas todavía era temprano para conocer el rumbo definitivo del gobierno de Humala, pero había síntomas que apuntaban a que su intención no era trastocar el clima de pluralidad política y de libre empresa.

Cuando el Presidente de Honduras, Manuel Zelaya, fue defenestrado *manu militari* el 28 de junio de 2009 al tratar de imponer una Constituyente que tanto el Parlamento como la Corte Suprema de Justicia habían calificado de inconstitucional, el mandatario venezolano asumió el caso como una agresión en su contra y amenazaba incluso con una invasión militar. La intención del líder centroamericano había sido seguir los pasos de Chávez con la reelección indefinida, aunque después lo negaba.

El teniente coronel puso a disposición de Zelaya un avión de PDVSA, pilotos venezolanos y una jugosa partida especial para cubrir los gastos de sus "planes de regreso", además de financiar grupos de activistas entrenados para generar desasosiego político en Tegucigalpa y en otras ciudades. De manera provocadora, el avión de PDVSA sobrevoló el aeropuerto de Tegucigalpa, a pesar de las advertencias de que no se le permitiría el aterrizaje. El canciller Nicolás Maduro acompañaba con frecuencia al hondureño en sus periplos.

En esas circunstancias, grupos de mercenarios venezolanos, nicaragüenses y cubanos, desataban disturbios e incurrían en asesinatos en varias ciudades del país centroamericano. Desde Caracas se hacían esfuerzos para provocar un contragolpe, pero chocaban con el rechazo de la sociedad hondureña a la intervención extranjera. En un acto público transmitido por radio y televisión, el mismo domingo 28 de junio Chávez ratificó su vocación intervencionista: "Derrocaremos a cualquier Presidente que se juramente en Honduras. Si juramentan a Roberto Micheletti (Presidente del Congreso), a Peleletti, a Gafetti o Goriletti, lo derrocaremos. Lo derrocaremos y así lo digo. Haremos todo lo que tengamos que hacer para que Manuel

Zelaya sea restituido en el cargo… No podemos ceder ante los gorilas. No podemos permitir que vuelva el gorilato"[69].

Para reflotar a Cuba

Hasta junio de 2006 los programas de cooperación con Cuba, que incluían el suministro de 95 mil barriles de petróleo por día, financiamiento de obras públicas, donaciones y otros múltiples aspectos, le habían costado a Venezuela más de seis mil millones de dólares. Los despachos petroleros hacia puertos cubanos han sido siempre una operación económica oscura, con grandes descuentos, fletes incluidos, tres años de gracia, plazos de hasta 15 años para pagar e intereses de dos por ciento.

Las tarifas del régimen cubano por sus médicos y enfermeras han resultado más elevadas que las establecidas por los más caros centros hospitalarios privados venezolanos. Humberto Calderón Berti, ex senador, ex presidente de PDVSA, ex ministro de Energía y ex canciller, sostenía que si en vez de pagarle a Cuba el Estado venezolano hubiese contratado las clínicas particulares de Caracas para ofrecer servicios gratuitos a la población de bajos recursos, los desembolsos habrían sido inferiores. Entre enero y septiembre de 2006, Cuba le pasó facturas a PDVSA por 341 millones de dólares por concepto de servicios médicos y pidió que el pago se hiciera en efectivo. Llamaba la atención el hecho de que el dinero fuera transferido a cuentas bancarias que no correspondían a organismos oficiales cubanos. Una información de *El Universal* (3 de diciembre de 2006) decía que en los recibos sólo se mencionaba el número de la cuenta y la entidad financiera en la cual se hacían los depósitos, pero no el nombre del beneficiario. "Muchas órdenes de pago están escritas a mano, en hojas blancas, con flechas y subrayados informales", apuntaba la publicación.

El ex ministro Calderón Berti comentó que "el monto de 555 millones de dólares, correspondiente a 25 por ciento de la factura petrolera, financiado a largo plazo con respaldo de pagarés del Banco Nacional de Cuba, constituía un regalo, por cuanto dicha entidad carecía de los medios económicos para cumplir sus compromisos. Con esa cantidad tal vez se habría podido financiar un subsidio de 900 mil bolívares mensuales para 700 mil familias venezolanas".

Entre los servicios suministrados por Cuba a Venezuela ha habido algunos que bien podían ser contratados en el país, como la elaboración de un programa de computación para centralizar la información de los registros y notarías públicas, por el cual el gobierno pagó más de 200 millones de dólares. De la misma manera, el régimen cubano le ha aportado personal de seguridad al Presidente Chávez, a los cuerpos de inteligencia, a la Dirección de Identificación y Extranjería, al ministerio de la Defensa y a otras dependencias, además de médicos y entrenadores deportivos adiestrados en tareas policiales. A través de sus redes de inteligencia, La Habana ha tenido en sus manos toda la información del Estado venezolano y la ha manejado para su beneficio.

Chávez ha alentado incluso la quimera de formar una sola república con Cuba, para luego sumar a Bolivia, Nicaragua y Ecuador, en lo que llegaría a constituir una suerte de federación. "Tengamos conciencia de que somos una sola nación. En el fondo somos un solo gobierno y esa conciencia hay que alimentarla", dijo Chávez el 22 de diciembre de 2007 en La Habana, durante la firma de 14 nuevos acuerdos de cooperación.

A pesar de las resistencias de algunos sectores militares, el 22 de agosto del 2005 Chávez y Fidel Castro discutieron la idea de crear la república comunista de Venecuba. El primero de enero del 2009, con motivo del 50 aniversario de la Revolución cubana, el teniente coronel depositó una ofrenda floral ante el sarcófago de El Libertador, en el Panteón Nacional, y le dio órdenes al vicepresidente: "A partir de hoy, antes de que el sol se oculte, que la bandera cubana ondee junto a las de Bolivia, Colombia, Ecuador, Panamá, Perú y Venezuela". En representación de los Castro asistía al acto el comandante Ramiro Valdés, ministro de comunicaciones e informática cubano, frente a quien dijo: "Por Cuba lloramos y peleamos, y estamos dispuestos a morir peleando si hubiera que morir por su revolución".

La Oficina Nacional de Estadísticas de Cuba (ONEC) mencionaba en 2008 a Venezuela como el primer socio comercial de ese país, con 4.892 millones de dólares, superando a China, que figuraba en segundo lugar con 2.159 millones de dólares. El gobierno venezolano había aparecido casi como por arte de magia en uno de los peores momentos económicos de la dictadura castrista. Al mismo tiempo, las cifras oficiales venezolanas comenzaron a seguir el modelo de la isla caribeña, al a ser retocadas y expuestas con verdades a medias.

Fidel logró construir su estrecha relación con Chávez después de haberse valido de la influencia internacional de Carlos Andrés Pérez para llegar a ambientes a los cuales el acceso le estaba vedado en la época de la Guerra Fría. Pérez, forjador de la tesis de que la mejor vía para democratizar a Cuba era evitando su aislamiento internacional, en su primer gobierno (1974-1979) estableció relaciones diplomáticas con la isla, lo que como ya dijimos le ocasionó enfrentamientos con el fundador de su partido (AD), Rómulo Betancourt. Debido al patrocinio de Castro a la lucha guerrillera en el continente en la década de los sesenta, Betancourt había sido el gran promotor de la expulsión de Cuba de la OEA.

Un Premio Nobel bajo presión

Con sus políticas de "generosa" cooperación y uso de mecanismos de presión y chantaje, Hugo Chávez ha obtenido apoyos internacionales y neutralizado gobiernos adversos. Así, por ejemplo, en su segundo mandato (2006-2010) el presidente Oscar Arias, de Costa Rica, se vio en el trance de no resistir las embestidas de su colega venezolano. Durante un tiempo él había criticado las posturas antidemocráticas de Chávez, pero luego tendría que sucumbir ante las amenazas de cierre de la empresa estatal venezolana Alunasa, para trasladarla a Nicaragua o Panamá.

En el cantón de Esparza, en la provincia de Puntarenas -una zona económica deprimida- Alunasa, filial de la Corporación Venezolana de Guayana, durante años ha producido laminados de aluminio y renglones semiterminados a partir de lingotes primarios, destinados sobre todo a la exportación. Para Costa Rica es una industria sensible, generadora de 400 empleos directos y muchos más indirectos.

Tras varias semanas de chantaje, en forma repentina el Presidente del país centroamericano dejó de emitir juicios críticos sobre el teniente coronel, para luego descubrir en él actitudes benévolas e incorporarse a la lista de solicitantes de favores económicos. La primera manifestación del cambio de criterio se notó cuando comenzó a calificar de sabia la decisión del gobierno venezolano de no alterar el funcionamiento de Alunasa, para inmediatamente después expresar agradecimientos y explayarse en elogios a las cualidades benefactoras de Chávez.

Días antes pensaba que los poderes especiales otorgados por la Asamblea Nacional venezolana al Presidente eran antidemocráticos, y que existía una diferencia substancial entre un autócrata y un demócrata: "Si el demócrata no tiene oposición su deber es crearla, mientras el sueño del dictador es eliminarla. Para el dictador lo importante no es tener oposición sino el poder absoluto".

En febrero de 2007 el líder centroamericano le había declarado a Radio Columbia, de San José, que "la diferencia fundamental en Latinoamérica es entre gobiernos que creen en la necesidad de insertar sus países en la economía mundial, y los que creen que pueden ser proteccionistas y que las alianzas son de otro tipo, como en el caso de Venezuela y Cuba o Nicaragua y Cuba… No sé qué es esa alianza bolivariana, más allá del deseo de perpetuarse en el poder".

Pero ya el 4 de septiembre de 2008, en una conferencia de prensa en Bruselas, se hizo evidente la nueva opinión del líder costarricense: "La cooperación de Venezuela a los países de América Latina y el Caribe es por lo menos cuatro o cinco veces más elevada que la de Estados Unidos… Nosotros hemos solicitado ser parte de Petrocaribe, que es un programa del Presidente Chávez que financia buena parte de la importación de petróleo a 25 años y al uno por ciento de interés. Sesenta o setenta por ciento de la factura petrolera es financiada en esas condiciones… La Alternativa Bolivariana para las Américas no es un tratado de libre comercio pero tiene un importante concepto de generosidad, de solidaridad".

El inefable Daniel Ortega

Los planes internacionales del chavismo han puesto énfasis en el concepto de la solidaridad entre iguales, entre líderes carismáticos, ineficientes, con discursos demagógicos. Con ese propósito ha estimulado a populistas de izquierda como el presidente de Nicaragua, Daniel Ortega, que sobresale por la ausencia de principios morales: violaba a su hijastra desde que era una niña de 11 años, según los espeluznantes testimonios de la propia Zoilamérica Narváez, difundidos a través de la página web sandino.org. Durante veinte años la ultrajó sexualmente, la obligó a tener relaciones con terceras personas, la sometió a una implacable persecución.

La víctima voceaba su denuncia a los cuatro vientos clamando justicia y hasta entabló una acción legal contra el Estado de Nicaragua ante la Comisión Interamericana de Derechos Humanos, pero a fines de septiembre de 2008 desistió por considerar que ciertos partidos le habían causado daño a su familia al utilizar el caso con propósitos políticos. De acuerdo con las descripciones de ella, tales actos no sólo fueron prolongados, sino también perpetrados con la complicidad de la madre, Rosario Murillo, una mujer ambiciosa que con perversidad ha utilizado el poder contra los adversarios.

El relato de Narváez decía, entre otras cosas: "Se abusó de mi condición de niña, se abusó de mi condición de mujer, se abusó de mi cuerpo, se abusó de mis emociones, se abusó de mi condición de militante sandinista y se abusó de mis concepciones. El poder, que se aprovechó de la ingenuidad propia de mi niñez y adolescencia, estrenó en mí todos los instrumentos posibles de dominación: físicos, psicológicos, políticos, familiares y militares. En mi contra se hizo uso de la autoridad, de la fuerza, de la destrucción, de la subjetividad, etc. Se me hizo daño desde el poder supremo de este país, desde una tribuna que hoy nos debe hacer reconocer que el ejercicio de la política debe estar marcado por un profundo sentido ético y humano. Quiero decir con ello, que no puede haber una proclama y un discurso político que sea incongruente con una práctica personal, individual"[70].

Para estimular la llegada de su amigo Ortega a la presidencia nicaragüense, Chávez financió su campaña electoral y le suministró petróleo a ayuntamientos y otros entes identificados con el sandinismo. Ya en el poder, le ha otorgado préstamos a bajo interés con períodos de gracia, cargamentos de crudo, un lote de plantas generadoras de energía eléctrica, más de un millón de mochilas con útiles escolares, más de 100 mil maletines con útiles para maestros, más de cien tractores iraníes, préstamos blandos a largo plazo para empresas de trabajadores. Le condonó más de 33 millones de dólares en deudas atrasadas y donó más de 150 casas para familias nicaragüenses de escasos recursos. El presidente venezolano ordenó la apertura de operaciones del Banco Nacional de Desarrollo Económico Social (BANDES) en Managua, con un capital de 20 millones de dólares.

Durante su primer gobierno, conocido como la "primera rapiña sandinista", Ortega se había apropiado indebidamente de una casa espaciosa cuyo dueño era el banquero Jaime Morales Carazo, amigo del dictador Anastasio Somoza Debayle, quien fue derrocado en 1979 y asesinado en Paraguay un año más tarde. Pero por una de esas ironías de la vida, varios años después Morales abandonó la reclamación judicial de la propiedad -que estaba decorada con valiosas obras de arte, muebles antiguos, una valiosa colección de armas antiguas y una exquisita biblioteca-, para convertirse en vicepresidente de la República y aliado político de Ortega en su segundo gobierno.

La bitácora de viajes políticos de aquel banquero de los tiempos de Somoza incluía erráticos desplazamientos, entre los cuales estuvo una escala en el partido del ex presidente Arnoldo Alemán (1997-2002), de quien había sido jefe de campaña en una furiosa lucha contra Daniel Ortega, para luego aterrizar en el sandinismo casi como por arte de magia. Poco después de salir del poder, Alemán había sido enjuiciado y condenado por una larga lista de presuntos hechos de corrupción.

En una entrevista publicada por *El Nuevo Diario* (en 2005), el banquero somocista expresaba con un cierto aire de "desprendimiento" que el asunto había quedado atrás: "Yo cedí totalmente los derechos de la casa al comandante Ortega. Hace meses llegamos a un acuerdo de caballeros que él podrá comentar... Hubo un proceso hace unos cuantos años, tras lo cual él comenzó a devolverme objetos muy valiosos, que están ahora en la casa de arriba (su nueva residencia). Me devolvieron muebles y algunas otras cosas. Ahora tengo una cordial, respetuosa y amistosa relación con el comandante. Para mí, lo que pasó ya pasó. Yo no vivo rumiando el pasado"[71].

En *La Prensa Gráfica*, de San Salvador (8 de enero de 2007), el ahora vicepresidente de Nicaragua llegó a explicar la reconciliación como un acto político para echar bases estables para sacar a Nicaragua de la pobreza y el subdesarrollo, aunque ahora decía que no podía dejar de recordar que Daniel Ortega se había apoderado ilegalmente de sus bienes y los usufructuaba desde 1979. Al mismo tiempo, se autodefinía como un hombre de negocios y no como un político, razón por la cual desde la Vicepresidencia había buscado la manera de ocuparse de lo que le produce placer: ciertos asuntos económicos del régimen.

Francisco Laínes, fundador del Banco Central de Nicaragua, y otros representantes del Movimiento de Renovación Sandinista, han acusado a Ortega y a su familia de engordar los patrimonios particulares con dineros provenientes de Venezuela. Esos fondos, cuyas cantidades precisas han sido conocidas sólo por los dos mandatarios, son manejados en Managua a través de la empresa nicaragüense-venezolana Albanisa, que se dedica a diversas actividades, que van desde la comercialización de petróleo e importaciones en general, hasta actividades agropecuarias, hotelería, medios de comunicación y otras.

Al igual que Chávez, Evo Morales en Bolivia, Rafael Correa en Ecuador y Daniel Ortega en Nicaragua, han justificado las ambiciones reeleccionistas diciendo que sus obras no podrían completarse en un solo período constitucional. Como los argumentos son siempre los mismos, aseguran que ellos no tienen pretensiones personales y sólo se sacrifican frente a los reclamos de sus pueblos.

El voluble Evo Morales

Los tradicionales problemas económicos y sociales de la nación boliviana, comenzaron a tener una sensación de alivio con la injerencia directa del gobierno venezolano. Chávez ha construido hospitales en Bolivia y ha llevado a ese país contingentes de médicos cubanos, ambulancias, medicinas y alimentos. Le ha suministrado aviones y helicópteros, efectivos y construcciones militares, asesores policiales, equipos para seguridad presidencial y una flota de vehículos blindados, estrategas políticos y dinero para actuar contra la oposición. Ha construido escuelas, carreteras, puentes y otras obras. Hasta finales de 2008, esa asistencia se estimaba en algo más 4.500 millones de dólares, con lo cual el Presidente venezolano se había convertido en un personaje central de la vida cotidiana de ese país.

Amparado en los aportes económicos, Chávez ha vulnerado incluso elementales principios del Derecho Internacional para manipular la soberanía boliviana. Eso quedó en evidencia cuando en 2008 anunció su intención de invadir militarmente aquel país en caso de que ocurriera algún acto de fuerza contra su aliado Morales. Aseguró que utilizaría aviones y tropas para defender a su amigo hasta las últimas consecuencias. El entonces comandante en jefe de las Fuerzas Armadas, general Luis Trigo, y el Alto Mando Militar le respondieron de manera contundente. En una rueda de prensa, el 12 de septiembre de 2008, Trigo dijo en La Paz: "Al Presidente Hugo Chávez y a la comunidad internacional les decimos que las Fuerzas Armadas de Bolivia rechazan las intromisiones externas de cualquier índole, vengan de donde vengan, y no permitirán que ningún militar ni fuerza extranjera pise el territorio nacional". A pesar de la firme conducta del general boliviano, Chávez mantenía sus amenazas y exigía explicaciones sobre lo que a su juicio era una conducta de dudosa lealtad hacia Evo Morales, quien prefería estar al margen de esa polémica que tocaba el sensible aspecto de la soberanía y la autodeterminación boliviana.

En declaraciones reproducidas el 25 de octubre de 2008 por Globovisión, el ex Presidente boliviano Carlos Mesa sostenía algo que ya era *vox populi*: "Evo Morales es funcional en su política exterior a la política exterior venezolana, que tiene un objetivo de hegemonía en América Latina... El Presidente Morales tiene dependencia psicológica, política y económica del gobierno venezolano".

La abierta intromisión en las cuestiones internas de aquel país se hacía palpable en septiembre de 2007, con motivo de una visita de Estado del Presidente de Irán, Mahmud Ahmadineyad, a La Paz. Miembros de los organismos de seguridad bolivianos no ocultaban su molestia por la exagerada presencia de militares y policías venezolanos, que tomaron el aeropuerto y otras zonas de la ciudad e impusieron sus mecanismos de control. Solamente en el aeropuerto había más de cien hombres, mientras dos helicópteros artillados sobrevolaban la capital. Ahmadineyad llegó, además, en un avión propiedad del Estado venezolano.

Evo Morales se desplazaba en Bolivia en helicópteros Súper Puma asignados por la Fuerza Aérea venezolana, tripulados por militares venezolanos. Dos de esas aeronaves tuvieron accidentes fatales: una cayó el 28 de junio de 2007 en el departamento de Cochabamba mientras realizaba un vuelo de prueba, causando la muerte a un oficial venezolano y a dos bolivianos. La otra se desplomó el 20 de julio de 2008 cuando viajaba a 6.600 metros de altura en el municipio Colomi, también en Cochabamba, con cuatro militares venezolanos y uno boliviano. En sus viajes al exterior, el Presidente Morales utilizó durante un buen tiempo aeronaves aportadas por el gobierno de Chávez, con tripulación venezolana y gastos pagados por Miraflores.

El ex presidente boliviano Jorge Quiroga y otros dirigentes de la oposición han criticado la relación de dependencia existente entre Chávez y Morales. La amenaza más peligrosa y poderosa que ha habido en la historia de América Latina, según Quiroga, es el intervencionismo de Chávez, que ha venido trabajando todo el tiempo en todos los países para consolidar filiales de su gobierno como las que tiene en Nicaragua, Ecuador y Bolivia.

En Bolivia ha habido múltiples denuncias sobre presuntos casos de corrupción que involucran a funcionarios del más cercano entorno presidencial, así como del partido oficialista (el Movimiento al Socialismo, MAS). Desde el inicio del gobierno de Morales se ha hablado de tráfico de influencias, de asignaciones irregulares de 44 contratos (octubre de 2006) y pagos de comisiones en la empresa petrolera estatal YPFB. Se comprobó que por una parte se firmaban acuerdos con Petrobras, Repsol, Total y otras compañías y, por la otra, se anexaban documentos que establecían la devolución de los impuestos al valor agregado, a las transferencias y a las remesas de ganancias al exterior, a través de un subterfugio denominado "costos recuperables". Eran prácticas diseñadas con la participación de asesores internacionales pagados por Petróleos de Venezuela. La doble contratación quedó en evidencia después de una protesta de Petrobras cuando le trataron de aplicar el convenio original y no los beneficios secretos.

Otro caso de corrupción quedó al descubierto a raíz del asesinato de un alto ejecutivo de la compañía extranjera Catler-Uniservice, Jorge O'Connor, acribillado por delincuentes comunes a comienzos de 2009 mientras se dirigía a una reunión con familiares del presidente de la petrolera estatal YPFB, Santos Ramírez, conocido también como uno de los principales dirigentes del partido de gobierno. O'Connor llevaba en su maletín 450 mil dólares en efectivo, destinados al pago de comisiones por haber favorecido a la transnacional con un contrato por 86 millones de dólares para la construcción de una planta separadora de gas natural. Evo Morales no tuvo más remedio que lamentar los hechos y reemplazar a su amigo Ramírez, que había presidido el Senado durante el primer año del período constitucional y, con su cándido estilo, trataba de explicar los hechos como producto de una penetración de la CIA para generar caos.

Juan Ramón Quintana, hombre de la más estricta confianza presidencial, ministro de la Secretaria de la Presidencia, ha estado en el centro de escándalos por contrabando y tráfico de influencias. En uno de esos casos, un grupo de comerciantes fue detenido en el departamento de Pando cuando transportaba un contrabando de 33 camiones cargados con distintos productos. Los comerciantes -que confesaron haber tenido la autorización del ministro Quintana- quedaron en libertad y los vehículos les fueron devueltos sin que la mercancía se decomisara, mientras el ministro acusaba a sectores de la oposición de querer causarle daño a la imagen del gobierno.

Kirchner-Chávez, la danza del dinero

Entre el matrimonio presidencial argentino y Chávez surgió una estrecha relación de mutuo beneficio desde el ingreso de Néstor Kirchner (NK) a la Casa Rosada en 2003, una de cuyas primeras manifestaciones fue la firma de un conjunto de acuerdos con Venezuela que cubrían diversas áreas económicas y particularmente la energética. Entre 2003 y 2005 el venezolano visitó cuatro veces la capital argentina para concretar una alianza "estratégica", en la cual también tuvo participación activa el entonces mandatario brasileño Luiz Inácio Lula Da Silva.

Así se puso en marcha un proceso que consumía cantidades cada vez mayores de petrodólares venezolanos, cuando el país sureño estaba en el disparadero de una severa crisis económica y el lastre de militar golpista todavía afectaba a Chávez en los escenarios internacionales. La alianza le vino como anillo al dedo a las dos partes. Ante la acuciante situación argentina, con orígenes muy anteriores a Kirchner, el venezolano entendió que era el momento de transformarse en cliente para varias series de títulos de la deuda pública que no lucían atractivos. Descubrió que con esos papeles se podían hacer operaciones tanto financieras como políticas, cuyo primer resultado sería el compromiso kirchnerista de apoyar cualquier planteamiento internacional que él formulara. La República Bolivariana procedió entonces a comprar bonos, los revendía a bancos de Caracas y estos, a su vez, los colocaban en la Bolsa de Nueva York. En ese trasiego se obtenían gigantescas cantidades de dólares que eran convertidos en bolívares al tipo de cambio paralelo, con lo cual se multiplicaban las utilidades que se repartían los bancos y altos funcionarios públicos. Entre mayo de 2005 y septiembre de 2008, Venezuela compró 6.340 millones de dólares en títulos de la deuda argentinos.

El rasgo esencial de los Kirchner y Chávez siempre fue la moral laxa, según la cual concebían a sus países casi como haciendas familiares. Eso explicaba por qué al teniente coronel le era fácil extraer dinero en efectivo de las arcas de Petróleos de Venezuela para las campañas y fines particulares de aquellos amigos, aunque los cálculos fallaron en el famoso escándalo del maletín con los 800 mil dólares detectado el 4 de agosto de 2007 en la aduana aeroportuaria de Buenos Aires.

Después de viajar desde Caracas con ejecutivos de PDVSA y funcionarios argentinos en un avión contratado por ENARSA, el empresario venezolano Guido Antonini Wilson, que comenzó a aparecer en las primeras páginas de los periódicos al ser capturado con las manos en la masa mientras trataba de introducir a Buenos Aires la valija repleta de billetes destinados a la presidenta Cristina Kirchner, se convirtió en un elemento indeseable para los dos gobiernos. Antonini, cuya riqueza era fruto de negocios en los vericuetos de los entes oficiales venezolanos, un día después de su llegada a la capital argentina asistió a una recepción ofrecida a Chávez en la Casa Rosada, y lo hizo acompañado por la asistente de Claudio Uberti, director ejecutivo del Organismo de Control de Concesiones Viales de Argentina y miembro del entorno íntimo del ministro de Planificación, Julio De Vido.

Al estallar el escándalo, Uberti le había asegurado a Antonini que todo se solucionaría satisfactoriamente y que, en consecuencia, no había razones para preocuparse, pero al hablar así no imaginaba que estaban a las puertas de un prolongado caso cuyas incidencias dejarían al descubierto las triquiñuelas de los dos gobiernos, aunque, como era lógico suponer, poco después Uberti sería absuelto por la justicia argentina y retornaría a sus actividades normales.

Aquel viaje, que no salió nada bien para nadie, era explicado o justificado por Antonini diciendo que había sido invitado a gestionar un contrato. Luego, cuando ya no tenía nada que perder y sí mucho que decir para salvarse, entonces reveló que en la misma aeronave contratada por ENARSA había habido otra maleta con 4,2 millones de dólares para los Kirchner, que no fue detectada por las autoridades aeropuertuarias. Uno de sus socios era Franklin Durán (condenado por haber actuado como agente ilegal del gobierno de Chávez en Estados Unidos), además de otros que admitían su condición de personas interpuestas de chavistas prominentes.

Los procesados Franklin Durán y Carlos Kaufman acusaron al ex ministro de Finanzas Tobías Nóbrega de estar involucrado en sobreprecios en la compra de dos edificios para el Estado, uno de los cuales había sido sede del Citibank. Ya antes había habido otras acusaciones contra Nóbrega por actos ilícitos, sin que desde el gobierno se hiciera nada para investigarlo. Decenas de millones de dólares en sobornos habían sido pagados a funcionarios de alto nivel, entre quienes eran mencionados el general Víctor José Medina, quien administraba las finanzas de la Guardia Nacional; los entonces gobernadores de los estados Cojedes (Jhonny Yanes Rancel), y Vargas (Antonio Rodríguez), y otros muchos chavistas.

Julio de Vido había adquirido fama como personaje de confianza de los Kirchner, lo que le permitía manejar discrecionalmente muchos negocios relacionados con Venezuela. En Caracas manejaba sus asuntos desde una oficina particular, a través de su subalterno Claudio Uberti. En febrero de 2010, el ministro estuvo tres días en la capital venezolana como enviado de la pareja presidencial argentina, en "labores de planificación" de algunos proyectos hidroeléctricos que ya habían sido abordados telefónicamente entre Miraflores y la Casa Rosada. Y todavía en enero de 2012, Chávez y De Vido sostuvieron una larga conversación de negocios en el despacho presidencial venezolano y se fotografiaron juntos

Antes, en 2008, el ministro argentino promovió una venta de equipos agrícolas a Venezuela por casi 750 millones de dólares, como parte de un acuerdo entre PDVSA y la Compañía Administradora del Mercado Mayorista Eléctrico de Argentina (CAMMESA) para el suministro de combustibles. Los pagos de CAMMESA no ingresaban a PDVSA sino a un fondo especial en el Banco de Desarrollo Económico y Social (BANDES), para luego regresar a manos argentinas a través de la adquisición de maquinaria agrícola. Más tarde un grupo de empresarios sureños que participaron en aquellas transacciones denunciaron mecanismos de chantaje y extorsión. Les exigían comisiones de 15 por ciento para funcionarios de los dos gobiernos.

El historial de los Kirchner ya era largo y revelador del uso del poder para su enriquecimiento. En varias oportunidades habían sido sindicados de engrosar el patrimonio familiar mediante operaciones ilegales, pero el torcimiento de la justicia permitía que los expedientes se archivaran o fueran declarados sin lugar. Durante su mandato, NK había registrado un enriquecimiento equivalente a 3,5 millones de dólares, que fueron explicados como producto de alquileres e inversiones con 18 casas, cuatro apartamentos, dos locales comerciales y un edificio de diez apartamentos comprado en el último año de su mandato.

En esos días no faltaba quien pensara que si él hubiera sido evaluado por el crecimiento de sus declaraciones patrimoniales, la conclusión inevitable habría sido que se trataba de un genio de las finanzas, porque convertía en dinero todo lo que tocaba. Así, por ejemplo, mientras los cánones normales de arrendamiento de bienes inmuebles en Argentina han sido de 12 por ciento anual, según la declaración de impuestos correspondiente a 2007, los ingresos de los Kirchner por ese concepto ascendían a 170 por ciento.

Algo que también retrataba de cuerpo entero a los Kirchner era la voracidad en la compra de tierras con fines especulativos. A la pareja le resultaba natural adquirir terrenos del Estado a precios irrisorios y, como si fuera poco, vulnerando el derecho de ciudadanos privados que con anterioridad habían mostrado interés en comprarlos legalmente. En negociaciones divulgadas de manera profusa por la prensa y que aún hoy muchos argentinos recuerdan, compraron sin licitación más de 141 mil metros cuadrados de terrenos municipales en El Calafate, una privilegiada zona turística de acelerado crecimiento poblacional y económico, situada en lo que se conoce como la puerta de entrada a los glaciares argentinos, entre los cuales el más conocido es Perito Moreno. Las superficies adquiridas eran hasta 30 veces más grandes que las adjudicadas a ciudadanos privados, a lo cual se sumaban descuentos y facilidades de pago. Mientras los precios de mercado oscilaban entre 30 y 120 pesos por metro cuadrado, había documentos que ponían en evidencia que para ellos fueron de solo 7,50 pesos por metro cuadrado.

Según los registros, el 14 de febrero de 2005 la entonces primera dama argentina, Cristina Kirchner, compró 44.106,41 metros cuadrados de tierras municipales; el entonces Presidente adquirió en enero de 2006 (expediente 0030/06) un terreno de 20.000,33 metros cuadrados; en abril de 2006 compró otro (decreto municipal 479/2006) de 18.258 metros cuadrados y en marzo de 2005 había incorporado a su lista de bienes otros tres terrenos con una superficie total de 60 mil metros cuadrados. Además en la zona ya poseían una casa de 520 metros cuadrados de construcción. Después revendieron algunas de esas propiedades a precios hasta 20 veces superiores.

Sin embargo, ya en marzo de 2005 el juez federal Julián Ercolini había sobreseído al entonces Presidente y a su esposa en la causa por presunto enriquecimiento ilícito, mientras algunos voceros judiciales decían que se trataba de un enriquecimiento coherente con el estilo de ahorro del matrimonio. La variación patrimonial ocurrida entre los años 2005 y 2007 fue archivada por un segundo juez, Rodolfo Canicoba Corral.

De acuerdo con la declaración de bienes correspondiente al primer año de gobierno de Cristina Kirchner (2008), la fortuna matrimonial había tenido un crecimiento de 158 por ciento. Pasó del equivalente a 4,6 millones a 12 millones de dólares. El origen del enriquecimiento habría estado en la venta de 16 inmuebles en Santa Cruz, en jugosas tasas de interés bancario y en la expansión de los negocios hoteleros en El Calafate, donde crearon las empresas Hotelsur SA y COMASA. Un hecho asombroso era el crecimiento de 572 por ciento registrado por el patrimonio de la pareja entre los años 2003 y 2008.

El 20 de diciembre de 2009 el juez federal Norberto Oyarbide descartó la existencia de irregularidades en la declaración de bienes de 2008, basándose en el dictamen de un grupo de peritos encabezados por un funcionario de nombre Alfredo Peralta, varias de cuyas anteriores actuaciones habían estado en entredicho. Para explicar el volumen de los ingresos del año en referencia, Néstor Kirchner dijo el 30 de diciembre de 2009: "Yo fui construyendo mi patrimonio desde 1978... Luego de casi treinta años vendimos muchos bienes". En una muestra de memoria corta, olvidaba mencionar el hecho de que sus compras masivas de tierras tuvieron lugar durante su gestión presidencial y la de su esposa, de lo cual quedaría constancia en los registros públicos.

XV
GRASA PARA LA INDUSTRIA MILITAR

Alocadas compras de armas

En sus sueños, Chávez se ha visto unas veces comandando un invencible ejército cubano-venezolano que enfrenta y vence al imperio norteamericano, otras luchando y aplastando a las fuerzas militares colombianas dirigidas por una oligarquía anti bolivariana comprometida con intereses extranjeros. Se trasnocha, grita, hace rayas con la mano izquierda, afina estrategias militares para derrotar la invasión que nunca llega. Se siente victorioso, llevado en hombros por multitudes cubano-venezolanas.

Eso explica el gasto de más de 20 mil millones de dólares en armas y municiones que Venezuela hecho desde 2002: submarinos, fragatas, aviones de varios tipos, misiles, sistemas de comunicaciones, tanques, radares, fusiles y otros equipos militares. Todo eso sin tomar en cuenta que los costos de mantenimiento y reposición del material bélico rápidamente superan los precios de los equipos, y que la velocidad de obsolescencia de esa tecnología es cada vez más acelerada.

El deseo guerrerista empujó a Chávez a firmar acuerdos con Rusia para la compra de más de cien mil fusiles Kaláshnikov AK-

103 y AK-104; 30 aviones caza-bombarderos Sukhoi 30-MK2; una flota de 53 helicópteros M-17-V5 multipropósito, Mi-26T de transporte pesado y Mi-35M de ataque; así como la construcción de una fábrica de balas en el estado Aragua. También llegó a acuerdos para adquirir una flota de Sukhoi 35, además de una flota de tanques T-72 y un considerable número de misiles con alcance de 300 kilómetros.

A la fábrica de Kazán, en la república rusa de Tatarstán, le encargó la construcción de dos helicópteros de transporte Mi-17 dotados con sistemas especiales de navegación, para satisfacer las necesidades de los viajes presidenciales por el territorio nacional.

Pero, por falta de experiencia de los pilotos venezolanos con aeronaves rusas y por inadecuado mantenimiento, cuatro de esos helicópteros tuvieron accidentes en menos de dos años, en uno de los cuales -ocurrido el 3 de mayo de 2009- fallecieron 17 militares, incluyendo al general comandante del Teatro de Operaciones Número 2 y un civil, mientras cumplían tareas de patrullaje fronterizo en el estado Táchira. Antes, el 2 de septiembre del 2006, se había estrellado otro en el estado Bolívar -con apenas seis meses de uso- mientras se disponía a emprender vuelo con seis militares y un indígena a bordo. A finales de agosto de 2010 fallecieron diez miembros de la Guardia Nacional al desplomarse otra de esas aeronaves en Apure.

En plena debacle económica internacional, en el cuarto trimestre de 2008, cuando el impacto de la caída de los precios del petróleo era evidente hasta para los chavistas más apasionados, el subdirector general de la empresa monopólica rusa exportadora de armas (Rosoboronoexport), Igor Sebastiánov, elogiaba los avances de los negocios militares con Venezuela e informaba la venta de "una gran partida" de tanques BMP-3 de tercera generación, así como submarinos diesel-eléctricos Varshavianka y hasta 20 sistemas antiaéreos Tor-M1. Ya antes Rosoboronexport le había suministrado un gran lote de misiles antiaéreos, lanzamisiles portátiles Iglá-S y bases Dzhiguit. Las proyecciones indicaban que la cooperación militar mantendría su ritmo acelerado, por cuanto los dos gobiernos habían acordado líneas de crédito. Hasta ese momento las compras venezolanas de armas al referido consorcio superaban los 6.400 millones de dólares.

Las ventas de la fabricante rusa de armas a América Latina se habían vuelto tan promisorias con el impulso del gobierno de Chávez, que el Presidente Dmitri Medvédev realizó a finales de noviembre de 2009 una gira que incluyó a Brasil, Perú y Cuba, además de Venezuela, precisamente cuando una flota naval de su país encabezada por el crucero de propulsión nuclear *Pedro El Grande* estaba en aguas territoriales venezolanas. Nunca antes la industria militar rusa había disfrutado de un ambiente de negocios tan halagüeño en esta parte del mundo.

Ese viaje de Medvédev resultó positivo desde el punto de vista económico y estratégico, puesto que en Perú logró la firma de varios acuerdos comerciales; en Brasil suscribió uno de cooperación técnico-militar, en Venezuela firmó 7 convenios en las áreas militar y energética (incluyendo la cooperación nuclear); uno para construcción de barcos y otro de compra de dos aviones comerciales Il-96 para la empresa estatal Conviasa.

Entre los años 2000 y 2007 las operaciones con Venezuela le permitieron a la industria militar rusa duplicar sus exportaciones, al pasar de 3.700 millones de dólares a 7.500 millones. Algunos medios internacionales consideraban que las compras venezolanas de armas habían desestabilizado a la región y envalentonado a Chávez. Ni siquiera en los tiempos álgidos de la Guerra Fría, los rusos habían estado en condiciones tan favorables para sus negocios militares en América Latina. En los años 60 y 70 le suministraban grandes cantidades de equipos bélicos a Cuba a precios irrisorios, con subsidios y canjes por azúcar, pero aquello era parte de una costosa estrategia ideológica no inspirada en fines mercantiles.

En la onda sideral

España también ha obtenido importantes beneficios económicos de la alocada carrera militar venezolana. Chávez ordenó la compra de 8 fragatas a ese país, para las cuales el Presidente anunció la construcción de una gran base en la Isla de

Margarita. Sin embargo, esas negociaciones no han tenido ni la cuantía monetaria ni la repercusión política de las concretadas con Moscú y Pekín. La banca y otros sectores españoles han desarrollado fuertes vínculos comerciales con América Latina y, particularmente, con Venezuela. De allí que el presidente José Luis Rodríguez Zapatero se esmerara en superar los incidentes políticos que tanto él como el Rey habían llegado a tener con Chávez, y que muy emblemáticamente le dieron la vuelta al mundo con la frase de Juan Carlos de Borbón: "¿Por qué no te callas?".

En una de sus visitas a China para finiquitar la adquisición de material bélico, Hugo Chávez ordenó la fabricación de un satélite ("Simón Bolívar") para telecomunicaciones con fines civiles y militares, a un costo de más de 406 millones de dólares. Al sumar los desembolsos por concepto de las estaciones terrenas, equipos, entrenamiento de personal y de mantenimiento, el gasto total del proyecto se elevaba a mil millones de dólares.

"El Simón Bolívar es un satélite para la liberación del pueblo a través de la cultura y del conocimiento... Estamos recuperando nuestro derecho soberano sobre el espacio ultraterrestre. Venezuela se está liberando rumbo al socialismo", comentó Chávez a través de la televisión. El Presidente ponía énfasis en que el propósito era pacífico pero, por supuesto, los hechos revelaban que todo estaba pensado en función de una estrategia militar para enfrentar supuestos enemigos. Uruguay, en cambio, hacía un buen negocio al lograr una cuota de participación de diez por ciento en la capacidad de transmisión en el proyecto satelital, para fines civiles, como retribución por permitirle a Venezuela el uso de su órbita espacial.

Como parte de una serie de acuerdos con China, más de 200 venezolanos viajaron a ese país en los años 2009 y 2010 para entrenarse en la reparación y mantenimiento de sistemas satelitales, así como para entrenamientos militares. Chávez acordó también en Pekín la compra de 18 aviones K-8 dotados con ametralladoras, bombas y 24 misiles aire-tierra. El prolongado desvarío ocasionado por el lanzamiento del satélite, llevaría al Presidente a anunciar un día después (30 de octubre de

2008) que en un tiempo no lejano Venezuela tendría su segundo satélite y una fábrica de equipos espaciales.

Retórica antiimperialista

El pretexto de la carrera armamentista desatada por Chávez ha sido el supuesto asedio de Estados Unidos, la "permanente amenaza de invasión" y la necesidad de defender la soberanía nacional a como dé lugar. Los constantes ataques verbales contra el presidente George Bush eran parte de un mensaje orientado a exacerbar sentimientos nacionalistas en los sectores populares. "Eres un burro, un cobarde, Mr Danger. Eres un alcohólico, de lo peor que ha habido en el planeta. Dios nos libre de esta amenaza, porque psicológicamente es un enfermo, aunque tiene mucho poder", dijo el 21 de marzo del 2006. Ante la Asamblea General de las Naciones Unidas, el 21 de septiembre de ese mismo año, lo calificó de "diablo", que a su paso dejaba olor a azufre. Además, el 15 de diciembre de 2008 hizo elogios al periodista iraquí que durante una rueda de prensa le lanzó un zapato a Bush. "¡Que coraje!", exclamó.

"Venezuela es objeto de una guerra psicológica y mediática fabricada en Estados Unidos y apoyada por sectores de la derecha venezolana, que se han dedicado a difundir la tesis de que este gobierno no trabaja... Estamos enfrentando un plan de guerra de cuarta generación, como la llaman en Estados Unidos. Venezuela es hoy uno de los objetivos prioritarios de los diseñadores de esa guerra".

En marzo de 2009 utilizó Aló Presidente para decir que Barack Obama era "un pobre negro ignorante... ¿Ahora me va a acusar de exportar terrorismo? ¡Qué ignorante! ¡Que estudie, que lea un poco y que vea cuál es la realidad!". Pero como su pensamiento y acciones son siempre zigzagueantes, dominados por incoherencias y contradicciones, ya en la Cumbre de las Américas celebrada a finales de abril de 2009 en Puerto España, Trinidad, Chávez se aproximó muy sonriente al Presidente norteamericano, con quien habló dos veces por pocos minutos. En una de ellas le regaló a Obama un libro obsoleto, con la visión izquierdista de la América Latina de los años 60 (*Las venas abiertas de América Latina*), escrito por el uruguayo Eduardo Galeano, al tiempo que -a contravía de los intereses nacionales que dice defender- anunciaba la donación de la isla de Petty al estado de Nueva Jersey. La isla, de 140 hectáreas, situada en el río Delaware, en el condado de Candem, había sido propiedad de CITGO desde 1982. Todos los altos funcionarios venezolanos eludieron hablar sobre el tema.

Al regresar de uno de sus viajes de compras de armas a Moscú, el líder venezolano lanzaba encendidas peroratas contra el capitalismo internacional y contra Estados Unidos: "La crisis norteamericana revela que las bases del capitalismo, que tanto daño le hicieron al mundo, se están desplomando... Bush y el Fondo Monetario Internacional son los responsables y deben ser enjuiciados. Los directivos del FMI deberían renunciar y debería desmontarse la llamada arquitectura financiera internacional. ¡Disuélvase el FMI, desaparezca del mundo!".

El 11 de septiembre de 2008, en un acto de campaña a favor de Mario Silva, su candidato a la gobernación de Carabobo, Chávez anunció que había ordenado la expulsión del embajador de Estados Unidos, Patrick Duddy, a quien le fijó un plazo de 72 horas para salir del territorio nacional. Lo hizo en un acto de supuesta solidaridad con el gobierno de Bolivia, que había actuado en la misma línea. A gritos dijo: "¡Ya basta de tanta mierda de ustedes, yanquis de mierda! Cuando haya un nuevo gobierno en Estados Unidos enviaremos un nuevo embajador, cuando llegue un gobierno que respete a América Latina... ¡Váyanse al carajo, yanquis de mierda, que aquí hay un pueblo digno! ¡Váyanse al carajo cien veces!".

Ahora bien, frente a ese discurso presidencial venezolano, las estadísticas oficiales han sido una buena demostración de insinceridad, porque por un lado profiere insultos y amenazas contra Estados Unidos, pero por el otro, mantiene el ritmo de exportaciones petroleras a ese país. De la misma manera, mantiene las descomunales importaciones.

El intercambio entre Venezuela y Estados Unidos en 2007 excedió los 50 mil millones de dólares. Las exportaciones de

Estados Unidos hacia Venezuela fueron superiores a 10 mil millones de dólares, lo que significaba un incremento de 13 por ciento con respecto al año anterior. El 95 por ciento de las exportaciones venezolanas de ese año hacia Estados Unidos (más de 40 mil millones de dólares) fueron de petróleo y derivados, lo que representaba un aumento de 7 por ciento con relación a 2006. Esa dependencia económica también se reflejaba en las importaciones de 2008. Las cifras de la Cámara de Comercio Venezolano Americana decían que el intercambio comercial había representado 70 mil millones de dólares durante ese año, es decir, veinte mil millones de dólares más que en 2007.

Venezuela ha sido en los últimos años el segundo socio comercial de Estados Unidos en América Latina, superada sólo por México, y sigue siendo uno de sus cinco mayores proveedores de petróleo, lo que le da la condición de socio estratégico en la región. Chávez muchas veces ha fanfarroneado con suspenderle los suministros de crudo, a conciencia de que no podría cumplir las amenazas. Con esos hechos se pone en evidencia que cuando condena la firma de tratados de libre comercio de países de la región con Estados Unidos, actúa de manera engañosa para tratar de erigirse en líder latinoamericano.

El otrora hombre fuerte del régimen Luis Miquilena, en una entrevista con *El Tiempo* de Bogotá (primero de febrero de 2009), describía en pocas palabras la condición esencial del gobierno: "Hay puros aventureros, no hay gente que sepa nada ni de socialismo ni de revolución, y una de las grandes debilidades de Chávez es que él tampoco tiene nada claro. Su antiimperialismo es puramente retórico. Esta ha sido la etapa en que Estados Unidos ha recibido más recursos de Venezuela. Le vendemos todo nuestro petróleo y lo que nos pagan se lo devolvemos comprándole todo lo que necesitamos para subsistir. Ese revolucionarismo no lo cree ni él mismo".

XVI
TENEBROSAS ALIANZAS

El camino nuclear

Las relaciones entre Irán y Venezuela han crecido vertiginosamente en los últimos años. Los frecuentes contactos personales entre los presidentes Mahmud Ahmadineyad y Chávez, con fundamentos en el común discurso antinorteamericano, han conducido al desarrollo de intercambios comerciales y políticos sin precedentes. En Venezuela se han montado ensambladoras de tractores e implementos agrícolas, de bicicletas y de otros productos industriales supuestamente de origen iraní, pero después ha quedado al descubierto que se trata de tecnología de terceros países y que han sido transacciones minadas por la corrupción. También se establecieron vuelos antieconómicos de la empresa estatal Conviasa, entre Caracas y Teherán, con escalas en Damasco.

Los nexos bilaterales han servido para ayudar movimientos como Hezbolah y Hamas, así como a gobiernos que ponen en práctica métodos similares. En una oportunidad el periódico italiano *La Stampa* había publicado (21 de diciembre 2008) una información que daba cuenta del uso de aviones de la empresa estatal venezolana Conviasa para transportar de Irán a Siria partes electrónicas para la fabricación de misiles balísticos, elaboradas por el conglomerado industrial Shahid Bagheri. La versión periodística, basada en fuentes de inteligencia, señalaba que como retribución por el uso de las aeronaves el régimen de Ahmadineyad le suministraba a Chávez los servicios de grupos de la Guardia Revolucionaria y de miembros de su unidad élite, para entrenar y reforzar los organismos de seguridad secretos y otros cuerpos policiales de Venezuela.

Chávez y Ahmadineyad han firmado diversos acuerdos económicos, científicos, culturales y de otros tipos, pero lo más relevante es la cooperación militar. Hay incluso quienes sospechan la existencia de aspectos secretos para el desarrollo de programas de producción de sistemas de armas no convencionales en territorio venezolano.

En el primer semestre de 2010, cuando en Venezuela se impusieron racionamientos en el suministro de electricidad por falta de mantenimiento y desarrollo de los sistemas de generación, la administración Chávez firmó convenios con gobiernos y empresas para la construcción de una red de plantas termoeléctricas. Con Rusia, país que aclaró que su contribución sería con fines no bélicos, acordó la construcción de plantas nucleares para producir electricidad, pero Chávez canceló esos planes cuando ocurrió el desastre nuclear causado por el maremoto que afectó a Japón a comienzos de 2011. Hasta entonces, Chávez y su canciller Nicolás Maduro habían sido muy activos en la defensa de los programas nucleares persas.

El Presidente iraní ha dicho repetidamente que su país y Venezuela han avanzado en la lucha contra el imperialismo y que ambas naciones se encuentran "en la misma trinchera y en el mismo frente". Con motivo de una visita de Ahmadineyad a Caracas (el 13 de enero de 2007), Chávez definió las relaciones bilaterales en términos similares a los que utiliza al hablar del régimen cubano: "Es tan profunda la relación entre nuestros pueblos, que hoy podemos decir que somos una misma gran patria... En el fondo somos una sola revolución".

Los dos gobiernos anunciaron la creación de un fondo de dos mil millones de dólares para patrocinar proyectos con regímenes afines, que el Presidente venezolano (según *El Universal* del 14 de enero de 2007) definía así: "Las inversiones conjuntas se dirigirán sobre todo a países cuyos gobiernos están haciendo esfuerzos para liberarse del yugo imperialista. Ese fondo se va a convertir en un mecanismo de liberación". Un año antes habían suscrito convenios para otro fondo, con capital inicial de 100 millones de dólares, destinado a financiar la construcción de astilleros, tanqueros petroleros, una siderúrgica, la reconstrucción de barrios y otros programas.

La relación bilateral cada vez más estrecha se ha caracterizado por los aspectos misteriosos, alimentados por la carrera armamentista de Chávez y Ahmadineyad y sus estrategias hostiles contra ciertos países. En noviembre de 2008 las autoridades aduanales retuvieron en el puerto mediterráneo de Mersin, en Turquía, un cargamento sospechoso que había sido transportado en camiones desde Irán para ser embarcado rumbo a Venezuela. En la revisión de 22 contenedores con etiquetas de supuestos "repuestos para tractores", las autoridades descubrieron que se ocultaban equipos de laboratorio para producir explosivos de alto poder, así como también gran cantidad de barriles con químicos etiquetados como peligrosos.

Fuentes aduanales identificaron aquellas substancias como nitratos y sulfitos, que sirven para la fabricación de bombas. Varias semanas después solicitaron la colaboración de la Comisión Nacional de Energía Atómica y de expertos militares, a fin de realizar una evaluación que permitiera tomar una decisión sobre lo que se haría con aquellos materiales. Desde entonces, las autoridades turcas han declinado formular comentarios.

Los propósitos políticos de los dos gobiernos han servido para que en algunas ocasiones diplomáticos venezolanos organicen viajes de miembros de la organización terrorista Hezbolá a Irán, donde han recibido entrenamiento y dinero. Mientras Ghazi Nasr al Din se desempeñaba como encargado de negocios venezolano en Siria y consejero de negocios en Líbano, dejaba cabos sueltos que lo vinculaban con Hezbolá y era sindicado de facilitar el refugio activistas de este movimiento en Venezuela. La Oficina de Control de Bienes Extranjeros (OFAC) del Departamento del Tesoro de Estados Unidos señaló a Ghazi Nasr al Din y al propietario de dos agencias de viajes venezolanas, Fawzi Kan'an, como responsables de la coordinación del viaje realizado por una delegación terrorista a Caracas en 2006 para recabar fondos, crear un centro de atención comunitaria e inaugurar una oficina permanente en el país. De allí que la alianza entre Irán y Venezuela haya sido investigada por los servicios de inteligencia de Israel. La responsable para América Latina en el Ministerio de Relaciones Exteriores israelí, Dora Shavit, en una entrevista que concedió a *El Tiempo* de Bogotá (en 2009) deslizó que en la Guajira se habían creado células de Hezbolah que se movían entre Colombia y Venezuela, y que en la Isla de Margarita tenían una asociación denominada Hezbolá Venezuela.

El compromiso con las FARC

Desde el inicio de su gestión, era evidente el interés del Presidente Chávez en ayudar a la narcoguerrilla que por décadas ha aterrorizado a Colombia e incursionado de manera regular en países vecinos, tal como lo han demostrado los correos electrónicos hallados en las computadoras del fallecido segundo jefe de las FARC, Raúl Reyes. Y ya antes las autoridades colombianas habían incautado varios lanzacohetes antiaéreos suecos y otras armas provenientes de la Fuerza Armada de Venezuela, que estaban en manos de la guerrilla.

La mano firme de Álvaro Uribe y su gobierno -cuya estrategia militar era dirigida por el entonces ministro de la Defensa Juan Manuel Santos-, pronto comenzó a producir éxitos tangibles al liquidar físicamente y apresar a buena parte de los jefes del movimiento y al reducir el número de sus miembros, lo que en un momento dado condujo al teniente coronel a rediseñar su estrategia político-militar. Chávez transformó repentinamente el discurso belicoso en actitudes melosas. Se sentó y fotografió con su colega -a quien entonces llamaba Álvaro y no Presidente-, hizo promesas y habló de grandes proyectos para ilusionar a los colombianos, pero todo era un gesto de corta duración y las cosas pronto volvieron por los caminos difíciles tanto por la actitud desafiante de Chávez como por el carácter inflexible de Uribe. A pesar de haber tenido la razón de su lado, Uribe carecía de habilidad para encontrar aliados nacionales e internacionales ideales para frenar las agresiones y despertaba antipatías.

Una vez fuera del poder, el carácter de Uribe se exacerbó al ver que su sucesor tomaba un rumbo diplomático exitoso para recuperar el tiempo perdido y revivir el intercambio comercial, que estaba paralizado. Pero a pesar de los resultados positivos de su política distinta, Santos todavía se quejaba porque el doble juego venezolano era evidente: Por un lado Chávez lo abrazaba y, por el otro, toleraba grupos y líderes de las FARC en los estados fronterizos. A cambio de la moderación del tono chavista, Colombia había anulado por vía judicial el convenio que permitía a Estados Unidos el uso de siete bases militares en su territorio, tras lo cual ocurrió el retiro del personal que comenzaba a llegar y que tanto atemorizaba a Chávez. Además, deportó al poderoso narcotraficante Walid Mackled a Venezuela, cuyos nexos con oficiales de la Fuerza Armada, gobernadores y ministros chavistas eran un secreto a voces.

Para dar la sensación de buen vecino y cumplidor de compromisos, desde Miraflores fue autorizado el pago de deudas pendientes con empresarios colombianos y algunas figuras de la guerrilla fueron deportadas, incluyendo a un periodista de origen colombiano nacionalizado sueco, Joaquín Pérez Becerra, que había llegado a Maiquetía para participar en un evento organizado por grupos chavistas.

Tras la muerte de Raúl Reyes, la administración de Uribe había manejado con cautela el contenido de sus computadoras, filtrando a cuentagotas los correos electrónicos más demostrativos de los nexos de la guerrilla con Venezuela, a la vez que obtenía una certificación de Interpol de que el contenido de esos equipos no había sido alterado. El Secretario General de la policía internacional confirmó que dicha información era auténtica. En el proceso trabajaron 64 funcionarios de 16 países durante más de cinco mil horas, para revisar aproximadamente 609,6 gigas de datos, 37.872 documentos escritos, 22.481 sitios web, 10.537 archivos de multimedia y 210.888 fotografías, para llegar a la conclusión de que "no hubo alteración, modificación o borrado en ninguna de las evidencias".

Una comunicación entre miembros del Secretariado de las FARC se refería a una emboscada guerrillera perpetrada el 17 de septiembre de 2004 contra militares y funcionarios de PDVSA cerca de la población venezolana de La Charca, en Apure. Los muertos fueron un subteniente de la Guardia Nacional, cuatro guardias nacionales y una especialista en temas ambientales identificada como Ana Laura Carrasco. Un ingeniero de la empresa petrolera y un soldado del Ejército resultaron heridos, mientras seis ingenieros que estaban muy cerca pudieron escapar ilesos.

Frente al crimen cometido con ventaja y alevosía, los representantes del régimen chavista daban versiones tergiversadas y culpaban a grupos de paramilitares, al tiempo que los líderes subversivos manifestaban preocupación por las implicaciones del incidente. "Hay que ofrecer disculpas por lo sucedido... El Presidente Chávez está molesto, pero quiere darle a esto un tratamiento político prudente", le decía Reyes al "Mono Jojoy".

Con formas poco elaboradas en el manejo del idioma, el segundo jefe de las FARC en esa oportunidad escribió: "Aunque el propio Chávez se ha mantenido cauto en sindicaciones contra las FARC, sí poseen muchas evidencias de nuestra responsabilidad en los hechos luctuosos. Ante esta situación lo mejor es asumir nuestra responsabilidad, buscando darle un manejo político que evite mayores dificultades y permita encontrar correctivos que eviten la repetición de estos hechos de nuestra parte contra ellos y de sus tropas contra nuestros camaradas. Nos favorece que algunos militares de Chávez anteriormente cometieron sus errores con los nuestros en el Bloque del Caribe. Como el general (Hugo) Carvajal tiene un viaje proyectado donde Iván (Márquez), creo es el momento de hablar a nivel de Secretariado con este hombre sobre los inconvenientes que se presentan en la frontera, darle nuestras condolencias y ofrecer disculpas por lo sucedido y proponer una coordinación de sus tropas con las nuestras a nivel de los tres bloques con fronteras con ellos. Es todo, un abrazo, Raúl".

El entonces ministro de la Defensa venezolano, Jorge García Carneiro, durante una visita a Apure, expresó (18 de septiembre de 2004) sus condolencias a los familiares de las víctimas y sostuvo que "no se conformaron con dispararles, sino que remataron a los heridos. Eso nos hace presumir que el grupo que más se identifica con ese tipo de operación es el de los paramilitares, narcotraficantes que están en el área... Hacemos todos los esfuerzos para que estos hechos no queden impunes".

En una publicación hecha por Semana.com (Bogotá, el 17 de mayo de 2008), con el título de *Los email secretos*, quedaban en evidencia los frecuentes encuentros del Director de Inteligencia Militar venezolano, el general Carvajal, y del también general venezolano Clíver Alcalá Cordones con altos jefes de las FARC, con quienes coordinaban la entrega de cargamentos bélicos. Alcalá Cordones es un militar de la más absoluta confianza del Presidente, que ha desempeñado la jefatura de la Casa Militar y ha reprimido manifestaciones de protesta contra el gobierno. Los correos electrónicos revelaban que Chávez había aprobado la entrega de 300 millones de dólares a las FARC en calidad de préstamo, que serían reembolsados cuando ellos "tomaran el poder".

Ciertas comunicaciones entre líderes subversivos revelaban las intenciones de Miraflores de ayudar a financiar la narcoguerrilla a través de PDVSA, con la asignación de una cuota de petróleo para que la revendieran en el mercado internacional y, de la misma manera, se hacía referencia a la oferta de facilitar la adquisición de equipos y provisiones militares bielorrusos en el mercado negro.

Durante el proceso judicial contra Simón Trinidad, el más prominente miembro de las FARC extraditado a Estados Unidos, la senadora colombiana Piedad Córdoba dio a conocer que Chávez se había comprometido a cubrir los honorarios profesionales de los abogados defensores del guerrillero. A Trinidad -capturado en Ecuador en enero de 2004-, le fue impuesta una condena de 60 años de presidio por el secuestro de tres norteamericanos que luego fueron liberados junto con la ex candidata presidencial Ingrid Betancourt y otras personas, en una acción espectacular del Ejército.

Al conocerse la operación del Ejército colombiano que puso punto final a la vida de Raúl Reyes en territorio ecuatoriano, Chávez lanzó virulentos ataques contra Uribe y envalentonó a su colega ecuatoriano, Rafael Correa, para que amenazara a Colombia con el uso de las armas y pusiera en vilo la estabilidad de la región. "Señor ministro de la Defensa, muévame inmediatamente 10 batallones militares hacia la frontera con Colombia... La muerte de Reyes fue un cobarde asesinato. No fue ningún combate, todo fue fríamente preparado... Nosotros rendimos tributo al verdadero revolucionario que fue Raúl Reyes... Uribe, el Presidente de Colombia, es un lacayo... Es un mentiroso el Presidente de Colombia. Él puede ser el jefe de una mafia, pero no el Presidente de un país", dijo.

Después del disparatado discurso, la Asamblea Nacional se sintió impelida a guardar un minuto de silencio por la muerte del "buen revolucionario" que había sido el narcoguerrillero y luego sería develada una escultura en homenaje a al líder histórico de las FARC, alias "Manuel Marulanda", en la parroquia 23 de Enero de Caracas, en un acto que contó con la asistencia del entonces alcalde del municipio Libertador, Freddy Bernal, y con el viejo guerrillero Fernando Soto Rojas como orador, lo que causó indignación en Bogotá. El Congreso colombiano acordó solicitarle al gobierno del Presidente Uribe que declarara persona *non grata* a Bernal, quien al salir del cargo fue colocado por el Presidente en una posición directiva del PSUV.

El vociferante Bernal decía que con su asistencia había rendido tributo a "un revolucionario que entregó su vida luchando en las montañas de Colombia, con el ideal de ver a su país en libertad", por lo que entendía la condena del Congreso colombiano -que consideraba dominado por una oligarquía nefasta, paramilitar y narcotraficante- como un reconocimiento a su condición socialista y revolucionaria. En lo que parecía una sucesión de provocaciones, el domingo 7 de octubre de 2007, Chávez tuvo también la ocurrencia de pedirle públicamente a su colega Uribe que pusiera un avión a disposición de Marulanda para viajar a Venezuela: "¡Mándamelo! Me lo pones en la raya con cafecito y todo. A partir de ahí me encargo yo", para dialogar sobre la liberación de un grupo de secuestrados por las FARC y el ELN.

La concesión de beligerancia a las FARC era un insulto para el entonces ocupante del Palacio de Nariño, que no tenía dudas de la existencia de intereses comunes entre el gobierno venezolano y los subversivos. Sin embargo, trataba de evitar el entorpecimiento de las relaciones bilaterales comerciales, culturales, científicas, etc., cuyo sentido ha sido históricamente trascendente. Hasta ese momento las exportaciones colombianas hacia Venezuela iban en ascenso: en 2008 habían superado los 6 mil millones de dólares, mientras las venezolanas hacia Colombia apenas llegaban a 1.200 millones de dólares. Esas cifras se redujeron casi a cero meses más tarde por decisión de Chávez.

Inmediatamente después de una andanada de ofensas del Presidente venezolano, Uribe aprovechó un acto público (el 25 de noviembre de 2007) para responder con alguna dosis de hastío: "Dentro de su propósito de incendiar y de expandirse por el continente, usted quiere instaurar en Colombia un gobierno de las FARC. Sus palabras, sus actitudes, dan la impresión de que usted no está interesado en la paz en Colombia, sino en que este país sea víctima de un gobierno terrorista de las FARC. Nosotros necesitamos una mediación contra el terrorismo y no legitimadores del terrorismo. No se puede incendiar el continente como usted lo hace, hablando un día contra España, el otro contra Estados Unidos; maltratando un día a México, otro a Bolivia".

En tiempos recientes la activa posición de cooperación entre el mandatario venezolano y las FARC se debilitó de manera significativa como consecuencia de la hábil estrategia política del Presidente Santos hacia Miraflores, y por el vacío de liderazgo surgido en la organización narcoguerrillera con las muertes de "Manuel Marulanda", el "Mono Jojoy", "Raúl Reyes" y "Alfonso Cano".

La alianza con Lula

En su sueño de liderazgo continental, en una oportunidad el jefe de Estado venezolano se atrevió a recomendarle a su par de Brasil que suspendiera los programas de producción de biocombustibles, con el argumento de que la superficie de tierras de cultivo de alimentos para consumo humano disminuiría y, en consecuencia, millones de personas en todo el mundo serían empujadas al hambre. Pero la verdad era que Chávez avizoraba el aumento de la producción de etanol como un recurso energético capaz de frenar los precios del petróleo. Frente a eso, la respuesta brasileña no se hizo esperar: un contundente rechazo. El entonces asesor de Lula para América Latina, Marco Aurelio García, comentó con ironía que Fidel Castro y Chávez utilizaban el etanol como combustible ideológico, cuando debía ser sólo combustible. En otra de sus contradicciones, en febrero del 2007 el líder "bolivariano" había firmado un acuerdo con Cuba para el desarrollo de catorce de plantas de etanol, así como el cultivo de unas 300 mil hectáreas de caña y yuca con esos mismos fines.

Las reacciones de Luiz Inácio Lula eran puntuales y se manifestaban cuando sentía que sus intereses estaban siendo interferidos, pero su política de fondo consistía en favorecer a Chávez para obtener a cambio más negocios para su país. Por eso impulsaba el ingreso de Venezuela al Mercosur, y ponía su influencia internacional en movimiento para aliviar las tensiones con Estados Unidos y otras naciones. Brasil, que durante los dos gobiernos de izquierda moderada de Lula aceleró sus niveles de desarrollo económico, se convirtió en uno de los grandes beneficiarios de la fortuna petrolera venezolana, al lograr contratos que hasta mediados de 2006 superaban los 6 mil millones de dólares para la construcción de obras públicas, compras de aviones, barcos, alimentos, maquinaria industrial y otras múltiples operaciones comerciales.

En un acto de audacia, Chávez se atrevió en octubre de 2005 a asumir el compromiso de reflotar una fábrica brasileña de plásticos que estaba en situación de quiebra, mediante la inyección de 400 millones de dólares. El acuerdo fue suscrito con representantes de la parte sindical, después que el Presidente Lula descartara la viabilidad de la solicitud de ayuda para que los trabajadores asumieran el control de la compañía.

El poder del dinero explicaba los rebuscados juegos de palabras de Lula para respaldar al líder venezolano. El 16 de enero de 2009, el brasileño viajó a Caracas para emitir opiniones en favor del segundo referéndum destinado a aprobar la reforma constitucional que contemplaba la reelección presidencial indefinida. A través de los medios dijo: "Es un proceso democrático... Tengo toda la comprensión de que el pueblo venezolano quiera aprobar la enmienda... Creo que es justo que el pueblo venezolano sea convocado... Un proceso democrático es garantizar a todos el derecho de participar, que todos participen en las mismas condiciones. Si la misma persona va a presentarse varias veces o no, eso va a depender de la estructura de un país... En Venezuela se vive en democracia. Lo que me importa es que el proceso de disputa sea democrático. ¿Cuántas elecciones ya han hecho, cuántos referendos, cuántas votaciones? Ese es el ejercicio de la democracia". Lula sonreía con sonrisa de San Nicolás a la hora de ensalzar las "bondades" de su amigo y valioso socio comercial.

XVII
EPÍLOGO

Los caudillos mesiánicos que históricamente han dominado la vida de los pueblos latinoamericanos no han desaparecido. Existen y con formas modernas se aferran al mando interminablemente. Los actuales regímenes de Venezuela, Nicaragua y Bolivia son ejemplos de que el mal está vivo y la tolerancia o indiferencia de los pueblos acarrea consecuencias de elevado costo social, moral, político y económico.

Con innatas aptitudes histriónicas que ha ido perfeccionando cada vez más, Hugo Chávez ha atraído al amplio sector de venezolanos que, de manera consciente o no, han preferido a los gobernantes fuertes. Ha obtenido repetidamente el apoyo popular para sí y para candidatos suyos a distintos cargos de elección popular, hasta erigirse en ejemplo de autócratas de largo aliento. En ese mismo sentido, ha utilizado la renta petrolera para apuntalar en la región una cofradía de gobiernos similares al suyo.

En el ejercicio de la política, el líder venezolano ha cosechado éxitos que otros mejor formados y con sentido de los asuntos de Estado no han podido alcanzar y, así, ha retenido el poder incluso en circunstancias tan difíciles como las de su breve salida del cargo en abril de 2002 y las de la huelga general que paralizó al país entre diciembre de 2002 y febrero de 2003.

La siempre oportuna ayuda de Fidel Castro y el uso de procedimientos que en una democracia auténtica serían inaceptables, le ha permitido una popularidad que aún trece años después el inicio de su gestión, le concede elevadas posibilidades de ser reelegido en octubre de 2012. La autocensura, el bombardeo diario con interminables transmisiones oficiales a través de radio y televisión, las presiones, chantajes y sanciones, han creado un clima de miedo en la población, aunque el Presidente se autodefine como justo y tolerante ante los ataques de los adversarios, frente a lo cual la oposición se ha sumido en prolongados períodos de disputas internas y ausencia de mensaje coherente.

Mediante el uso y abuso de los medios, desde que comenzó en La Habana a mediados de 2011 el tratamiento médico para la grave enfermedad que lo ha ido minando, el teniente coronel intensificó la campaña del mito vivo, del hombre carismático que supuestamente renuncia a todo y hasta entrega la vida por el bienestar del pueblo. El líder capaz de batirse con poderosos para mejorar las condiciones de vida de los pobres. En sus propósitos ha encontrado, además, el respaldo de grupos de banqueros, empresarios, artistas y hasta intelectuales que antes se acercaban a los partidos Acción Democrática y Copei, lo que niega la idea de que sólo los depauperados se han identificado con él. Es lo mismo que muchas veces ha ocurrido en distintos tiempos y lugares, tal como lo han expuesto numerosos autores, entre quienes destaca Hannah Arendt con su obra *Los orígenes del totalitarismo*, publicada en 1951.

Arendt decía que "sería temerario tratar de disminuir la importancia de la terrible lista de hombres preclaros a los que el totalitarismo puede contar entre sus simpatizantes, compañeros de viaje y miembros inscritos del partido, atribuyéndolo a extravagancias artísticas o a ingenuidad profesoral".

En Venezuela y en América Latina es larga la lista de mandatarios que han utilizado variados mecanismos para imponer y justificar sus arbitrariedades. Algunos con el uso de la fuerza bruta, otros con ciertas dosis de refinamiento. Entre los casos más prominentes registrados en América Latina están Juan Domingo Perón, en Argentina, quien a pesar de los destrozos morales, políticos y económicos, formó un movimiento que ha perdurado con el culto a su personalidad; y el de Fidel Castro, quien con su hermano Raúl instauró la dictadura feroz que se ha prolongado más de cincuenta años en Cuba y ha servido de inspiración a Chávez.

Al momento de escribir estas notas finales sería aventurado hacer pronósticos definitivos sobre el futuro del régimen y del país, pero existen elementos que permiten formular consideraciones. El primero es la salud del líder, puesto que es evidente el acelerado deterioro de su aspecto físico y los detalles del diagnóstico médico han sido manejados como secreto de Estado. Y el mismo Chávez hace frecuentes referencias a su lucha por sobrevivir, lo que estimula especulaciones y rumores sobre las pugnas entre los chavistas aspirantes a sucederlo.

En el difícil supuesto de que hubiera superado la enfermedad, se plantea entonces la pregunta acerca de la capacidad de tolerancia de los venezolanos para someterse en forma indefinida a la voluntad de un solo hombre, ante lo cual hay abogados del diablo que sostienen que los trece años ya transcurridos son un signo a favor de Chávez y recuerdan, entre otros, el antecedente de Juan Vicente Gómez, quien con su ignorancia supina manejó el poder a su antojo entre 1908 y 1935. La reelección del Presidente en octubre de 2012 significaría veinte años de mandato chavista en una nación de acendrada tradición de gobiernos de fuerza e intentonas militares.

Es necesario recordar, además, que los alzamientos de 1992 vinieron a demostrar que el manotazo militar no había desaparecido en aquel país cuya clase política se jactaba de la "arraigada" conciencia cívica que parecía prevalecer, aunque siempre se escuchaban las voces de prominentes conspiradores de oficio y extremistas de derecha e izquierda que acariciaban la idea del autócrata. Y algo peor: aunque Hugo Chávez se ha esmerado en pregonar la estabilidad de su "revolución socialista" y ha promovido en el continente un cordón protector contra golpes de Estado, al politizar a los militares ha mantenido vivo el germen de la insurrección. Rompió lo que era una tradición constitucional. Las constituciones que existieron entre 1830 y 1961 consagraban en Venezuela la subordinación de los uniformados al poder civil, asignándoles un rol de obedientes y no deliberantes. Las excepciones han sido la del dictador Pérez Jiménez en 1953 y de Chávez en 1999.

Ha habido circunstancias en las cuales Chávez ha recordado los escollos que debió sortear para alcanzar la Presidencia, razón suficiente -a su modo de ver- para impedir el regreso de los adversarios. Contradictoriamente, también ha asegurado que él sería el primero en reconocer un resultado electoral adverso que, por lo demás, califica de imposible. En forma simultánea estimula y promueve a los oficiales que con insistencia dicen que la Fuerza Armada no aceptaría un eventual triunfo opositor, lo que bien podría entenderse como la advertencia de un golpe de Estado.

Por otra parte, en abril de 2002 Chávez negoció su retirada de la Presidencia y de manera hábil ganó tiempo para su retorno, que ocurrió en medio de las rocambolescas actuaciones de Pedro Carmona Estanga y de un grupo de generales. Ese hecho prueba que no sería descabellado imaginar al Presidente aceptando una derrota electoral y, al mismo tiempo, buscando fórmulas para garantizar su supervivencia política y la de su movimiento. Ese supuesto significaría el inicio de una transición en la cual representantes del chavismo harían todo lo posible para frenar la recomposición del clima social, político y económico.

Ahora bien, la posibilidad de su fallecimiento a corto plazo a consecuencia de cáncer genera múltiples inquietudes por la inexistencia de un claro sucesor con liderazgo propio en las filas del PSUV. Dado que Chávez diseñó su proyecto político como una hegemonía de aliento ilimitado, una de sus preocupaciones ha sido evitar el surgimiento de dirigentes con criterios independientes que en algún momento pudieran erigirse en rivales y desafiar su jefatura. Y eso es un punto débil, puesto que la falta presidencial absoluta puede generar confrontaciones y hasta divisiones en el PSUV, por cuanto hay corrientes internas que durante años se han disputado cuotas clientelares y dominios económicos. ¿El culto a la personalidad es garantía de pervivencia del chavismo? Posiblemente no, porque el movimiento creado por Chávez y para Chávez se caracteriza por ausencia de democracia interna, contradicciones y corrupción generalizada. En otras palabras, el PSUV no es un partido político verdadero.

En cualquier circunstancia, las nuevas generaciones de venezolanos deberán enfrentar el reto de superar las fracturas sociales ocasionadas por la "revolución bolivariana", fomentar la reconstrucción económica nacional, el mejoramiento del sistema educativo y el renacimiento de la clase media. La magnitud del endeudamiento nacional, el desmedido tamaño del Estado y las irregularidades de variado género, harán necesarios graves sacrificios, aunque, por supuesto, el futuro dependerá de la voluntad política de la mayoría de los ciudadanos.

Para erigirse en propiciador de gobernantes de su mismo género en América Latina, Chávez ha utilizado los ingresos petroleros. Ha intervenido abiertamente en los asuntos internos de distintos países latinoamericanos, tal como lo hacía en Honduras durante el gobierno de Manuel Zelaya y también después, cuando este fue derrocado; como lo ha hecho en Nicaragua y en Bolivia, para apuntalar los regímenes de Daniel Ortega y de Evo Morales.

En el caso de Cuba, Chávez ha jugado un papel preponderante para reducir los efectos de la aguda crisis económica. Le ha suministrado cuotas de petróleo que sobrepasan los 100 mil barriles diarios, le ha otorgado préstamos blandos y contratado los servicios de cerca de 50 mil médicos, enfermeras, policías, funcionarios militares y entrenadores deportivos, a cambio de planes de asistencia fundamentales para la "revolución chavista".

Esa ayuda económica ha tenido un alto valor para el vetusto régimen de los hermanos Castro Ruz, que ha comenzado a autorizar pequeñas e insuficientes iniciativas económicas privadas como una manera de sustentar el pesado aparato burocrático. La proximidad del final del ciclo vital de Fidel, la avanzada edad de

Raúl y la ineficiencia del gobierno para generar bienestar a la población, vaticinan el avance hacia una sociedad de tendencia política plural. Y cualquier variación en respaldo financiero de Venezuela ejercerá influencia determinante en los acontecimientos internos de la isla.

Ojalá que la experiencia vivida por los venezolanos durante la época de Hugo Chávez se traduzca en una lección para los pueblos latinoamericanos y que, a pesar de los negativos signos prevalecientes, abra paso a la madurez política en esos países. Que entiendan que las dádivas no pueden y no deben comprometer la soberanía nacional y la paz continental. Ojalá que quienes le dieron importantes apoyos al teniente coronel venezolano a cambio de mejores relaciones económicas para sus países, descubran y asimilen el equívoco de sus posturas políticas.

XVIII
TESTIMONIOS

Después de abordar tantos sucesos en este libro concebido a manera de crónica reportaje, tal vez hubiera sido lógico rematar con una entrevista a un personaje "no contaminado" por la prevaleciente arbitrariedad venezolana. Alguien que aportara diagnósticos y hasta recomendara soluciones. Así lo había pensado inicialmente, pero después me pareció preferible buscar algo que reafirmara la tesis de que a pesar de las terribles experiencias de la historia nacional, muchos sienten una atracción casi fatal por figuras mesiánicas, demagogas, y consideré que los violentos acontecimientos de abril de 2002 eran una buena y grave referencia.

Así, acudí entonces a los testimonios de tres personajes no chavistas que desde posiciones diferentes desempeñaron un rol protagónico: Pedro Carmona Estanga, el hombre que tuvo en sus manos la posibilidad excepcional de enrumbar el país; monseñor Baltazar Porras, arzobispo de Mérida, y el dirigente socialcristiano César Pérez Vivas, entonces miembro de la Asamblea Nacional. Pensé también en el entonces Comandante General del Ejército, general Efraín Vásquez Velasco, pero las gestiones para contactarlo fueron infructuosas.

¿Por qué Carmona? Porque creí que el tiempo podía haberlo conducido a reflexionar acerca de cómo y por qué se le ocurrió abolir el Estado de un solo plumazo. Su entrevista es interesante porque lo revela apegado a explicaciones que siguen siendo poco convincentes. ¿Por qué Baltazar Porras? Porque después de escuchar y leer sus versiones sobre lo que vio y escuchó la noche del 11 de abril en la Comandancia General del Ejército, podía contar algo más y decir por qué el jefe de la Iglesia venezolana se involucró en negociaciones políticas absurdas. Admitió que el cardenal José Ignacio Velasco había cometido costosas equivocaciones al participar en reuniones políticas y desoído consejos. También narra otros detalles de valor acerca de los incidentes militares y políticos. ¿Por qué César Pérez Vivas? Porque fue muy activo entre los parlamentarios que iban de un lugar a otro tratando de impedir los absurdos de Carmona y hasta instó a Vásquez Velasco a que hiciera valer el peso de su autoridad.

Son testimonios que pudieran servir para futuros análisis, pero no son suficientes para despejar todas las dudas sobre las tribulaciones de aquellos días porque, por supuesto, hay protagonistas que no han explicado cosas que todavía hoy muchos se preguntan, como, por ejemplo, por qué el general Lucas Rincón le retiró el apoyo a Chávez y no sólo fue perdonado por éste, sino que después fue premiado con cargos relevantes.

Pedro Carmona Estanga, Presidente de la República en abril de 2002, en las horas en que Hugo Chávez estuvo fuera del poder

No me arrepiento…

-Las investigaciones sobre las muertes de abril de 2002 no condujeron a nada. ¿Tiene en sus manos algún nuevo elemento sobre lo que ocurrió? ¿Se llegará algún día al establecimiento pleno de las responsabilidades de aquellos hechos?

-La única forma de esclarecer la realidad sobre la masacre ocurrida el 11-A en 2002 en Puente Llaguno, habría sido la constitución de una comisión de la verdad, como lo solicitó con insistencia la oposición después de esa fecha. Pero ello no fue posible, pues no estaba en el interés del gobierno. Por el contrario, no obstante las numerosas evidencias y testimonios existentes, el gobierno trató de modificar la historia para borrar ese oscuro episodio e inculpar a la oposición. A ese efecto, era esencial manipular el caso de los comisarios (Iván) Simonovis, (Henry) Vivas y (Lázaro) Forero, uno de los más infames de la historia jurídica del país, pero el mundo pudo ver a través de la televisión a los matones de Puente Llaguno, de afiliación oficialista, disparar contra los manifestantes del 11-A, con el trágico saldo de muertos y heridos. Después, el gobierno presionó a los jueces, contrató a documentalistas extranjeros y a panfletistas para construir un guión distorsionado de los hechos, pese a que está probada la convocatoria hecha a los círculos bolivarianos por parte de figuras destacadas del régimen como José Vicente Rangel, el Alcalde Mayor (Juan) Barreto, y el alcalde Freddy Bernal, para defender al régimen y al Palacio Presidencial sin miramientos y con todos los medios a su alcance.

-Usted dice que Luis Miquilena y Alejandro Armas eludieron sus planteamientos para encontrar una fórmula que involucrara a la AN en la formación del nuevo gobierno, pero usted los contactó después de haberse autojuramentado. ¿Por qué no antes?

-Lo hice antes del decreto, el 12-A, con el diputado Alejandro Armas, hombre de confianza de Luis Miquilena, y luego directamente con éste. El hecho es que ambos fueron ambiguos o elusivos ante mis preguntas. No llegué a tener contacto con otros parlamentarios, quizás porque si algunos diputados tuvieron intención de verme, lo habrían manifestado cuando el acto del 12 de abril estaba por comenzar. De allí la indicación que recibieran de algún colaborador de que sólo podría reunirme con ellos al concluir dicho acto.

-¿Era verdad que usted no quería ser un preso político de Miquilena? Él era un factor fundamental para encontrar la salida adecuada para que su condición de Presidente tuviera legitimidad, y actuaba a favor del surgimiento de un nuevo régimen.

-No es cierta esa aseveración. No tuve reserva alguna en llamar a Miquilena, con quien había mantenido fluida comunicación hasta antes del 10 de diciembre de 2001, fecha del primer paro nacional que me tocó liderar. Indagué con él sobre la posibilidad de que ayudara a sumar los apoyos necesarios en la Asamblea Nacional, y mi disposición de modificar el decreto, pero no fue posible obtener definiciones. No obstante, pese a la postura de Miquilena, asumí posteriormente la rectificación del decreto, para que la Asamblea sesionara y tuviera la última palabra en el destino de la transición iniciada el 11-A.

-Usted admite que hubo gente de los partidos que fue a Miraflores, pero no los recibió porque el tiempo apremiaba y había que hacer el acto de autojuramentación. Tal vez quería algo no contaminado con los partidos y la "vieja política". ¿Podía existir una fórmula químicamente pura?

-Sí, hubo representantes de los partidos políticos en Miraflores. Entre otros, sostuve una reunión en Miraflores con el Secretario General de Acción Democrática, Rafael Marín, el 13 de abril en horas de la mañana, en la cual le transmití las seguridades de realización de elecciones inmediatas, en 90 días para el Parlamento y en 180 días las presidenciales, teniendo a la OEA como garante del pleno y rápido restablecimiento del orden constitucional en el país. Así lo hice también con los embajadores de Estados Unidos y de España, así como telefónicamente y mediante carta, al Secretario General de la OEA, César Gaviria. Es bueno destacar que no he albergado nunca prejuicios antipartido ni antipolítica, pues si bien considero que los partidos requieren un proceso de renovación y fortalecimiento, su papel es consustancial a la democracia.

-Ya en ese momento había chavistas listos para "saltar la talanquera" y otros (como Iván Rincón) querían facilitar con su renuncia los cambios…

-No se puede asegurar que así fuera. Puede que en este tipo de procesos históricos, algunas personas hayan asumido una actitud de expectativa, y hasta considerado la posibilidad de "saltar la talanquera". Hubo casos como el del Regimiento de la Guardia de Honor del Palacio de Miraflores, a cargo del teniente coronel Morao Gardona, que me rindió reconocimiento, para luego revelarse en su verdadera intención de complotar con el general Baduel en el retorno de Chávez y la recuperación del Palacio de Miraflores, una vez que el general Vásquez Velasco, Comandante General del Ejército, se empecinara en no mover ningún cuadro de su Fuerza, alegando que no se trataba de un golpe. En otros casos, pudo tratarse de reacciones de supervivencia, no necesariamente consistentes. Así que hablar de ese tema, a nueve años de distancia, pertenece al mundo de las conjeturas.

-¿Por qué aceptó el encargo de los militares sin poner condiciones? ¿No cree que actuar solo y sin condiciones significaba ser un presidente manejado por los militares?

-La primera condición que planteé al grupo de altos oficiales reunidos en Fuerte Tiuna en la madrugada del 12 de abril, fue que le informaran al país sobre la apertura de un corto lapso *de facto* para relegitimar los poderes, y que ante el vacío de poder y sin líneas de sucesión, la FA me solicitaba encabezar la formación de un gobierno provisional. Para mí era fundamental que el país entendiera de manera indubitable que ni se trataba de una posición buscada, ni menos obedecía a una ambición personal o a un plan preconcebido. La segunda condición era el compromiso claro de llamar a rápidas elecciones para el restablecimiento pleno del orden constitucional, en lo cual había acuerdo. Fueron esas las dos condiciones básicas que conversé con los militares en esas horas turbulentas. El general Vásquez Velasco así lo comunicó al país en esa madrugada, antes de que yo dirigiera las primeras palabras a los medios a eso de las 5 a.m., y cuando ingresé al salón donde se encontraban los periodistas, lo primero que pregunté al general Vásquez y al (vice)almirante Ramírez, con señales en vivo, era si habían cumplido con ese requisito, a lo cual se me respondió afirmativamente. Después vi en las grabaciones de televisión que el anuncio del general Vásquez al país se orientó a informar sobre mi escogencia, pero fue parco en las palabras sobre mis condiciones. Respecto a un tercer requisito, la salida de Chávez a Cuba, fue tarde, pues ya en la reunión entre los militares disidentes y Chávez en Fuerte Tiuna, éstos habían decidido que debía permanecer en el país, con todas sus consecuencias, pues el día 13, cuando se envió una misión a La Orchila, para plantear a Chávez la opción de la firma de la renuncia y su salida a Cuba, los acontecimientos habían tomado ya otro rumbo.

-Usted ha dicho que se trataba de un breve período de facto, pero aunque fuera breve significaba lo que usted mismo definió con aquellas palabras. De facto *significa dictadura.*

-Es innegable que se abría un breve período de facto, pues yo no estaba en la línea de sucesión constitucional y se había producido un vacío de poder, ya que el gobierno había abandonado sus funciones y el Vicepresidente Ejecutivo, Diosdado Cabello, había desaparecido de la escena. Así lo confirmó más tarde el Tribunal Supremo de Justicia: lo ocurrido el 11-A fue un vacío de poder. Las reacciones de Chávez son conocidas: había que deshacer dicho pronunciamiento, separar al magistrado Arriechi y modificar la sentencia de la Sala Plena. En la historia política mundial no son pocos los casos en que se ha requerido abrir breves períodos de facto para restablecer un orden constitucional previamente afectado. Para el 11-A, los Poderes Públicos estaban deslegitimados por el afán de Chávez de subordinarlos, por lo cual varios de sus integrantes habían sido designados al margen de las disposiciones de la propia Constitución de 1999. Tómese como referencia el caso de Honduras y el conflicto con el Presidente Zelaya. Estoy convencido de que Venezuela habría salido adelante más rápido que ese país.

-La mejor señal de cambio habría tenido participación amplia. Usted anunció en aquel momento un Consejo Consultivo, pero todo el mundo sabía que eso significaba dar opiniones sin poder de decisión.

-La participación de las organizaciones políticas estaba garantizada a través de la creación de un Consejo Consultivo de la Presidencia del Gobierno Provisional, que si bien no tenía funciones decisorias, garantizaba que las principales medidas del Ejecutivo, contasen con su opinión previa. El tema a resolver era el de su integración o proporcionalidad, ya que algunas organizaciones aspiraban a que tomara como base el resultado alcanzado en el proceso electoral de 1998.

-Doctor Carmona, ¿imagina usted un Estado sin cúpula en el Poder Judicial? ¿Qué legitimidad podía tener un TSJ designado por el Presidente de la República?

-¿Acaso se ha cuestionado con igual firmeza al Poder Judicial obsecuente designado por Chávez, incluyendo los 32 magistrados del Tribunal Supremo de Justicia y la totalidad de los jueces del país? Pero por encima de ello, cabe señalar que mientras eran designados los nuevos magistrados por la Asamblea Nacional en 90 días, el TSJ podía continuar operando, aunque con un nuevo Presidente, ya que el Dr. Iván Rincón ofreció renunciar para allanar el camino a la transición.

-¿Quién, cuándo y cómo habría designado al Fiscal General, al Contralor General y al Consejo Supremo Electoral? ¿No cree que unas autoridades surgidas de esa manera habrían desatado un caos general?

-Habría sido el nuevo Parlamento electo por el pueblo, el que habría tenido la responsabilidad de escoger al Fiscal General, al Contralor General, al CNE, al TSJ y al Defensor del Pueblo. No había así el riesgo de que se generara un vacío o caos.

-¿Quién habría legislado y al mismo tiempo gobernado, usted? ¿Era posible un hombre-Estado durante 3, 9 o más meses? ¿Cómo podía sostenerse en el poder?

-No habría sido necesario cumplir funciones legislativas de relevancia antes de que el Poder Legislativo electo por voluntad popular asumiera sus funciones, para de inmediato designar a los integrantes de los demás poderes públicos. Además, gobernadores, alcaldes, ministros, las fuerzas de seguridad en el ámbito de sus competencias, y el Consejo Consultivo, habrían garantizado la gobernabilidad, mientras se perfeccionaba la relegitimación de los Poderes. Y desde luego, la función a cargo de la Presidencia del gobierno provisional, adoptando las medidas indispensables para garantizar el normal funcionamiento del país durante ese lapso. Otros asuntos tendrían que irse resolviendo sobre la marcha, pero en definitiva, 90 días para tener un nuevo Parlamento en funciones, al menos en la intención inicial del decreto, habrían sido suficientes. Aún así, el día 13 de abril se hizo una rectificación del decreto, y se decidió que la Asamblea Nacional sesionara para definir el rumbo futuro de la nación.

-Carlos Ortega ha manifestado que estaba en desacuerdo con la forma en que usted procedía, por lo cual se replegó en aquel momento. Aquel mismo día Teodoro Petkoff expresó en televisión su rechazo a lo que consideraba formas autoritarias. Si usted fue escogido por los militares, ¿por qué no hizo las consultas previas que a ojos vistas lucían inevitables, con la CTV y, otra vez, con los partidos?

-La decisión de Carlos Ortega de no atender el insistente llamado que le hiciera para hacerse presente en Fuerte Tiuna en la madrugada del 12 de abril, pues iban a ocurrir decisiones trascendentes, sólo él la puede aclarar. No obstante, el día 12 de abril en horas de la mañana, la primera reunión que sostuve en Miraflores fue con el Comité Ejecutivo de la CTV en pleno, presidido por el propio Ortega, reunión en la cual les garanticé el total respeto a los derechos laborales, a la contratación colectiva del sector público y la vigencia de las decisiones adoptadas en el gobierno de Chávez sobre el salario mínimo. Les expresé asimismo el deseo contar con una participación amplia del sector laboral durante la provisionalidad, y con Ortega cambié opiniones sobre la designación de los nuevos ministros del Trabajo y de Cordiplán, con plena coincidencia. La no asistencia de Ortega al acto de la tarde, fue sin duda inconveniente, no obstante lo cual, al día siguiente, el 13 de abril en horas de la mañana, ofrecí la Vicepresidencia Ejecutiva de la República al dirigente Manuel Cova, segundo en la CTV, pero éste requería realizar consultas institucionales. El día 13 Ortega decidió viajar a su residencia en Punto Fijo, razón por la cual le insistí a Cova que le transmitiera la necesidad de su presencia en Caracas, y la conveniencia de obtener un criterio favorable a que él, Cova, ocupara la Vicepresidencia de la República.

-Ortega, gente de PDVSA y usted lideraron las protestas. ¿No era recomendable una junta con participación de la CTV, Fedecámaras, un independiente y militares?

-Hoy pensaría que una Junta de Gobierno sería la opción más conveniente, con una amplia participación cívico-militar. No obstante, en esos momentos el sector castrense se inclinaba por una opción diferente, pues no deseaba involucrarse en la labor directa de gobierno, aunque al Gabinete serían luego llamados algunos oficiales, como el general Damiani, el (vice)almirante Ramírez Pérez, y el vicealmirante retirado Jesús Briceño García.

-Al caer Pérez Jiménez se produjo una salida inmediata con la creación de una junta de gobierno y acuerdos políticos. Las demostraciones de que entonces había militares con pretensiones golpistas fueron abundantes, pero hubo hombres que buscaron y lograron la unidad. La situación del 58 era peor y, sin embargo, se evitó el retorno a la dictadura.

-El 23 de Enero así se hizo. Pero recuérdese que pese a los consensos de ese día, gracias a la labor de la Junta Patriótica, fue necesario modificar la composición de la Junta de Gobierno a tan sólo pocas horas de su juramentación, por la inconformidad que motivaba la presencia de oficiales considerados cercanos al perezjimenismo, como fue el caso de los coroneles Roberto Casanova y Abel Romero Villate, quienes fueron sustituidos por Eugenio Mendoza y Blas Lamberti, empresarios, y un gabinete integrado por políticos, juristas, empresarios y ejecutivos, y no fue considerado un gobierno plutocrático. Ello constituye un ejemplo sobre cómo, en momentos complejos, las decisiones pueden ser dinámicas, cosa que era aplicable a las primeras medidas del 12 de abril de 2002.

-¿No cree que la decisión de nombrarlo a usted como Presidente no podía ser sólo de militares?

-Fueron ellos los que detentaron el poder inicial, y que tuvieron por tanto en sus manos tanto el relevo como la restitución de Chávez. Pensar que fue de otra manera, no se ajustaría a la realidad histórica. He reiterado en que el error capital de esos momentos fue de naturaleza castrense, pues siendo los únicos que mantuvieron diálogo con Chávez en la noche del 11-A hacia el 12, decidieron no permitir la salida de Chávez a Cuba, y ello determinó la negativa posterior de éste de confirmar por escrito la renuncia. Así, la provisionalidad quedó debilitada, pues más tarde, Chávez negó en un facsímil enviado desde la Base Naval de Turiamo la renuncia, alentando el reflujo de fuerzas que motivó después mi renuncia ante el país, y el retorno de Chávez.

-¿No cree que usted se mostró dispuesto a rectificar cuando ya no había nada que hacer? Usted descarga responsabilidades esenciales a problemas, ambiciones, etc., de los militares. ¿Cómo calificaría hoy aquel decreto?

-Efectivamente, el decreto fue rectificado en la tarde del 13-A, para llamar a la Asamblea Nacional a sesionar y a asumir el destino de la provisionalidad. Es cierto que se perdieron horas vitales, pero así son los hechos de la historia. Lo real es que ante las opciones planteadas el 12 de abril, de colocar en manos de la AN la decisión, o suspender los Poderes Públicos para proceder a su relegitimación por parte del pueblo, depositario en forma intransferible del Poder Constituyente originario, se optó por este camino, pero no de una manera personal o caprichosa, sino tras consultas con varios factores de la vida nacional, entre ellos la FA, la Iglesia, y algunos juristas. Sin eludir mis responsabilidades personales, durante la reunión, una de las más destacadas personalidades presentes expresó: "Es mejor convocar a elecciones para la relegitimación de los poderes públicos. El país lo entenderá, y sabrá agradecerlo". Así se escribe la historia. Pero como es propio en la naturaleza humana, y más en la idiosincrasia venezolana, después de los hechos, nadie tuvo que ver y el "responsable" fue Carmona.

-¿No piensa que, catapultado por el ambiente de euforia prevaleciente, usted sobrevaloró su capacidad política o menospreció las reacciones que se podían desatar en civiles y militares?

-No sobrevaloré mi capacidad política, pues jamás tuve actuación o militancia partidista, aunque sí en la política con pe mayúscula, como parte de las responsabilidades que ejercí al frente de una institución clave de la sociedad civil. Me satisface haber sintetizado una formación profesional con experiencias múltiples: gubernamental, diplomática, como negociador, empresario, dirigente gremial y académico. En esos momentos pensé que la unidad en el sector militar era mayor, pero hubo divisiones y diferencias, especialmente en el Ejército, como también creí que el respaldo a la apertura de una transición corta estaría garantizado. Quizás subestimé el apoyo militar de Chávez en un segmento del Ejército, así como la capacidad de juego que tuvo Fidel Castro de manera personal en esas horas, con sus contactos y llamadas a altos oficiales de las FA venezolanas, todo lo cual contribuyó al reflujo de fuerzas que condujo al resultado conocido. Está documentado que Castro tuvo comunicación directa con los generales Baduel, García Montoya, Lucas Rincón, leales a Chávez, y que incluso llamó al general Vásquez Velasco para conminarlo a liberar y restituir a Chávez. Por otra parte, hoy creería que nunca hay que subestimar la inveterada tendencia del ser humano a huir cuando las cosas no resultan como se esperaba, confirmando aquello de que "la victoria tiene muchos amigos, y la derrota es huérfana".

-¿Se arrepiente de la autojuramentación y del decreto?

-Me duele la oportunidad perdida, pero no me arrepiento de no haber sido cobarde, pese a los riesgos que asumía. Como siempre, visto en retrospectiva, si se pudieran retroceder las manecillas del reloj, las cosas podrían manejarse de manera diferente. Así es fácil acertar. Lo difícil es estar en el ojo de un huracán o en un tsunami, y poder discernir plenamente sobre las implicaciones de los hechos y decisiones que surgen como una vorágine.

-Usted señala la influencia determinante de Cecilia Sosa en la orientación del decreto, al plantear la abolición del TSJ. Asimismo señala a Daniel Romero como relator del grupo redactor del decreto y menciona a Alan Brewer-Carías, Carlos Ayala Corao, Juan Raffali, Gregorio Vásquez y otros como asesores, pero, otra vez, es importante dar nombres de los redactores del texto. ¿No cree que sus consejeros fueron los peores y que en la práctica actuaron contra usted?

-Nunca he dicho que haya habido participación determinante de nadie en la elaboración del decreto, sino que se escuchó la opinión de varios juristas sin que pueda atribuirse a ninguno en particular la autoría del mismo. No me explico las reacciones que en su momento tuvo la Dra. Cecilia Sosa por referencias hechas en mi libro, y aunque respeto sus opiniones, ellas arrojan dudas sobre su calidad humana. He expresado y lo reitero, que más que el texto del decreto, lo relevante a considerar eran las opciones que se tenían entre manos en ese momento histórico, y el error capital militar, previo al decreto, de no permitir la salida de Chávez a Cuba, pues de haberse producido, el curso de acción habría sido otro, sin desconocer que para algunos, el decreto haya sido un hecho muy relevante.

-Al justificar sus razones para no revelar nombres aun hoy, usted citó una frase de un poeta: "Para la verdad el tiempo, y para la justicia Dios. Pero yo sostengo que el país debe conocer los nombres de quienes asumieron compromisos, le hicieron daño al país y luego se acobardaron…

-"Para la verdad el tiempo, para la justicia Dios", reza el proverbio, y ese es el lema que he asumido. Me he abstenido de emitir declaraciones que inculpen a otros, pues si en 2004 mi libro causó reacciones adversas por parte del régimen, ahora menos haría revelaciones de nombres o circunstancias comprometedoras. Los únicos elementos inéditos aportados en tiempos recientes, fueron las reflexiones escritas a propósito del noveno aniversario del 11-A, referidas a la participación activa de

Fidel Castro en los acontecimientos de esa fecha, las cuales no pude documentar de forma precisa en el libro *Mi testimonio ante la Historia*. Considero en suma, que no se debe ser simplista en juzgar un capítulo tan complejo de la historia, atribuyendo responsabilidades a una sola persona, pues sin eludir las propias, fueron centenares de actores y circunstancias las que concurrieron, pero que con posterioridad se desvanecen, y hasta se distorsionan en la huida de muchos de los actores. Asumo así mis responsabilidades personales, no pretendo involucrar a nadie, y me limito a destacar la participación de todo un colectivo en los acontecimientos de esas fechas.

-Usted dijo en su libro que el gobierno instaurado en abril de 2002 estaba condenado a muerte antes de nacer. Eso tenía el sabor de la admisión de incapacidad política para asumir la responsabilidad que asumió...

-Su cita está quizás fuera de contexto. Dije sí que la provisionalidad quedó condenada al fracaso desde el momento en que los altos oficiales de la FA reunidos en Fuerte Tiuna decidieron que Chávez no debía salir a Cuba, sino que debía permanecer bajo custodia de la FA para ser juzgado, pues el país no entendería su salida impune al exterior con las "manos manchadas de sangre". Como se sabe, pese a que Fidel Castro aconsejó a Chávez trasladarse al exterior sin renunciar, si éste hubiese confirmado por escrito la renuncia anunciada por el general Rincón, se habría convertido en un Presidente plenamente desligado de sus funciones. Al no ser así, cualquier persona que hubiese estado en mi situación habría tenido que enfrentar el problema de cuadros medios militares que deseaban ver la renuncia escrita de Chávez, pese al valor jurídico del anuncio de Lucas Rincón, como hecho comunicacional que fue, recibido legítimamente por el pueblo.

-¿Qué es lo que usted no sabe y que posiblemente nunca se aclarará?

-Hay cosas que nunca se sabrán. Aún para mí sigue siendo un enigma la actuación del general Lucas Rincón, quien fue el desencadenante de la crisis con su anuncio al país, para luego retornar a Fuerte Tiuna en la noche del 13 de abril a reasumir con toda normalidad sus funciones como Inspector General de las FA, siendo más tarde designado por Chávez como Ministro de la Defensa, de Relaciones Interiores, y ahora como Embajador en Portugal. ¿Qué sabe Lucas Rincón que nosotros no conocemos? ¿Fue todo ello un plan del propio gobierno, un autogolpe, como algunos sostienen? No lo sabemos, y quizás nunca lo sepamos.

-¿No siente que en sus manos se perdió la oportunidad de darle al país el retorno a la democracia?

-Se perdió una oportunidad, una batalla, pero no la guerra. El país sabrá algún día ejercer su capacidad para recuperar la destruida democracia, el régimen de libertades, y retomar una senda de progreso, de inclusión de todos los venezolanos sin distinción de credos políticos, y el respeto a la propiedad como un emblema de sus derechos ciudadanos. Si el deseo efectivo de los venezolanos es ese, como lo creo, nada podrá impedir que ello ocurra tarde o temprano, sea por la vía electoral, o por implosión del gobierno ante sus ineficiencias y desmanes, más cuando sigue avanzando el modelo autocrático y es obvia la intención de Chávez de perpetuarse en el poder, ejerciéndolo sin límites ni controles.

-¿En su tiempo en el exilio se ha sentido abandonado por muchos amigos? ¿Ha tenido conversaciones con políticos sobre la situación del país o se retiró por completo de la vida pública?

-No son pocos los que olvidan a quienes caen en desgracia, o hacen leña del árbol caído. Otros se cuidan, intimidados por el régimen. El miedo es libre. Pero es suficiente con que algunos mantengan un sentido noble de amistad por encima de coyunturas políticas adversas, para sentirse reconfortado. Las Sagradas Escrituras, refiriéndose a Job, dicen que basta que exista un solo justo en la tierra, para que valga la pena vivir.

-¿Si pudiera hacer retroceder el tiempo, volvería a liderar protestas? ¿Cómo avizora el futuro?

-Cumpliría igualmente con la responsabilidad de liderar a un sector de la sociedad civil, y protestaría por las arbitrariedades del régimen, como lo hice tras agotar todas las vías de diálogo y entendimiento pacífico con el gobierno. No obstante, hay cosas que podrían hacerse de manera diferente, cuando se mira hacia atrás, fuera de las turbulencias de coyunturas complejas. El futuro del país luce sombrío. Las limitaciones al régimen de libertades, la desinstitucionalización del país, las profundas distorsiones en la economía y en especial la inflación y el endeudamiento, la intervención del gobierno en todas las formas de organización de la sociedad, la anarquía prevaleciente, el armamentismo y la posesión de armas por la población, la inseguridad rampante que agobia a los venezolanos, la siembra de odios y lucha de clases donde no existían, la corrupción desbordada, el carácter excluyente del proceso, donde se criminaliza a la disidencia, y la dilapidación de recursos que no volverán, todo ello representa un estado de cosas insostenible. A pesar de las limitaciones que ofrece la vía electoral, por la manipulación de las reglas del juego y el ventajismo, es necesario agotar ese camino en diciembre de 2012, pero antes, se requiere afianzar la unidad de las fuerzas democráticas, estructurar un mensaje alternativo creíble y asumir un papel activo en la defensa de los derechos ciudadanos, sin acorralamientos ni temores, dispuestos a defender la validez de los votos emitidos. Finalmente, es necesario que la sociedad venezolana asuma con conciencia sus responsabilidades colectivas ante el pasado, presente y futuro de la nación. No se puede seguir proclamando que los malos son los otros, los Presidentes o los gobiernos, pues sólo en la medida en que las tomemos en las manos como sociedad, podrán existir salidas y liberarnos del yugo que hoy conculca los derechos de los venezolanos y compromete por décadas el futuro de la nación. En efecto, Venezuela entrará con décadas de atraso al siglo XXI, como consecuencia del actual régimen gobernante, como ocurrió con Juan Vicente Gómez en el siglo XX, cuando Venezuela llegó 35 años tarde al encuentro con el nuevo siglo.

Monseñor Baltazar Porras, Presidente de la Conferencia Episcopal Venezolana, Arzobispo de Mérida

Vamos contra la Historia

-Mucha gente ha descrito lo que había en Fuerte Tiuna el 11 de abril de 1992 como una anarquía, falta de liderazgo, dudas y confusión en el Comandante del Ejército. ¿Cómo analizaría usted hoy aquel ambiente y sus consecuencias?

-Cuando Monseñor Azuaje y yo llegamos a Fuerte Tiuna, nos llevaron al último piso del edificio de la Comandancia General del Ejército, donde está la oficina del Comandante General. En el salón de espera situado frente a la puerta del despacho estuvimos alrededor de dos horas, de pie, sin movernos de allí. No había ni siquiera agua para tomar. En alguna parte se ha dicho (el general Lucas Rincón) que los que ahí estaban bebían y celebraban. Eso es falso. Muy pocos civiles llegaron hasta allá, uno de ellos era Francisco Arias Cárdenas. A ese ambiente sólo entraban generales de división y uno que otro general de brigada. Nos saludaban afablemente y conversaban entre ellos en voz baja. De vez en cuando, llegaba alguno y tocaba la puerta de la oficina del Comandante General, pero como no dejaban entrar a nadie, le gritaban que hiciera algo. Que mandara. Él estaba sentado en su despacho y no contestaba nada, parecía un autómata. Lo que llamó nuestra atención fue el número considerable de generales de división metidos en aquella sala, sin que ejercieran ningún mando ni diseñaran o tuvieran estrategias. Estaban simplemente "esperando". La impresión que nos dio todo lo que allí ocurría es que no había autoridad, no había quién tuviera o ejerciera el control de la situación. Y el único que podía haberlo hecho era el Comandante General del Ejército.

-¿Después de aquellos hechos ha tenido alguna información acerca de cómo ocurrió la reunión en la cual los militares nombraron a Carmona Presidente?

-No. Y tengo dudas en cuanto a que parte de los generales hubiese tenido conocimiento de que en otro lugar del mismo Fuerte Tiuna, estuvieran Carmona y algunos generales y civiles, haciendo lo que se ha conocido a través de publicaciones, pues nadie hizo alusión a ello, ni lo captamos en las conversaciones que medio oíamos.

-Pedro Carmona dice en su libro que hubo una reunión previa a la autojuramentación a la cual asistieron el cardenal Velasco, el vicealmirante Ramírez Pérez, el sindicalista Alfredo Ramos y otros, en la cual se abordó el decreto antes de la autojuramentación. ¿El cardenal informó a la Conferencia Episcopal?

-Una de las situaciones engorrosas que tuvimos en aquellos meses, fue la dificultad de encontrarnos con el Cardenal Velasco. En ningún momento él nos informó o nos pidió parecer sobre nada. En una ocasión en que logré hablar con él, le pregunté qué lo mantenía tan ocupado como para que hubiese dejado de asistir a las reuniones convocadas por la Presidencia de la Conferencia Episcopal, y le recomendé que tuviera cuidado porque a lo mejor lo enredaban en algo para lo cual no estábamos preparados. Luego de los acontecimientos nos dijo que en su casa se reunían algunos "notables" para consultarle. Y que cuando descubrieron que en una de las casas de enfrente había unas cámaras que grababan las personas o vehículos que llegaban a su residencia, se cambiaron a otro lugar en el este de la ciudad.

-¿Recuerda los parlamentarios que acompañaban a Pérez Vivas cuando solicitaron la mediación de la Conferencia Episcopal?

-No. Pero creo que los nombres de quienes lo acompañaron han sido publicados en la prensa. Le estoy escribiendo esto de memoria.

-Cuando ya estamos a casi una década de aquellos hechos, ¿cómo ve usted la participación que tuvo el cardenal Velasco en toda la crisis de abril de 2002? Él ha sido criticado por gentes del gobierno y también de la oposición...

-El Cardenal Velasco era un hombre muy bueno, servicial e ingenuo. Le pidieron hacer reuniones en su casa y aceptó. Le solicitaron que fuera él quien "escogiera" entre varios nombres, cuando ya lo tenían cocinado. Eso se lo dijimos después, cuando él nos contó lo de las reuniones. Él mismo nos recordó que siendo visitador de los Salesianos, años antes, le tocó viajar a Haití para entrevistarse con (Jean-Bertrand) Aristide, que era un salesiano, para tratar de persuadirlo para que abandonara sus devaneos políticos. Eso que él hizo fue hasta temerario, pues casi lo linchan y tuvo que salir de Haití hacia República Dominicana escondido en un camión cargado de caña de azúcar.

-En la historia venezolana ha habido una fuerte carga de regímenes autoritarios y breves períodos de democracia efectiva. ¿Piensa usted que tal vez el venezolano lleva escondida su predilección por el líder fuerte, autocrático?

-Al venezolano le falta una formación cívica y política más crítica. Y cuando surgen propuestas mesiánicas, populistas, se deja embelesar por ellas. Sin embargo, no es tonto. Lo que pasa es que ante la ausencia de respuestas efectivas a sus problemas, prefiere hacerse el "policía de Valera" o actuar como Cantinflas, decir y no decir, para no tener que pagar los platos rotos, como siempre le ha tocado.

-Al observar con detenimiento la historia nacional se puede encontrar no sólo a Carmona con su decreto, sino incluso figuras con arraigado espíritu democrático que cultivaban la imagen del hombre fuerte. ¿Qué piensa de esto?

-El mejor ejemplo es Laureano Vallenilla Lanz con Juan Vicente Gómez y la justificación teórica de la necesidad de un hombre fuerte. Percibo que en Venezuela hay un culto casi mítico hacia la figura presidencial. Y todo el boato y entorno, lo aísla y le hace perder la cabeza. A quién no se le sube el ego al sentirse como un semidiós, cuando le tocan no sé cuántas veces al día el Himno Nacional, y deciden otros por él, las personas que pueden acercársele y hablarle... En mi experiencia personal, he constatado que es mucho más fácil y menos protocolar llegar a hablar con un Presidente en cualquier otro país. No estoy diciendo que no existan los necesarios controles, pero uno no los siente, ni se ve tan constreñido y asustado como sucede en Venezuela cuando va a ingresar a Miraflores o cuando trata de hablar con el Presidente en cualquiera de sus giras...

-¿Qué habría pasado en el país si el decreto de Carmona se hubiese aplicado?

-Fue un decreto tan descabellado y sin apoyo logístico para aplicarse, que sólo se hubiera podido mantener con una fuerte dosis de represión, o hubiera surgido un caos, violencia y anarquía.

-¿Cómo califica hoy los trece años de gobierno de Chávez y las perspectivas del país?

-Personalmente, lo que más me duele como venezolano es que se haya perdido la oportunidad de oro de haber gobernado con todos -a quienes tenía a sus pies- pues el objetivo claro desde un principio fue el atornillarse en el poder. Y es lo que ha ido haciendo. Ha habido mucha deficiencia en el liderazgo tanto político como empresarial, pues la inmensa mayoría de ellos sigue pensando o en sus intereses particulares y medrar en lo posible, desconociendo la nueva realidad que ha surgido. Un país dividido y en el que se quiere imponer una única manera de pensar y actuar, donde sólo caben los amigos incondicionales y a los adversarios –personas o instituciones- se les trata de destruir, no puede tener perspectivas de futuro digno, fraterno y de progreso para todos. La corrupción de todo tipo, la falta de veracidad, la manipulación y control de la información, el adoctrinamiento a como dé lugar, choca con cualquier sociedad moderna, plural, democrática, con liderazgo múltiple. Vamos en dirección contraria a la historia, hacia atrás, hacia modelos fracasados. Se piensa que por el poder del petróleo nos podemos dar el lujo de amenazar e insultar a los más grandes. Ellos saben esperar el momento de cobrar. El creciente armamentismo y el nacionalismo trasnochado de morir por la patria, puede conducirnos a un holocausto inútil en el que nos tocará llorar y enterrar a nuestros muertos. Recordemos lo que pasó en Argentina en 1982 con las Malvinas. Dios quiera que no lleguemos hasta allá. Las reacciones, no sólo oficiales sino también de algunos otros políticos, ante las medidas contra PDVSA, son de una vaciedad increíble. Sería bueno recordar aquella máxima del Evangelio: antes de ir a enfrentarte con el enemigo, mide tus fuerzas…y lo mejor es que dialogues, pactes, para que no seas eliminado… La historia nos enseña que todos los que han tenido los devaneos de sentirse dueños y señores del mundo, han acabado mal. Desde los grandes imperios de la antigüedad hasta los regímenes comunistas del siglo XX y los dictadores del mundo islámico de estos días. Ante la tentación de "si te postras ante mí y me adoras, te daré todos los reinos de este mundo", recordemos que "Al Señor, tu Dios, adorarás y a él solo servirás". Si el liderazgo sensato, tanto del oficialismo como de las otras fuerzas, piensa en la gente, en sus necesidades reales y sentidas, y deja de lado las apetencias particulares, que es la cuota de sacrificio que se le pide a la dirigencia, Venezuela tiene futuro. ¡Dios quiera que así sea!

César Pérez Vivas, entonces diputado a la Asamblea Nacional por el estado Táchira

Carmona no tenía vocación democrática

"En la madrugada del 12 de abril de 2002 fui con mis asistentes a la morgue de Bello Monte para solicitar información sobre el cadáver de José Antonio Arellano, un joven tachirense que el día anterior nos había acompañado en la marcha y que, al desviarse por la avenida Baralt, se convirtió en una de las víctimas de la masacre ocurrida en el centro de Caracas. Después me trasladé al Fuerte Tiuna, donde me reuní con el general

Rosales, de la Guardia Nacional, que ocupaba un alto cargo en el ministerio de la Defensa, y le solicité ayuda para trasladar ese mismo día el cadáver de Arellano al aeropuerto de La Fría, en el estado Táchira.

"A las once de la mañana llegué a la Asamblea Nacional, donde me informaron que estaba planteada la disolución de ese organismo y de otras instituciones, así como el desconocimiento de los gobernadores de Estado, por parte de Pedro Carmona Estanga, que en ese momento estaba dirigiendo los asuntos de la República. Esto nos llenó de preocupación, porque ya a esa hora en el Palacio Federal Legislativo estaban dispuestos a considerar la declaratoria de ausencia absoluta del Presidente de la República y querían colaborar en la búsqueda de una solución. El entonces presidente de la AN, Willian Lara, se aproximó a nosotros para decirnos que era necesario encontrar la salida a la crisis política que se había planteado con los sucesos del día anterior.

"A todos nos parecía un grave error el cierre de la Asamblea Nacional, la disolución del Tribunal Supremo de Justicia, la eliminación del Consejo Supremo Electoral y las destituciones del Contralor y del Fiscal General de la República. Comenzamos a movilizarnos y tratamos de hablar con las personas que estaban cerca del doctor Carmona, pero eso no fue posible. Entonces le propuse a los diputados presentes –Ángel Lovera, Elías Mata, Alfredo Ramos y otros- que solicitáramos la intermediación de la Conferencia Episcopal, puesto que ya había el antecedente de que con una gestión de la Iglesia, a través de Monseñor Porras y del padre Luis Ugalde, se logró una transición en el momento en que se había intentado cerrar el Congreso.

"Nos trasladamos a la sede de la Conferencia Episcopal y le pedimos a Monseñor Baltazar Porras que encabezara una delegación que hablara con el Cardenal Velasco y solicitara su intervención, a los fines de hacerle entender al gobierno la inconveniencia de sus planes. Monseñor Porras también manifestó preocupación y se comprometió a hacer el planteamiento al cardenal, pero, dado que las horas eran apremiantes porque ya se anunciaba el acto de juramentación del Presidente y la lectura de un decreto que ninguno de nosotros conocía, decidimos trasladarnos inmediatamente al Palacio de Miraflores.

"Al llegar a la sede del Poder Ejecutivo, me encontré en un pasillo con el Comandante General del Ejército, Efraín Vásquez Velasco, e inmediatamente le expuse la necesidad de evitar el decreto que se anunciaba. El general Vásquez me oyó sin inmutarse, sin pronunciar una sola palabra. El Comandante del Ejército simplemente estaba allí, andaba taciturno por los pasillos, sin opinión alguna sobre la gravedad de lo que estaba pasando y de lo que iba a pasar. Era algo inaudito. Acto seguido nos dirigimos a la antesala del despacho presidencial, donde nos atendieron los oficiales de la Armada Molina Tamayo y Briceño García y les solicitamos una entrevista con el doctor Pedro Carmona. En ese momento llegaron los también diputados Rafael Octavio Rivero, Juan José Caldera, Pedro Pablo Alcántara y alguien más. Todos queríamos expresar nuestro profundo desacuerdo con el decreto que se anunciaba y proponer la salida constitucional manejada a nivel político. El vicealmirante Molina nos dijo que eso no era posible, que podíamos venir un día después a conversar con el Presidente. Pero para nosotros aquello era inaceptable porque mañana era muy tarde y, en medio de un gran malestar, procedimos a retirarnos de Miraflores.

"En compañía de los diputados Alfredo Ramos y de Elías Mata, caminé hacia mi carro, un Toyota Corolla que había estacionado frente al Palacio Blanco. Mientras íbamos por la avenida Urdaneta comenzamos a escuchar la transmisión radial en que ya se anunciaba el decreto presidencial.

"¿Por qué tuve la idea de acudir a la Iglesia? Cuando me enteré de las intenciones de disolver la Asamblea Nacional se me ocurrió dar una rueda de prensa para hacer pública la denuncia, señalando que se pretendía desconocer y anular la Constitución de la República. Cuando llegué a la sala de prensa de la AN, encontré a la ministra del Trabajo, María Cristina Iglesias, sentada en un rincón, con muestras de haber estado llorando. Me dijo que quería hacer una declaración a favor de Chávez y le respondí: "Primero las damas". Hice después mi declaración a los periodistas y me reuní con los otros diputados y armé la comisión parlamentaria, porque si el cardenal Velasco lograba establecer un vínculo, un diálogo con quienes estaban dirigiendo las cosas en ese momento, pues tal vez era posible que nuestra voz se escuchara. Nosotros no teníamos relación con quienes estaban en el poder.

"Luis Miquilena no formó parte de nuestro grupo. Lo que sí sé es que cuando estábamos en la antesala presidencial hablando sobre la delicada situación, alguien dijo que ellos (Carmona y sus amigos) no pensaban poner las decisiones en manos de Miquilena porque él podía tener los votos suficientes para hacer la diferencia. Ahora bien, para todos nosotros era obvio que la mejor vía para resolver la crisis política era el Parlamento, que allí se debatiera la masacre ocurrida el día 11 y se declarara el vacío de poder dejado por Chávez y, en consecuencia, se nombrara el sustituto.

"Yo no podría juzgar si el doctor Carmona era manejado o no por los militares, pero lo cierto es que cuando él actuaba de la manera en que lo hacía, tuve la impresión de que los oficiales militares que estaban operando en Miraflores estaban desconcertados. Los percibí sin rumbo claro sobre los destinos del país y, como dije antes, esa fue mi valoración sobre la conducta del Comandante del Ejército.

"El decreto emitido por el doctor Carmona fue un elemento importante para el regreso de Chávez al poder, porque puso en evidencia que no había vocación democrática, que no había ni madurez ni capacidad política para conducir una situación tan compleja y para dirigir el país con instituciones con un signo político diferente. Fue una gran torpeza el intento de borrar un proceso de la vida nacional con un acto de fuerza y, por supuesto, a eso hay que sumarle una serie de errores políticos y de seguridad cometidos por los promotores de ese evento.

"Otra reflexión importante que debemos hacer es que una vez que el doctor Carmona y su grupo procedieron equivocadamente, entonces perdió el valor, la fuerza que significaba el hecho de que el gobierno de Hugo Chávez hubiese disparado contra la población civil desarmada, el uso de la Guardia Nacional y de paramilitares en Puente Llaguno y en otros sitios para masacrar a la población, como efectivamente ocurrió. El desconocimiento del orden constitucional y la premura con que se manejó el deseo de salir de Chávez de manera inmediata, impidió que se hubiese creado un estado de conciencia y se hubiese juzgado al Presidente como responsable de esa masacre del 11 de abril de 2002. La forma inmadura en que se actuó frente a aquella coyuntura fue un error grave. Uno de los más grandes espíritus de lucha que ha tenido Venezuela en los últimos tiempos, cuando millones de personas marcharon en búsqueda de un cambio político, manifestaciones mucho más grandes que vistas en las calles del Medio Oriente, de Africa y Europa, se perdió como consecuencia de la actitud torpe asumida frente a la crisis que se generó el 11 de abril".

APÉNDICE

FUENTES DOCUMENTALES

---

[1] Rómulo Betancourt, entrevista con Ricardo Escalante, El Universal, pág 2-1, 8 de mayo de 1980.

[2] Rafael Caldera, entrevista con César Miguel Rondón, transmitida por Televén el 2 de junio de 2003.

[3] Rafael Caldera, discurso pronunciado en la sesión extraordinaria del Congreso de la República con motivo de la intentona militar encabezada por Hugo Chávez, el 4 de febrero de 1992.

[4] Teodoro Petkoff, *El socialismo como problema*, editorial Monteavila, Caracas, 1969.

[5] Ricardo Escalante, "Los últimos días de Alfaro en AD", reportaje publicado en *El Nacional*, viernes 4 de diciembre de 1998.

[6] Carlos Andrés Pérez, discurso transmitido por televisión al país el 20-5-1993, con motivo de la decisión mediante la cual la Corte Suprema de Justicia consideró que existían méritos suficientes para someterlo a juicio por presuntos hechos de corrupción.

[7] Columna semanal del Presidente Chávez, difundida por la estatal Agencia Bolivariana de Noticias (ABN) el 7 de febrero de 2010.

[8] Fernando Ochoa Antich, *Así se rindió Chávez, La otra historia del 4 de febrero*. Pág. 27. Los libros de El Nacional, Caracas, 2007.

[9] *Carlos Andrés Pérez: Memorias Proscritas, Ramón Hernández y Roberto Giusti, Libros de El Nacional*, Caracas, 2006.

[10] Hugo Chávez, carta dirigida al Presidente Hill Clinton, de Estados Unidos, el 27 de abril de 1999.

[11] Discurso pronunciado por Jorge Olavaria el 5 de julio de 1999 en la sesión solemne del Congreso de la República con motivo del 188 Aniversario de la Independencia.

[12] Arturo Uslar Pietri, escritor y político, declaraciones a *El Universal* publicadas el 15 de noviembre de 1999 en su página digital.

[13] Germán Carrera Damas en *El asedio inútil*, entrevista con Ramón Hernández. Pág. 100, editorial Libros Marcados, Caracas, mayo 2009.

[14] *Swallowing Stones*, Lisa St Aubin de Terán, Harper Perennial, 2006.

[15] *Sangre, locura y fantasía, La guerrilla de los 60.* Antonio García Ponce. Pág. 105. Editorial Libros Marcados, Caracas, 2009. Cita de *Los caminos del guerrero*, de Luis Posada Carriles.

[16] *Memorias proscritas*, Carlos Andrés Pérez. Págs. 182-183. Libros El Nacional, colección Fuera de Serie, Caracas 2006.

[17] Adolfo Medinhardt Lares, *Yo, el terrorista, 1957-1962*, Editorial Cunillera, Madrid, 1974.

[18] Antonio García Ponce, *Sangre, locura y fantasía. La guerrilla de los 60.* Editorial Libros Marcados, pág. 122. Caracas 2009.

[19] Walter Márquez, *Comandos del crimen, la masacre de El Amparo*, Fuentes Editores, Caracas 1992.

[20] Luisa Estela Morales, primera vicepresidenta del TSJ. Discurso pronunciado en el estado Yaracuy con motivo del inicio del año judicial. *Los jueces deben caminar codo a codo con el pueblo*, nota de prensa, http://www.tsj.gov.ve/informacion/notasdeprensa/notasdeprensa.asp ?codigo=176   11-2-2005.

[21] Ley Orgánica de la Fuerza Armada Nacional aprobada el 6 de septiembre de 2005, Título I, artículo 2, parágrafo 4.

[22] Human Rights Watch, *Una década de Chávez*, I, Resumen ejecutivo, sección 2. noviembre 25, 2008.
http://www.hrw.org/es/node/76273/section/2.

[23] Constitución de la República Bolivariana de Venezuela, Titulo IV, Del Poder Público. Capítulo III, Del Poder Público Estadal, artículo 164, ordinal 10.

[24] Hugo Chávez, discurso de campaña pronunciado en Valencia el 8 de noviembre de 2008 a favor de su candidato a la gobernación de Carabobo, Mario Silva, transmitido por televisión.

[25] Hugo Chávez, discurso de campaña a favor de su candidato a la gobernación del estado Sucre, Enrique Maestre, pronunciado el 9 de noviembre de 2008, transmitido por televisión.

[26] César Pérez Vivas, gobernador del estado Táchira. Declaraciones sobe el Consejo de Gobierno Revolucionario, Diario *La Nación*, San Cristóbal, 25-2-2010.

[27] Henri Falcón, gobernador del estado Lara, carta pública de renuncia al partido del Presidente, el PSUV. *Últimas Noticias*, 22-2-2010.

[28] Hugo Chávez, columna semanal Las líneas de Chávez, diario *Vea*, 3-5-2009.

[29] *María del Pilar Simonovis acude a la Fiscalía General para denunciar amenazas de muerte*. Nota periodística de Ocarina Espinoza, *El Universal*, 8-4-2009.

[30] José Luis Tamayo, abogado defensor de los comisarios presos. *El Nacional*, Pág. A-2, miércoles 19-5-2010.

[31] General Lucas Rincón Romero, mensaje al país, transmitido en cadena nacional de televisión, 11-4-2002.

[32] Interpelación al Comandante General del Ejército, Efraín Vasquez Velasco, el 17 de mayo de 2002, sobre los acontecimientos ocurridos en el país durante los días 11,12, 13 y 14 de abril de ese mismo año.

[33] Pedro Carmona Estanga, *Mi testimonio ante la historia*. Editorial Actum, Caracas, 2004.

[34] Mensaje de Carlos Ortega. *Habla el que se fue.* Libro entrevista con Agustín Blanco Muñoz. Fundación Cátedra Pío Tamayo, pág. 281. Caracas 2006.

[35] Lech Walesa, Frederick De Klerk, Vaclav Havel, Luis Alberto Monge y otras figuras internacionales, comunicado de prensa emitido en Praga. *El Universal,* 11-12-2009.

[36] Valentín David Santana, semanario *Quinto Día,* entrevista realizada por Sebastiana Barráez, Caracas. Edición del 6 al 13 de febrero de 2009.

[37] José Tomás Pinto, jefe de la banda Los Tupamaros, entrevista con el diario *Versión Final,* Maracaibo, 10-2-2009. Pág. 6 .

[38] Henry Agüero, alias "El Chino", acusa a la organización Los Tupamaros de ser responsable de actos vandálicos en la Parroquia 23 de Enero. Declaraciones a *El Universal,* 16-9-2005.

[39] Hugo Chávez al tratar de descalificar a la jerarquía eclesiástica en un programa de televisión transmitido en cadena nacional el 23-11-2007.

[40] Cardenal Urosa Savino, Arzobispo de Caracas, muestra su desacuerdo con la reelección presidencial. *El Nacional,* 26-12-2008, pág. A-2.

[41] Cardenal Rodríguez Madariaga, Arzobispo de Tegucigalpa, entrevista con Joaquim Ibarz, de *La Vanguardia.* Tegucigalpa.

[42] Giacinto Berlocco, Nuncio Apostólico en Caracas, en declaración escrita distribuida a los medios de comunicación solicita respeto a la inmunidad diplomática de la sede de la Nunciatura. Caracas, 4-2-2009.

[43] Abraham Levy, presidente de la Confederación de Asociaciones Israelitas de Venezuela, en declaraciones a la Agencia Judía de Noticias (AJN). Buenos Aires, 19-2-2008.

[44] Centro Weisenthal, carta dirigida al secretario General de la OEA, José Miguel Insulza, 19-2-08, AJN, Buenos Aires.

[45] *El Impulso*, Barquisimeto, declaraciones de Marisabel Rodríguez, ex esposa de Hugo Chávez, en las cuales denuncia acoso por parte del Presidente, 12-5-2008.

[46] Hugo Chávez cuenta como Fidel Castro le hizo advertencias sobre una supuesta deslealtad de Luis Miquilena. Entrevista con Mario Silva en el programa "La Hojilla", en VTV, 27-11-2007.

[47] Marta Harneker, *Hugo Chávez, un hombre, un pueblo*. Versión sobre la salida de Miquilena del gobierno, pgs. 26 y 27. Editorial de Ciencias Sociales, Cuba, 2003.

[48] Hugo Chávez, discurso pronunciado en la sede de la Asociación Latinoamericana de Integración (Aladi), Montevideo, 26-8-2004.

[49] Carlos Marx, artículo escrito en 1858 para *The New American Cyclopedia*, con el título de Bolívar y Ponte. Apareció en la versión alemana de MEW, t. XIV, pgs 217-231

[50] General Alberto Müller Rojas, Vicepresidente del Psuv, en entrevista concedida a VTV describió la situación interna del partido oficialista. 5-3-2008.

[51] General Alberto Muller Rojas, entrevista publicada por el diario *Panorama*, Maracaibo. 29-3-2010.

[52] Hugo Chávez en alocución transmitida por VTV cuestionó a los partidos políticos aliados, particularmente el PCV y PPT. 1-12-2008.

[53] Margarita López Maya, historiadora y profesora universitaria, sostiene que Chávez marcha hacia el autoritarismo. Entrevista hecha por Cristina Marcano, *El Nacional*, 2-2-2009, pág. 4.

[54] Antonio Pasquali, investigador de la comunicación, profesor universitario. Mesa redonda organizada por la empresa Analitica.com, Caracas, 16-6-2009.

[55] Luisa Ortega Díaz, Fiscal General de la República, desestima el proceso judicial realizado en Miami por el caso del maletín con 800 mil

dólares descubiertos en el Aeropuerto de Buenos Aires. Declaraciones a VTV, 28-10-2008.

[56] *Constitución de la República Bolivariana de Venezuela*, Capítulo IV, Del Poder Ciudadano, Sección Segunda, De la Defensoría del Pueblo, artículo 1, parágrafo primero.

[57] Hernando Contreras, ex Fiscal del Ministerio Público. Programa especial con la periodista María Angélica Correa, transmitida por Globovisión la noche del 13 de noviembre de 2008.

[58] Geovanni Vásquez, declaración rendida el 8 de abril de 2008 ante los fiscales del Ministerio Público Susana Churión y Harrison González, identificada con los números 165 y 166, págs. 3 y 4.

[59] Haydee Castillo de López Acosta, ex ministra, ex Presidenta de la Cámara de Diputados, artículo de opinión, analítica.com, 21-11-2006.

[60] Hugo Chávez, discurso pronunciado ante la sesión especial de la Asamblea Nacional para presentar el proyecto de reforma a la Constitución de la República, con el propósito de establecer la reelección presidencial indefinida e implantar el modelo socialista. 15-8-2007.

[61] Fernando Bianco, Presidente del Colegio de Médicos del Distrito Metropolitano, *Últimas Noticias*. Caracas 25-1-2008.

[62] Armando León, economista, director principal del Banco Central de Venezuela, entrevista publicada por *Últimas Noticias*, Caracas, 25-1-2009.

[63] Documento titulado *Ante la situación nacional*, firmado por 18 economistas, entre otros por D.F. Maza Zavala, Teodoro Petkoff, Pedro Palma, Héctor Silva Michelena, Héctor Malavé Mata, José Guerra y Sara Levy. Caracas 12 de mayo de 2009.

[64] Mensaje de Fin de Año (2008) del Presidente Encargado del Banco Central de Venezuela, José Manuel Ferrer Nava.

[65] Human Rights Watch, *Una década de Chávez*, I, Resumen ejecutivo, sección 2. noviembre 25, 2008.
http://www.hrw.org/es/node/76273/section/2

[66] Fallo número 834 de la Sala Constitucional del Tribunal Supremo de Justicia, de fecha 18 de junio de 2009, mediante el cual se declaró sin lugar una acción intentada por Globovisión y por RCTV C.A. Ponencia de la magistrada Carmen Zuleta de Merchán.

[67] Manuel Zelaya, Presidente de Honduras. Declaraciones en las cuales calificaba a Chávez de indispensable, durante los actos de celebración de los diez años de su ascenso al poder. Transmisión de radio y televisión en cadena nacional, 2-2-2009.

[68] Luis Ugalde, Rector de la Universidad Católica Andrés Bello, artículo *¡Pobre escuela!* publicado en analítica.com. 10-10-2008

[69] Hugo Chávez, programa de televisión, 28-6-2009

[70] Zoilamérica Narváez, Testimonio de Zoilamérica Narváez en contra de su padre adoptivo Daniel Ortega Saavedra, www.sandino.org.

[71] Entrevista a Jaime Morales Carazo, Vicepresidente de Nicaragua, publicada por *El Nuevo Diario*. Managua, Nicaragua, 15-5-2005

Sobre el autor

Ricardo Escalante nació en mayo de 1947 en el corazón de los Andes, San Cristóbal, tierra que ha producido buena parte de los caudillos que sin remilgos de ninguna naturaleza le han causado estragos a Venezuela. Allí, donde se crió y estudió la primaria y la secundaria, comenzó a sentir el rechazo "al significado de la bota militar", como lo dice en la parte inicial de este libro.

En su ejercicio como reportero, que comenzó en 1970 en *La Nación*, de San Cristóbal; para luego continuar en *El Carabobeño*, en la corresponsalía de Panorama en Caracas y en *El Universal*, donde trabajó cerca de 17 años y obtuvo en dos ocasiones el Premio Nacional de Periodismo (1980 y 1985) por sus polémicos trabajos, conoció de vista y trato a buena parte de los dirigentes políticos de lo que el Presidente Hugo Chávez trató de descalificar con la etiqueta de IV República.

También se desempeñó como director de información de la Presidencia de la República inmediatamente después de la destitución del Presidente Carlos Andrés Pérez, para después volver al reporterismo en *El Nacional*. También fue jefe de prensa de la embajada británica en Caracas durante siete años. Desde la primera línea, en este libro se nota la mano de un periodista experimentado y agudo.